Gil Yaron

Jerusalem

Ein historisch-politischer
Stadtführer

Verlag C.H. Beck

Originalausgabe
© Verlag C. H. Beck oHG, München 2007
Satz und Litho: Fotosatz Amann, Aichstetten
Druck: Druckerei C. H. Beck, Nördlingen
Umschlagentwurf: +malsy, Willich
Umschlagabbildung Vorderseite: Klagemauer
© Jon Jones/Sygma/Corbis
Umschlagabbildung Rückseite: © Gil Yaron
Printed in Germany
ISBN 978 3 406 54771 3

www.beck.de

Inhalt

Dieses Buch ist der neuen Generation unserer Familie,
Adar, Noam, Lielle und Tal, gewidmet.
Mögen sie in Gesundheit und Glück den Tag erleben,
an dem Jerusalem in Frieden erwacht.

Vorwort

Jerusalem – der Name dieser Stadt ist ein Reizwort. Es gibt wohl kaum einen Ort, dessen Name größeren Widerhall in den Herzen findet; kaum eine Stadt, die mit mehr Träumen und Sehnsüchten behaftet ist. Der Zankapfel Jerusalem wird von den drei monotheistischen Weltreligionen zwar als «heilig» bezeichnet, doch im Namen der Stadt haben sie unzählige unheilige Taten begangen. Den Juden ist sie so wichtig, dass in der hebräischen Sprache mehr als 70 Namen für sie bekannt sind. *Ir Schalem* – «Stadt des Friedens» – wird der Ort auch genannt, den der legendäre König David 1000 Jahre v. Chr. erobert und zu seiner Hauptstadt gemacht haben soll. Eine Stadt des Friedens, in deren Namen seit ihrer Gründung Weltreiche, Nationen, Religionen und Völker blutige Kriege führen. Die Dichotomie scheint die einzige Konstante Jerusalems zu sein. Sind ihre Häuser erst einmal außer Sichtweite, ist sie mehr Symbol denn Stadt: «*Yeruschalayim schel Malah*», das «obere», das

Böhmische Buchmalerei aus dem 12. Jh.: Das «Himmlische Jerusalem» galt besonders im Mittelalter als «Zentrum der Welt».

«himmlische» Jerusalem, ist die Gottesstadt, von der Philosophen im Mittelalter sagten, sie sei Abbild des Paradieses. Im Westen schmiegt sich das «*Gai Ben Hinnom*», das Ben Hinnom Tal, an die Altstadt. So wie Jerusalem Inbegriff alles Göttlichen ist, wurde das Tal zum Synonym des Teuflischen im Menschen, seitdem König Mannaseh hier Kinder dem Götzen *Baal* geopfert haben soll. «*Geyhinnom*» heißt bis heute auf Hebräisch Hölle, auf Arabisch «*Dschahannim*». Jerusalem wechselte vielleicht öfter als jede andere Hauptstadt der Welt Religionen und Herrscher. In den letzten 2000 Jahren zogen Eroberer 34 Mal in die Stadt ein, 22 Mal wurde die Stadt belagert, 18 Mal wieder aufgebaut, 11 Mal wechselte der Glaube, der die Stadt beherrschte. Kein Wunder also, dass der symbolische Wert Jerusalems von den Eindringlingen verehrt und von seinen Opfern, den Bewohnern, verflucht wird. Die Stadt, in deren Namen die Religionen zu Mäßigung, Menschenliebe und Toleranz aufrufen, ist gleichzeitig Hebelpunkt der Extremisten, die ihr spezifisches symbolisches Gewicht für ihre Zwecke nutzen. Die Hoffnung der Pilger und Gläubigen kontrastiert mit der Verzweiflung der Familien, die hier ihre Liebsten dem Extremismus opfern mussten. So ist die Stadt gleichermaßen Traum der Kriegsberichterstatter und Albtraum friedliebender Verwalter. Jerusalem bleibt die Schwachstelle jeder Friedenspolitik. Die von Mythen umwobene Stadt ist die Bruchstelle, an der es selbst erfahrenen Staatsmännern misslingt, ihr Wunschdenken und ihre inneren Sehnsüchte den Realitäten und Interessen ihrer Völker unterzuordnen. Dabei ist der Tempelberg der Brennpunkt, an dem sich das Pulverfass «Nahost» stets entzünden kann. Kein Buch kann allein die 4000 Jahre Geschichte umfassend beschreiben und erklären. So erhebt dieser Stadtführer keinen Anspruch, eine «Geschichte Jerusalems» zu sein. Dieses neue Genre des «politischen Reiseführers» soll vielmehr als Ausgangspunkt zu weiteren Studien dienen. Das Buch bietet einen besonderen Blickwinkel: es macht den Versuch, das breite Spektrum der Weltgeschichte, und besonders des Nahostkonflikts, durch das Brennglas Jerusalem zu betrachten. Die Geschichte der Gebäude ist eng mit weltpolitischen Entwicklungen oder Schlüsselereignissen des Nahostkonflikts verbunden. Dem Leser soll ermöglicht werden, die Sonderrolle Jerusalems über die architektonischen Besonderheiten hinaus zu erkennen. Kaum ein Problem im mehr als 100 Jahre alten Konflikt zwischen Zionisten und palästinensischen Nationalisten ist vertrackter und verwirrender als die Rolle Jerusalems. Auch in Zukunft wird die Stadt Brennpunkt des israelisch-palästinensischen Konfliktes bleiben. Dieses Buch ist als politischer, aber auch unterhaltender und aktueller Reiseführer gedacht, mit dessen Hilfe der Leser nicht nur die Sehenswürdigkeiten in der Stadt auffinden, sondern sie auch in ihren historischen und politischen Kontext setzen kann.

Warum überhaupt Jerusalem?

Die Stadt Jerusalem spielt heute in den drei monotheistischen Religionen eine zentrale Rolle. Seit mindestens 1000 Jahren steht sie im Mittelpunkt der politischen Ambitionen jeder Großmacht in Nahost. In Friedensverhandlungen zwischen Israelis und Palästinensern erweist sich die Frage der Herrschaft über diese Bergstadt als der größte Stolperstein auf dem Weg zum Frieden. Es gilt schon fast als Diktum, dass Jerusalem der «Diamant in der Krone Palästinas» ist. Doch bevor man die ereignisreiche Geschichte der heiligen Stadt untersucht, stellt sich dem kritischen Beobachter eine ketzerische Frage: Weshalb errang gerade Jerusalem eine so zentrale Bedeutung?

Offensichtliche Kriterien entfallen schon nach kurzer Überprüfung. Die Lage der Stadt entbehrt jeder strategischen Bedeutung. In den Bergen Judäas gelegen, befindet sie sich abseits der *Via Maris*, der wichtigen Handelsstraße der Antike entlang der Mittelmeerküste, an der seit Menschengedenken große Imperien um Reichtum und Macht rangen. Weiterhin verfügt Jerusalem über keine Naturschätze. Es beherrscht keine fruchtbaren Ebenen, die eine stattliche Bevölkerung ernähren könnten. Die Bergstadt – 800 Meter über dem Meeresspiegel – liegt genau an der Grenze zur Wüste. Im Gegensatz zu anderen wichtigen

Städten befindet sich Jerusalem nicht auf dem höchsten Berg der Umgebung und bot seinen Bewohnern daher nie die erhoffte Sicherheit. Seine Nordseite war stets die Schwachstelle, über die fast alle Eroberer, ob Römer, Kreuzfahrer oder Israelis, letztendlich die Stadt einnahmen. Das Problem der Wasserversorgung wurde erst relativ spät gelöst. Jerusalems strategische Bedeutungslosigkeit wird durch das Beispiel Napoleons offenbar. Dieser führte seine Armee zwar mehrere tausend Kilometer von Paris entfernt zu einem Feldzug nach Ägypten. Bei der Eroberung Palästinas 1800 war er aber nicht dazu zu bewegen, seine Truppen auf dem Weg nach Akko den 60 Kilometer langen Umweg nach Jerusalem zu führen. Napoleon berechnete kühl und unbeeinflusst von religiösen Überlegungen, dass die Stadt strategisch bedeutungslos war. Eine Antwort auf die Frage nach der Zentralität Jerusalems ist also alles andere als trivial. Man muss sie in geistigen Sphären suchen, in der spirituellen Bedeutung des Moriah Berges, den die Anwohner seit Menschengedenken als besonders ehrwürdig erachten. Lange bevor Salomon hier den ersten Tempel baute, war der Fels auf dem Hügel den Jebusitern bereits heilig. Sie hatten hier einen Gebetsort errichtet. Deutlich ist das Archäologenmotto «einmal heilig – immer heilig» erkennbar: Jede siegreiche Religion übernahm lediglich die Heiligkeit des Steines auf dem Berge Moriah und fügte ihm ihre eigene, ethno-zentrische Bedeutung hinzu, indem sie ihn in den Kontext des eigenen Werdegangs mit einbezog. So entstanden am selben Ort zuerst der erste und zweite jüdische Tempel, später errichteten die Römer hier einen Tempel für Zeus und Jupiter, auf dessen Überresten die Muslime eine Moschee bauten, die die Kreuzritter zu einer Kirche umfunktionierten.

Die menschlichen Eigenschaften der Habsucht und des Neids spielten in der Glorifizierung Jerusalems als «Nabel der Welt» sicher eine zentrale Rolle. Nicht erst in der Moderne versuchen eifrige Apologeten, den alleinigen Anspruch auf die Stadt mit dem Argument zu belegen: «*Was dem anderen göttlich ist, ist uns noch viel heiliger.*» Ebenso, wie Jerusalems Segen, nämlich seine

Heiligkeit, auch sein Fluch ist, ist es der Stadt gelungen, ihre Schwachpunkte in Vorteile zu verwandeln. Ihre Lage im Abseits des Gerangels großer Imperien erlaubte anfänglich die Formierung des kleinen Bergstaates Judäa, in dem 900 v. Chr. bereits erste Teile der jüdischen Bibel entstanden. Das «Alte Testament» wurde endgültig erst im babylonischen Exil kodifiziert, um letztlich die Rückkehr nach Jerusalem zu rechtfertigen. Nach der Zerstörung des zweiten Tempels hielten jedoch dieses unsterbliche literarische Werk und seine talmudische Auslegung den Ruhm Jerusalems in der jüdischen Diaspora am Leben und trugen ihn in alle Welt. Wäre die Stadt durch vergängliche Güter reich geworden, hätte man sich hier vielleicht weniger auf den Geist konzentriert, der ihren Namen letztlich unvergänglich machte. Wäre sie nicht so oft erobert worden, hätte das verlorene Gut nicht in den Augen so vieler verschiedener Völker und Religionen eine zentrale Bedeutung erringen können.

So hat Jerusalem vielleicht nicht trotz, sondern wegen seiner Schwächen seinen heutigen Stellenwert erlangt, der seit dem Altertum Fantasie und Träume gleichermaßen wie Hass und Neid hervorbringt.

Die Geschichte Jerusalems

In Jerusalem ist Geschichte mehr als nur eine Aneinanderreihung historischer Fakten. Sie dient vielmehr als Instrument, um einen exklusiven Anspruch auf die Stadt zu begründen und das Gegenüber zu negieren. Selbst innerhalb der Religionen sind Rolle und Stellenwert Jerusalems umstritten. Trotzdem ist eine Darstellung der kanonischen Geschichtsschreibung der verschiedenen Religionen für das Verständnis des modernen Konflikts um Jerusalem unerlässlich, da sie das Selbstverständnis der Beteiligten maßgeblich beeinflusst und damit die Grenzen jeder künftigen Einigung in Jerusalem mitbestimmt.

Von der Steinzeit bis zur Bibel

Als einzige Landbrücke zwischen Afrika und Eurasien war das Gebiet des heutigen Staates Israel schon vor 2 Millionen Jahren von Homines erecti, Vorfahren des Homo Sapiens, bevölkert. Im Süden Jerusalems, bei Ramat Rachel, wurden 50 000–200 000 Jahre alte Keile aus Feuerstein gefunden. In der Umgebung Jerusalems, wie zum Beispiel im Wadi an-Natuf nordwestlich der Stadt, fanden sich Überreste gleichnamiger Kulturen, die hier vor 14 000 Jahren lebten. Die Geschichte eines dauerhaft bewohnten Jerusalems beginnt mindestens 800 Jahre vor der legendären Eroberung durch den biblischen König David. So weisen auf das Jahr 1900 v. Chr. datierte Reste von Tonstatuen und «Ächtungstafeln», die im alten Ägypten ähnlich wie Voodoo-Figuren zum Verwünschen von Feinden benutzt wurden, auf *Yakar Ammu, Herrscher von Jerusalem,* hin. Der Bann scheint gewirkt zu haben, wie die durch die etwa 400 Tontafeln aus dem ägyptischen Tel el-Amarna belegte ägyptische Präsenz bezeugt. Diese Briefe treuer Vasallen an ihren Pharao Amenhotep III. und seinen Sohn Amenophis IV. Echnaton (1353–1336 v. Chr.) beweisen, dass sich das ägyptische Imperium in den Jahren 1400 v. Chr. bis nach Syrien im Norden erstreckte. Acht der Amarna-Tafeln wurden von Abdu Heba verfasst, dem Statthalter der Stadt Urusalim (die Ähnlichkeit zu einem der arabischen Namen für Jerusalem «Urschalim» ist leicht erkennbar). Hier berichtet er seinem Pharao von der schweren Lage in der Stadt und bittet – vergeblich – um militärische Hilfe, um sich gegen Aufständische zur Wehr zu setzen. So ist Jerusalem seit mindestens 3900 Jahren, wenn nicht schon vorher, fortwährend besiedelt, was es zu einer der ältesten Städte der Welt macht.

Jerusalem in jüdischen Augen –
von Abraham bis 1948

Jerusalem in biblischen Zeiten

Lange vor der listreichen Eroberung König Davids etwa 1000 Jahre v. Chr. beginnt Jerusalem seine Rolle als Zentrum jüdischer «Geschichte» zu spielen. Laut jüdischer Überlieferung begann hier die Schöpfung der Welt mit der Erschaffung des Felsens unter der goldenen Kuppel des Felsendoms, den die Juden «*Even Haschtiah*», den «ursprünglichen Stein», nennen. Aus diesem Felsbrocken auf dem Berg Moriah soll der Schöpfer den Staub entnommen haben, aus dem er Adam schuf. Später soll der erste Mensch hier wieder begraben worden sein. Andere zentrale biblische Ereignisse sollen ebenfalls auf diesem Fels stattgefunden haben: Kain und Abel brachten hier ihre Opfer dar, Noah errichtete vor Ort seinen Altar, nachdem er die Arche verlassen konnte. Stammvater Abraham soll an diesem Platz, wie im 1. Buch Moses, Kapitel 22, steht, Gott seine Ergebenheit demonstriert haben: «*Nach diesen Geschichten versuchte Gott Abraham und sprach zu ihm: Abraham! Und er antwortete: Hier bin ich. Und er sprach: Nimm Isaak, deinen einzigen Sohn, den du lieb hast, und geh hin in das Land Moriah und opfere ihn dort zum Brandopfer auf einem Berge, den ich dir sagen werde*». Isaak wurde letztlich verschont, Abraham opferte einen Widder an seiner statt. Der Talmud, die jüdische Interpretation der Bibel, sieht in dem verhinderten Menschenopfer ein Indiz für die «Gnade Gottes», die im Gegensatz zu den Praktiken der Heiden im Umfeld der Juden stand. Trotzdem ist dies wohl ein erstes Beispiel dafür, welche verheerenden Folgen fanatischer Glaube an Gott in Jerusalem haben kann.

Im Licht dieser prägenden Ereignisse, die angeblich auf dem Berg Moriah stattfanden, ist es eigentlich verwunderlich, dass die Stadt selbst nach biblischer Geschichtsschreibung erst lange nach dem Einmarsch der Israeliten durch König David erobert wurde. Die Israeliten hatten laut der Bibel mehrmals versucht, die Stadt den Jebusitern zu entreißen. Doch klagt die Schrift in Josua 15,63: *«Die Jebusiter aber wohnen in Jerusalem, und Juda konnte sie nicht vertreiben. So blieben die Jebusiter mit denen von Juda in Jerusalem wohnen bis auf diesen Tag.»* Es blieb dem Stamm Juda allein überlassen, die Jebusiter zu besiegen oder zu assimilieren. Von den anderen elf Stämmen erhielt er keine Hilfe. Vielleicht existierten zu dieser Zeit die Überlieferungen noch nicht, die Jerusalem für Generationen von Juden zum Nabel der Welt machen sollten. Es wäre, Jerusalem betreffend, nicht der einzige Fall retrospektiver Geschichtsschreibung.

Nach der Überlieferung erhob der siegreiche König David Jerusalem zur Hauptstadt seines vereinten Königreiches und überführte die Bundeslade, Beweis der göttlichen Präsenz, aus Schilo in seinen neuen Amtssitz. So machte er Jerusalem zum politischen und geistigen Zentrum seines Reiches. Wegen seiner vielen Sünden, so die Bibel, sollte es aber nicht David, sondern nur seinem Sohn Salomon gestattet sein, ein neues Gotteshaus, den ersten Tempel, in Jerusalem zu errichten.

König David und Co – gab es sie wirklich?

Kein Charakter der Bibel ist beliebter und enger mit Jerusalem verbunden als der legendäre König David. Der zum König gewordene Hirte wird von der Bibel mit all seinen Schwächen und Stärken beschrieben. Die Heilige Schrift räumt diesem nur allzu menschlichen Charakter mehr Platz ein als jedem anderen Akteur, Moses und Jesus inbegriffen. Er soll 73 der 150 Psalmen verfasst haben, vier Bücher (Samuel 1 und 11, Chroniken I und Könige I) befassen sich fast ausschließlich mit dem rothaarigen, kecken und erfolgreichen König aus dem Bergreich. Deutlich legt die Bibel fest, dass er ein *«Mann nach Gottes Herz»* war. Der Messias soll eines Tages seinem Geschlecht entspringen. Unter seiner Herrschaft erreichte das vereinte Königreich der zwölf

Die Davidstatue von Andrea del Verrocchio (1436–1488) zeigt die beliebteste Figur der Bibel. Als Florenz Jerusalem ein Geschenk machen wollte, zogen orthodoxe Juden in Jerusalem diese bekleidete Statue dem bekannteren und größeren nackten David von Michelangelo vor.

Stämme Israels angeblich seine größte Ausdehnung. Seine Heldentaten waren Inspiration für unzählige Gemälde, Statuen und Geschichten. Bis zum heutigen Tage wird der fintenreiche und gekrönte Lausbub in Israel verehrt. Handelt es sich dabei um eine reale Person oder eine mythische Gestalt?

Es existieren keine archäologischen Funde, die die Existenz Davids oder seines Nachfolgers, wenn nicht Sohnes, Salomon direkt beweisen. Man macht eine Existenz israelitischer Gemeinschaften im Norden wie im Süden vor allem daran fest, dass die Bergbewohner im Gegensatz zu den wohlhabenden Küstenvölkern kein Schweinefleisch verzehrten. So mag dieses Verbot wohl die ursprünglichste Sitte sein, die Juden auch heute noch nach 3000 Jahren beachten. Während man sich noch in den sechziger Jahren des zwanzigsten Jahrhunderts sicher war, an wichtigen Ausgrabungsorten Überreste der legendären Baukunst Salomons gefunden zu haben, ist die Deutung der Befunde heute zumindest sehr umstritten. Viele Forscher schreiben sie inzwischen anderen biblischen Königen zu. Unumstritten ist hingegen, dass ein Königshaus David existiert hat, das in Jerusalem seinen Sitz hatte. Beweis dafür ist eine Stele, die in Tel Dan im Norden Israels gefunden wurde. Dort rühmt sich Hazael, König der Aramäer: *«Ich habe Jehoram, Sohn Ahabs, König von Israel, getötet und ich tötete Ahaziahu, Sohn Jehorams aus dem Hause Davids. Ich verwandelte ihre Städte in Ruinen und verwüstete ihr Land.»* So mag ein König David existiert und gar eine Monarchie gegründet haben.

Der bloße Umfang des geeinten Königreiches, das sich laut der Bibel vom Euphrat bis zum Nil erstreckte, ja gar die Existenz eines solchen Imperiums, wird inzwischen allerdings von führenden Wissenschaftlern in Zweifel gestellt. Im biblischen Land Israel, einer engen und strategisch bedeutenden Landbrücke zwischen Afrika und Asien, konnten unabhängige politische Strukturen stets nur dann entstehen, wenn die großen Imperien in unmittelbarer Nachbarschaft geschwächt waren. Die Königreiche Israel und Judäa konnten also nur blühen, als das Land der Pharaonen schwach war und Assyrer und Babylonier damit beschäftigt waren, sich gegenseitig zu bekämpfen. Diese goldene Regel gilt auch für moderne Zeiten: Ein unabhängiger Staat Israel konnte nur entstehen, als das mächtige Osmanische Reich schon in sich zerfallen war und das Ende des britischen Empire nahte.

Im Widerspruch zur biblischen Version glauben viele Archäologen jedoch eher daran, dass gerade das in der Bibel so oft verunglimpfte Nordreich Israel der zehn Stämme unter der Herrschaft der Omriden aufgrund seiner Nähe zur Handelsstraße *Via Maris* und seiner fruchtbaren Ebenen im Norden das reichere, höher entwickelte und machtvollere jüdische Reich war. Dies war vielleicht auch der Grund, warum die zehn Stämme als erste von den Assyrern unter Tiglatpileser III. und Sargon II. in den Jahren 732–721. v. Chr. besiegt und verschleppt wurden. Es lohnte sich für das assyrische Imperium schlicht nicht, das winzige und verarmte Königreich im Bergland Judäas zu plündern. Für Jerusalem war die Niederlage des wichtigsten Rivalen im Norden freilich ein «Glücksfall», erlebte die Stadt nach dem Abzug der Assyrer doch einen erheblichen Aufschwung, weil

zahlreiche Flüchtlinge der Stadt aus ihrer Provinzialität heraus-
halfen.

Das geeinte und mächtige Königreich unter der Vormacht Jerusalems ist nach Meinung mancher Forscher wahrscheinlich
eher eine Fiktion der Verfasser der Bibel, die in dem winzigen
Judäa 300 Jahre nach dem Ableben Davids begannen, Teile des
meistgedruckten Buches der Welt zu verfassen. Mit der Sage eines mächtigen Königs David wollten sie die imperialen Ambitionen ihrer Geldgeber, der Könige Judäas, rechtfertigen. Diese
wollten sich mit ihrem Zwergstaat am Rande des Weltgeschehens
nicht mehr zufrieden geben und hatten ihre machthungrigen
Augen bereits auf die fruchtbaren Felder und die reichen Städte
im Norden gerichtet.

Jerusalem – nur eine Stadt von vielen

Trotz der großen Ambitionen der Herrscher von Jerusalem, wie
sie sich in der Bibel widerspiegeln, war die Stadt nicht immer die
unangefochtene Hauptstadt aller Juden. Ebenso wenig war sie
der alleinige Sitz eines heiligen Tempels. Andere Städte waren
ebenfalls Wallfahrtsorte. Vielerorts, wie in Beth-El, Dan und
Nablus (dem biblischen Sichem), befanden sich Tempel, zu denen
Juden pilgerten, um ihre Opfer darzubringen. Selbst im Königreich Judäa scheint es andere Plätze der Gottesverehrung gegeben zu haben: Die sittenstrengen Verfasser der Bibel beklagten
sich stets darüber, dass die Könige Jerusalems nicht die «hohen
Plätze» ausmerzten, an denen heidnische Bräuche begangen
würden. Der Tempel wurde wahrscheinlich erst von König Josia
von Juda (641–609 v. Chr.) 622 v. Chr. zum alleinigen Heiligtum
erklärt. Im Heiligen Land kann man selbst heute noch Überreste
der vielen Tempel der Antike entdecken. So verehren die Samari-
taner den Gerisim Berg nahe Nablus als den Ort, an dem Abraham fast seinen Sohn Isaak geopfert hätte. Bis zum heutigen Tag
findet dort jeden Frühling ein Ritual statt, bei dem die Samarita-
ner Lämmer schächten, sie in Gruben voller Holzkohle garen
und dann das Fleisch bis zum Morgen verzehren.

Genau wie heute war auch damals Glaube ein Politikum. Josias einziger Tempel verlieh Macht und Geld. Dreimal im Jahr pilgerten die Juden zu diesem «Haus Gottes». Händler aus der Umgebung strömten herbei, an den Toren der Städte konnten Steuern und Zölle erhoben werden. Der biblische Streit um den einzigen Gott im heiligen Jerusalem war ebenso ein politischer Machtkampf, in dem Stadtväter und Priesterkasten versuchten, ihre Vormachtstellung zu verankern.

Zerstörung des ersten Tempels und Exil

Die imperialen Gelüste der judäischen Könige endeten in einer Katastrophe. Im Jahre 586 v. Chr. eroberten die Babylonier unter Nebukadnezar II. die rebellisch gewordene Stadt und zerstörten den ersten Tempel. König Zedekia (*Zidkiyahu* auf Hebräisch) ereilte dabei ein besonders grausames Schicksal: Der babylonische Herrscher ließ die zwei Söhne Zedekias vor dessen Augen töten, dann den Vater blenden und ins Exil verschleppen. Der schreckliche Anblick seiner toten Kinder sollte das letzte sein, was der rebellische König in seinem Leben sah. Eine Volksweisheit besagt, dass man noch heute in den Höhlen unterhalb der Altstadt (zwischen dem Damaskustor und dem Herodes- oder Blumentor) das Weinen Zedekias hören kann. Die Wassertropfen, die einem bei dem Besuch der Höhle auf die Schultern fallen, sollen seine ewigen Tränen sein. Wer dahinter eher die chronisch undichte Kanalisation der Jerusalemer Altstadt vermutet, ist ein unverbesserlicher Realist. Für das jüdische Volk ist die Niederlage gegen die Babylonier ein Ereignis von zentraler Bedeutung. Die Elite des Staates wurde nach Babylon ins Exil verschleppt. Hier begann Jerusalem erstmals, seine spätere Rolle in den Schriften zu übernehmen. Die mehr als 2500 Jahre alten Zeilen, die im damaligen Exil verfasst wurden, sang die Popgruppe Boney M. noch in den siebziger Jahren: «An den Flüssen Babylons saßen wir und weinten, als wir uns deiner erinnerten, oh Zion!» (Zion ist einer der jüdischen Namen für Jerusalem).

Nach wenigen Jahren des Exils und dem siegreichen Feldzug

der persischen Achämeniden gegen Babylon gestattete Schah Kyros einer Gesandtschaft der Juden 539 v. Chr., nach Jerusalem zurückzukehren, um die Stadt und ihren heiligen Tempel wieder zu errichten. Zuerst mussten sie jedoch eine wichtige Auflage Kyros' erfüllen, nämlich die endgültige Version der Bibel zu verfassen. Diese kanonische Version, wahrscheinlich eine redigierte Zusammenfassung älterer Texte, verfolgte eine klare Agenda. Die Verfasser mussten dem Perserkönig einen glaubhaften Anspruch auf das Land und die Geschichte eines geeinten Volkes demonstrieren, um in ihre Heimat zurückkehren zu dürfen. Vor diesem Hintergrund ist der Passus zu verstehen, laut dem König David auf Geheiß Gottes die Tenne des Arauna auf dem heiligen Berg Moriah, der sich noch außerhalb seiner Stadt befand, für 50 Silbermünzen gekauft haben soll, um dort eine Gebetsstätte zu errichten (2 Samuel 24, 19–25). Das Motiv eines rechtmäßigen Kaufes – David wollte die Tenne nicht geschenkt haben – wird in der Bibel wiederholt, so beispielsweise auch in der Machpela Höhle in Hebron, benutzt, um dem rechtmäßigen Anspruch Ausdruck zu verleihen. Auf den Kaufvertrag Abrahams berufen sich die jüdischen Siedler in der überwiegend arabischen Stadt noch heute.

Das Exil hatte für das heutige Judentum eine weitere wichtige Bedeutung. Viele Juden blieben ihrer alten Heimat auch nach der Rückkehrerlaubnis durch Kyros freiwillig fern, das Leben im reichen Exil war bequemer. So befand sich die wichtigste jüdische Gemeinde im 3. vorchristlichen Jahrhundert in Alexandria. Die Bibel musste ins Griechische übersetzt werden (die bekannte Septuaginta), da viele kein Hebräisch mehr sprachen. In einer Zeit, in der es weder einen geographischen, religiösen noch politisch-weltlichen Mittelpunkt für das Volk gab, suchten die Nachkommen der Priester ihr eigenes Volk durch strenge Glaubensgesetze zu definieren. Eine Aufgabe dieser Gebote war es, die Assimilation zu verhindern. Aus dieser Epoche stammen die Ursprünge der strengen Regeln der *Kaschrut* – Reinheitsgebote für das Essen, die Regelung des Familienrechts und die enge Inter-

pretation der Heiligung des Sabbat, die den Kontakt mit Anders-
gläubigen erheblich erschweren sollten.

Mit der Rückkehr unter dem Schutz von Kyros war nun der
geistige Weg für Jerusalem zum Mittelpunkt des jüdischen und
später monotheistischen Universums frei. Erst nachdem die Perser die anderen jüdischen Tempel und Gebetsorte zerstört und
die Assyrer den konkurrierenden jüdischen Staat vernichtet hatten, begann Jerusalem mit dem Bau des zweiten Tempels (520–
515 v. Chr.) und dem Wiederaufbau der Stadt durch Nehemia ab
445 v. Chr. die zentrale Rolle im Judentum zu spielen, die sie
heute unangefochten einnimmt.

Römisches Jerusalem – Glanz in alle Ewigkeit

Zahlreiche fremde Schutzmächte lösten sich nach dem Nieder-
gang der Perser in Jerusalem ab: Erst kamen die Griechen und
Alexander der Große, dessen Diadochen das Land schließlich
aufteilten und Jerusalem den syrischen Seleukiden überließen.
Unter ihrer Herrschaft wurde der Tempelberg erstmals zum Politikum. Als Antiochos IV. Epiphanes den Tempel dem olympi-
schen Zeus weihen und vor Ort «unreine» Opfer darbringen
wollte, brach im Jahr 168 v. Chr., angeführt von den Makkabä-
ern, eine Rebellion aus, die Judäa für kurze Zeit wieder unabhängig machte. Jerusalem wurde Hauptstadt der Hasmonäer. In dieser kurzen Phase jüdischer Unabhängigkeit dehnten sie die Grenzen ihrer Herrschaft bis in den Libanon und das heutige Transjordanien aus. Doch schon im Jahre 63 v. Chr. unterwarf der römische Feldherr Pompejus die Stadt wieder. Von nun an waren
die hasmonäischen Könige Judäas römische Vasallen und ver-
haßte Kollaborateure der Besatzer.

Zweifellos erlebte die Stadt unter der Herrschaft des unbelieb-
ten Herodes (37–4 v. Chr.), eines römischen Vasallen, und zu
Lebzeiten Jesu ihre Blüte. Sie wurde durch römische Baukunst
und jüdischen Glauben zu einem religiösen Zentrum und zu
einem Anziehungspunkt für Händler und Reisende aus aller
Welt. Es ist wohl der Glanz der Antike, der noch die Schriften

Ein Modell Jerusalems aus der Zeit des zweiten Tempels – es kann heute im Israel-Museum bewundert werden.

des Mittelalters überstrahlte und Generationen von Autoren Lobeshymnen auf die «göttliche Stadt» verfassen ließ.

Kern der Stadt war der zweite Tempel, ein architektonisches Meisterwerk, das von Herodes neu erschaffen wurde. Allein auf seinem Vorhof, einem der größten Bauwerke der Antike, konnten 300 000 Menschen Platz finden, nachdem Herodes das Areal mittels großer Stützmauern erweitert hatte. Die westliche Stützmauer des Vorhofs steht bis zum heutigen Tag. Ihr südlicher Teil ist als «Klagemauer» bekannt. Im Süden des Tempelbergs errichtete Herodes die mit 164 Säulen größte Kolonnade der Antike, den «Portikus». Hier hielt er seine Audienzen, während Händler ihre Waren darboten. Der Tempel war wie eine Zwiebel in mehrere Areale unterteilt, deren Heiligkeit von außen nach innen zunahm und zu denen der Zutritt folglich immer enger begrenzt war. Zum äußeren Vorhof hatten alle Menschen Zutritt.

Zum inneren Vorhof, durch eine Balustrade abgetrennt, hatten nur Juden Zugang. Bei Ausgrabungen wurde ein Schild aus jener Zeit gefunden, das in gleich mehreren Sprachen jedem Nichtjuden mit dem Tode drohte, falls er dieses Areal betreten sollte. Auch Juden mussten strengen Reinlichkeitsgeboten Folge leisten, um die inneren Areale des Tempels betreten zu dürfen. Frauen beispielsweise war es während ihrer Menstruation verboten, in den Tempel zu kommen. Männern mit verschiedenen Hautkrankheiten war dies ebenfalls untersagt. Erst nachdem sie sich rituell gereinigt hatten, indem sie in ein Becken voller Regenwasser, in das die Asche einer roten Kuh gestreut worden war, eingetaucht waren, durften Frauen nach der Menstruation und Unreine den Tempelberg wieder betreten. Durch das Nikanor Tor führten 15 Stufen von diesem «Hof der Frauen» in den Hof der «Israeliten», zu dem nur jüdische Männer Zutritt hatten. Von hier wiederum war das heilige Areal der Priester abgetrennt, zu dem nur sie Zugang hatten. In der Mitte dieses Areals befand sich das 46 Meter hohe Hauptgebäude des Tempels. Direkt über dem «*Even Haschtiyah*», dem ursprünglichen Stein, mit dem laut jüdischer Überlieferung die Schöpfung begonnen hatte, erhob sich das 30 Meter hohe Allerheiligste «*Kodesch Hakodaschim*», ein leerer Saal, der nur vom Hohepriester einmal im Jahr am heiligsten Tag des jüdischen Kalenders, dem Versöhnungstag Yom Kippur, betreten werden durfte.

Dieser Tempel war der Magnet, der Jerusalem zu einer der bekanntesten Städte im Römischen Reich machte. Wenn man Flavius Josephus, einem übergelaufenen jüdischen Rebellen, der die erste jüdische Revolte gegen die Römer für die Nachwelt beschrieb, Glauben schenken will, dann besuchten zum Wallfahrtsfest «Sukkot» (das Laubhüttenfest) an die 2,7 Millionen Pilger die heilige Stadt, auch wenn diese Zahl angesichts der damaligen Bevölkerungsdichte stark übertrieben scheint. Dieses Fest war eine große Attraktion für Händler aus aller Welt, die nach Jerusalem reisten, um hier ihre Ware den Pilgern feilzubieten. Jerusalem wurde so immer mehr zu einer «kosmopolitischen» Klein-

stadt, was zum Beispiel die Pfingsterzählung aus der Apostelgeschichte im Neuen Testament widerspiegelt. Lukas zählt hier
die Völker auf, die zum Laubhüttenfest nach Jerusalem pilgerten. Später wurden die Jünger «*erfüllt von dem heiligen Geist
und fingen an, zu predigen in andern Sprachen, wie der Geist
ihnen gab auszusprechen.*» (Apostelgeschichte 2, 1–4) Die Stadt
Jerusalem beherbergte zu dieser Zeit wahrscheinlich 70 000 Einwohner, im Umkreis von zig Kilometern wurden die Berge ter-
rassiert, um den Pilgern während der Wallfahrtsfeste genügend
Nahrung bieten zu können. Die Terrassen im Umfeld Jerusalems, von Landwirten späterer Jahrhundertelang in Stand gehalten, stammen zum Teil noch aus dieser Zeit. Wer sich das Jerusalem aus den Zeiten der Römer dreidimensional vor Augen halten
will, sollte das Modell im Israel Museum besuchen.

Doch der weiß-goldene Marmortempel, der heute auf Foto-
montagen Endzeit-sehnsüchtiger Juden und Christen erscheint,
ist wohl mehr Wunschdenken denn eine Reflexion historischer
Wirklichkeit. So strahlend rein und glanzvoll, wie der Tempel im
jüdischen Nationalgedächtnis erscheint, war er wohl nur bei seiner Einweihung. Tieropfer waren integraler Bestandteil der Rituale. Man vergisst geflissentlich, dass hier laut Josephus zehntausende Tiere geopfert wurden. Der Tempel, auf den Bildern
ein ruhiger und majestätischer Ort des Gebets, war ein Schlacht-
haus, aus dem das Blöken und Muhen verängstigter Tiere gehallt
haben muss. Das Gebäude muss ständig von Rauch umgeben gewesen sein. Ein ausgeklügeltes Bewässerungssystem wusch den
heiligen Ort rein, damit die Priester nicht in dem Blut, den Ge-
därmen und dem Kot der Tieropfer ertranken. Will man den Su-
perlativen antiker Hofschreiber Glauben schenken, dann soll
König Salomon bei der Einweihung des ersten Tempels 22 000
Ochsen und 120 000 Schafe geopfert haben. Unter der Herrschaft Neros sollen ihm zu Ehren im zweiten Tempel 256 500
Tiere in einer Woche geopfert worden sein.

Im archäologischen Park neben der Klagemauer kann man sich noch heute die Zerstörungswut der Römer aus dem Jahr 70 n. Chr. vor Augen führen. Diese Felsbrocken wurden von römischen Soldaten von den Zinnen des Tempels auf die Straße im Tal der Käsemacher gestürzt.

Die Zerstörung des zweiten Tempels

Die Zusammenarbeit der Vasallen mit dem fernen Rom erweckte nach wenigen Jahren der Fremdherrschaft Unruhen. Seit dem Jahre 6 n. Chr. war es mit der judäischen Scheinunabhängigkeit vorbei, Judäa wurde von nun an von einem römischen Präfekten regiert, der die Bevölkerung auspresste und jeden Widerstand gewaltsam niederschlug. Der syrische Präfekt Quintilius Varus, der den Germanen unter Arminius später im Teutoburger Wald unterliegen sollte, ließ einmal allein in Jerusalem 2000 Aufständische kreuzigen. Eine erste Revolte gegen den geisteskranken Kaiser Caligula, der bekanntlich sein Pferd zum Konsul ernannte und nachts durch seinen Palast lief und der Sonne befahl aufzugehen, wurde durch dessen frühzeitigen Tod im letzten Augenblick verhindert. Caligula hatte sich selbst zum Gott erklärt und im Jahr 40 n. Chr. verlangt, im Tempel eine Statue zu seinen Ehren aufzustellen. Doch der Unmut gegen die Römer wurde durch den Tod Caligulas nur geschwächt, er verschwand nicht. Gerade als Jerusalem den Höhepunkt seines Glanzes erreichte, erhoben sich die Juden gegen die römische Herrschaft. Im Jahre 66 begann der Zelotenaufstand. Schnell breitete sich dieser bis nach

Jerusalem aus, wo schon bald die römische Garnison ausgeschaltet und der Vasall Agrippas II. vertrieben wurde. Doch die Freude über die anfänglichen militärischen Erfolge gegen die antike Supermacht war verfrüht.

Rom wollte den Aufstand mit allen Mitteln niederschlagen und entsandte 60 000 Berufssoldaten, um ihn zu brechen. Flavius Josephus, der wahrscheinlich nicht Augenzeuge der römischen Belagerung Jerusalems war, beschrieb ihre horrenden ökologischen und menschlichen Folgen: In einem Umkreis von 20 Kilometern hatten die Römer jeden Baum für ihre Belagerungsmaschinen gefällt, mehr als 700 000 Menschen, Flüchtlinge aus anderen Teilen Judäas, sollen in der Stadt verhungert sein. Die Leichen waren in den Häusern bis zu den Dächern gestapelt. Laut Josephus war vor den Stadtmauern nicht genug Platz für die Kreuze, die die Römer in Sichtweite aufstellten, um dort diejenigen hinzurichten, die aus der belagerten Stadt flohen. Im Jahre 70 n. Chr. brach der Widerstand zusammen: Von der Nordseite fielen die Römer in die Stadt ein, verbrannten den Tempel und zerstörten einen großen Teil der Stadt. «*Der Tempel schien von Grund auf zu glühen*», beschreibt Flavius Josephus das Inferno des Tempelbrands. Im archäologischen Park südlich der Klagemauer kann man noch heute einen Eindruck davon gewinnen, wenn man die großen Steinblöcke betrachtet, die direkt neben dem Tempelberg den Cardo zerschmetterten.

Nur die drei Wachtürme nahe dem Palast von Herodes ließ der Feldherr Titus stehen, um der Nachwelt zu demonstrieren, was für eine stolze Stadt er bezwungen hatte. Die Überreste eines dieser Türme bilden das Fundament des heutigen Davidsturmes, einer ehemaligen osmanischen Festung direkt am Jaffa Tor, die heute ein Museum ist.

Die Belagerung Jerusalems hätte dabei fast dazu geführt, dass jüdische Kaiser über Rom herrschten. Titus Flavius verliebte sich während seines Aufenthaltes in Berenice, eine hasmonäische Prinzessin, die Enkelin von Herodes und Schwester Agrippas II. Titus brachte sie sogar mit nach Rom, musste die Beziehung zu

Der Titusbogen ist ein Triumphbogen auf dem Forum Romanum, der 81 n.Chr. zu Ehren des Sieges von Titus über die Juden errichtet wurde. Dieser Ausschnitt aus dem linken Innenrelief zeigt den Triumphzug mit dem siebenarmigen Leuchter, der Menorah, und diente später als Grundlage für das Staatsemblem Israels.

ihr aber wegen des Widerstands seines Vaters, des Kaisers Vespasian, aufgeben. Obschon sie nach dem Tode Vespasians nach Rom zurückkehrte, nahm Titus, nun Kaiser, seine Beziehung zu ihr nicht wieder auf.

Der Titusbogen und die Menorah

Um an den glorreichen Sieg über die Juden zu erinnern, wurde in Rom der Titusbogen errichtet, der bis heute auf dem Forum Romanum zu sehen ist. Hier werden Beute und Siegesparade dargestellt. Auf einem Relief des Bogens ist die *Menorah*, der siebenarmige Leuchter, zu sehen, der zum Inventar des Tempels gehörte. Der Triumphbogen, in Rom für den späteren Kaiser Titus Flavius errichtet, blieb für Juden Zeichen ihrer Niederlage und der darauffolgenden Diaspora. Selbst 2000 Jahre Geschichte stumpften diese Gefühle nicht ab. So deckten die Briten im Zweiten Weltkrieg eine Verschwörung jüdischer Offiziere auf, die planten, den Triumphbogen bei der Eroberung Roms zu sprengen. Nach dem Teilungsbeschluss der UNO und der Staatsgründung Israels 1948 versammelte sich die jüdische Gemeinde Roms mit dem italienischen Oberrabbiner unter dem Titusbogen, um an diesem Platz die historische Wiedergutmachung des 2000 Jahre alten Unglücks zu feiern.

Die Abbildung der *Menorah* auf dem Titusbogen bildet die Grundlage für das heutige Emblem des Staates Israel. Doch ergeben sich hier gleich mehrere historische Unstimmigkeiten: der achteckige Fuß des Leuchters mit seinen Tierbildern stimmt nicht mit den Beschreibungen historischer Quellen überein. Diese sprechen von einem Leuchter, der auf drei Beinen stand. Entsprechende Abbildungen kann man auch auf antiken Mosaiken und Öllampen finden. So glaubt man heute, dass römische Goldschmiede auf dem Weg nach Rom die Basis des Leuchters von neuem schmiedeten, da der originale Fuß beschädigt worden war. Das heutige Symbol des jüdischen Staates Israel ist also kein reines Abbild des Leuchters, der im Tempel stand, sondern eine judäisch-römische Koproduktion.

Ebenso ist der Name Israel eine überraschende Wahl für einen Staat, der seine Hauptstadt in Jerusalem hat. *Israel* hieß das jüdische Königreich im Norden des Bergstaates Judäa, und, wie man leicht durch die Hasstiraden in der Bibel erfahren kann, war es der Erzrivale der Könige Jerusalems. Das nördliche Reich wurde von den Assyrern zerstört, die Bevölkerung vertrieben. Die heutigen Juden sind also Nachfahren der Judäer, laut biblischer Erklärung die Nachkommen des Stammes Juda. Das moderne Israel hätte sich eigentlich, wie ursprünglich vorgeschlagen, «Jehudia» oder «Juda» nennen sollen. Staatsgründer David Ben Gurion (1886–1973) entschied sich aber für den heutigen Namen.

Phönix aus der Asche: das Volk des Buches entsteht

Die Zerstörung des zweiten Tempels im Jahre 70 n. Chr. durch den römischen Feldherrn Titus ist einer der prägenden Augenblicke des Judentums. Juden gedenken an einem der glücklichsten Augenblicke in ihrem Leben gerade dieses tragischen Moments. Keine Hochzeit ist vollzogen, bevor der Bräutigam nicht ein Glas zertritt, um an die Zerstörung des Tempels zu erinnern.

Vorher zitiert er Psalm 137,5–6: «*Wenn ich dich vergesse, oh Jerusalem, soll meine rechte Hand verdorren. Meine Zunge soll an meinem Gaumen haften bleiben, wenn ich dich Jerusalem nicht als meine höchste Freude betrachte, wenn ich dich vergesse.*» Seit der Zerstörung des Tempels wenden jüdische Gemeinden sich im Gebet gen Jerusalem. Die Stadt wird im Alten Testament 669 Mal erwähnt. Fromme Familien in der Diaspora unterhalten eine Gebetsecke, die ganz der heiligen Stadt gewidmet ist.

Für Nicht-Juden ist dies nur schwer nachvollziehbar: Vor allem in der westlichen Welt ist Geschichte mehr Schulfach denn eine persönliche Angelegenheit. Doch wenn jüdische Kinder vom Auszug aus Ägypten sprechen, werden sie dazu angehalten, die Geschichte so zu empfinden, als seien *sie persönlich* von der Versklavung in die Freiheit gelangt. Geschichte ist für Juden etwas Greifbares, Fühlbares, Persönliches. Es ist möglicherweise diese besondere Einstellung zur Geschichte, die dieses Volk Jahrhunderte von Verfolgung und Diaspora hat überleben lassen.

So war es vielleicht gerade die Tempelzerstörung, die letztlich das Überleben des jüdischen Volkes ermöglichte, denn die Zerstörung ging mit dem Untergang der Priesterkaste Hand in Hand. Somit wurde das Judentum zur ersten wahrlich demokratischen Religion. Es gab keine Mittelsmänner mehr zwischen den Gläubigen und Gott. Das Verschwinden des angeborenen, angehobenen Status des Priesters führte zum Entstehen einer religiösen Meritokratie, in der die gesellschaftliche Stellung einer Person durch ihr Wissen festgelegt wurde. Die Fähigkeit zu Lesen und zu Schreiben, im Rest der Welt erst in der Moderne als Massengut eingeführt, war im Judentum schon im Mittelalter weit verbreitet. Dies bildete die Grundlage für die schnelle und erfolgreiche Integration der Juden in aufgeklärten Staaten in späteren Jahren.

Durch die Verwüstung des physischen Zentrums wurde das Volk weiterhin gezwungen, sich einen geistigen Mittelpunkt zu schaffen. Die Juden hätten wohl kaum das «Volk des Buches» werden können, wäre die religiöse Elite ständig damit beschäftigt gewesen, wöchentlich zehntausende von Tieren zu schlachten. Jerusalem ist als Idee machtvoller als dieses Bergdorf selbst als römische Polis am Rande der Weltgeschichte jemals hätte werden können. Verdeutlicht wird die Kraft des ideellen Jerusalems mit der Einwanderung äthiopischer Juden in den achtziger Jahren in der «Operation Moses». Diese Volksgruppe betrachtet sich als Nachkommen der legendären Ehe zwischen König Salomon und der äthiopischen Königin Schiba. Auf die Ermunterung des israelischen Geheimdienstes Mossad hin machten sich damals 12 000 Menschen auf den Weg, um nach Jerusalem zu gelangen. Auf dem hunderte Kilometer langen Weg durch Kriegsgebiete, Wüste und die feindliche muslimische Bevölkerung des Sudan kam ein Drittel der Einwanderer, 4000 Menschen, ums Leben. Trotzdem marschierten die Überlebenden weiter, in der Hoffnung, letztlich ins Gelobte Land zu gelangen. Es war nicht das steinerne Jerusalem, das die Menschen veranlasste, die Leiden ihres Weges zu ertragen. Die Hoffnung und der Glauben, den diese Menschen aus dem ideellen Jerusalem schöpften, können vielmehr als modernes Beispiel für den Geist dienen, der das jüdische Volk trotz der 2000 Jahre andauernden Verfolgung am Leben erhalten hat.

Aelia Capitolina: Jerusalem als römische Stadt

Nachdem die Stadtmauern Jerusalems zum größten Teil geschleift waren, durften Juden vorerst weiterhin in ihrer ehemaligen Hauptstadt ansässig bleiben. Die zehnte Legion wurde als ständige Garnison zurückgelassen. Dies war böse Ironie, war ihr Maskottchen doch ein Wildschwein, das den Juden als das unreinste aller Tiere gilt. Der nächste Zusammenstoß mit den Römern ließ nicht lange auf sich warten. Anfänglich war die Herrschaft des Kaisers Hadrian vielversprechend. Bei seinem Besuch versicherte er den Juden, Jerusalem wieder aufbauen zu wollen. Diese hofften, ihre nationale Hauptstadt werde wieder im Glanz eines jüdischen Tempels erstrahlen. Hadrian wollte jedoch eine moderne Polis bauen und errichtete auf dem Tempelberg einen neuen Tempel zu Ehren Jupiters. Er verbot die Beschneidung, die den Hellenisten, die einen vollkommenen Körper als Schönheitsideal ansahen, schon immer ein Dorn im Auge gewesen war. Als die Römer begannen, den Tempelberg mit schwerem Baugerät zu ebnen, brach im Jahr 132 wieder eine Revolte aus. Ähnlich wie während des Aufstandes der Makkabäer gegen Antiochos IV. Epiphanes 166 v. Chr. spielte der Tempelberg wieder die entscheidende Rolle.

Diese zweite jüdische Revolte unter den Rabbinern Akiba und Schimon Bar Kochva («Sohn des Sterns») war weitaus besser geplant als die erste: Hadrian musste fast die gesamte Militärmacht seines Reiches aufbieten, um sie niederzuschlagen. Die römischen Verluste waren so hoch, dass der kommandierende Feldherr auf die traditionelle Phrase «Ich und meine Truppen sind wohlauf» in seinem Brief an den Senat verzichtete. Mehr als drei Jahre lang hielten die Rebellen stand, doch diesmal war die Niederlage vernichtend. Mehr als 500 000 Juden sollen im Krieg getötet worden sein, 50 Städte und 985 Dörfer wurden zerstört. Hadrian reagierte voller Hass: Er sah im jüdischen Glauben die Ursache für die Unbeugsamkeit des Volkes und wollte die Religion deswegen auslöschen. Er verbot seinen Kartographen, den Namen Judäa zu benutzen. Fortan wurde das Gebiet nach den Philistern Syria-Palästina genannt. Juden wurde der Zugang zu Jerusalem verboten, die Stadt in *Aelia Capitolina*, nach dem Familiennamen Hadrians (Titus Aelius Hadrianus), umbenannt. Anstelle der Juden wurden Legionäre in der Stadt angesiedelt, auf dem Tempelberg entstand ein römischer Tempel.

Zweitausend Jahre Diaspora: Jerusalem bleibt ein Traum

Bis auf eine kurze Ausnahme während der persischen Eroberung Jerusalems unter Chosrau II. im Jahre 614 sollten Juden bis zur Staatsgründung Israels nicht mehr die Stadt beherrschen. Sie waren von nun an nur noch eine unterdrückte oder geduldete Minderheit. Unter byzantinischer Herrschaft durften die Juden bis zum fünften Jahrhundert nur einmal im Jahr auf den Tempel-

Das jüdische Viertel in der Altstadt, wo Armut und Enge herrschten. Neben jeder Synagoge mussten die Juden auf eigene Kosten ein Minarett errichten, das höher als ihr Bethaus war, um die Überlegenheit des Islam zu demonstrieren. Lithographie, um 1845, von Français nach Auguste Forbin (1777–1841).

berg, der zur Müllhalde umfunktioniert worden war. Am neunten Tag des Mondmonats Av, laut jüdischer Überlieferung dem Jahrestag der Zerstörung beider Tempel, sollten die Juden in Jerusalem ihr Schicksal beweinen. Aus dieser Zeit stammt der bekannte Name der westlichen Stützmauer des Tempelbergs: *die Klagemauer*. Manche Autoren mutmaßen, dass die frühen Christen mit Schadenfreude das Leid der «Gottesmörder» verfolgt haben. Vom fünften Jahrhundert an durften Juden den Berg nur gegen ein Entgelt von weitem betrachten.

Immer wieder tauchten messianische Bewegungen auf, die kleine jüdische Einwanderungswellen in die Stadt brachten. Der bekannteste falsche Messias war der in Smyrna geborene Schabbetai Zvi (1626–1676). In einer Zeit, in der Juden allerorts verfolgt wurden, verkündete er, der Erlöser zu sein. Die Neuigkeit verbreitete sich wie ein Lauffeuer in jüdischen Gemeinden, eine große Gefolgschaft bereitete sich vor, unter ihm ins Heilige Land zurückzukehren. Doch die Bewegung endete kläglich, als der osmanische Sultan Zvi vor die Wahl stellte, eines qualvollen Todes zu sterben oder sich zum Islam zu bekennen. Zvi wählte den schmerzlosen Ausweg. Jerusalem blieb für die weltweit verstreute jüdische Gemeinde nur ein geistiges Gebilde. Der mittelalterliche Philosoph und Poet Juda Halevi sprach für Generationen von Juden, als er im 12. Jahrhundert im fernen Spanien schrieb: «*Mein Herz ist im Osten, während ich am Ende des Westens bin*». Halevi folgte seinen Sehnsüchten und wanderte im Jahr 1140 in Palästina ein.

Abgesehen von kurzen Unterbrechungen während der christlichen Herrschaft von Byzanz oder der Kreuzfahrer existierte fast ständig eine, wenn auch kleine jüdische Gemeinde in Jerusalem. Hin und wieder siedelten Juden in die Stadt über, die für ihre Glaubensgenossen in der Diaspora gleichbedeutend mit dem Paradies wurde. Juden, die über die Jahrhunderte die beschwerliche und gefährliche Reise nach Jerusalem auf sich nahmen, hatten vor allem eines im Sinn: Sie wollten letztlich auf dem Ölberg begraben werden. Nach jüdischem Glauben sollen die Toten, deren Gebeine auf diesem Berg bestattet sind, als erste wieder auferstehen, wenn der Messias wiederkehrt. So kamen sie nicht nach Jerusalem, um dort zu leben, sondern um dort zu sterben und begraben zu werden.

Moderner Zionismus – mehr als nur eine Fluchtbewegung

Mitte des 19. Jahrhunderts breitete sich eine neue Idee vor allem in Osteuropa aus. Immer mehr Juden begannen, in einer jüdischen Nationalbewegung eine Antwort auf den Jahrhunderte alten Antisemitismus zu sehen, der auch nach der Aufklärung in Europa weiter Bestand hatte. Die Vordenker dieser national-jüdischen Idee, die später als «Zionismus» bekannt werden sollte, waren zumeist säkulare, wirtschaftlich erfolgreiche Juden, die trotz ihrer Assimilation von ihrer christlichen Umgebung nicht angenommen wurden. Sie waren innerlich gespalten: Zum einen hatten sie sich vom traditionellen, religiösen Judentum abgewandt. Zum anderen wurden sie von der modernen, liberalen, westlichen Welt, mit der sie sich identifizierten, wegen ihrer Herkunft abgelehnt. Die Lösung, die sie vorschlugen, sollte darauf eine Antwort liefern: Wenn die Völker der Welt die Juden nicht unter sich wollten, musste ein jüdischer Staat gegründet werden. Nur wenn sie wie alle Kulturvölker einen eigenen Staat hätten, so argumentierten die Zionisten, würden die Juden endlich als gleichberechtigt anerkannt werden.

Überraschenderweise war vielen egal, wo dieser Staat entstehen sollte. Der Gründer der zionistischen Organisation (ZO) Theodor Herzl (1860–1904) war sogar bereit, einen Vorschlag der britischen Regierung anzunehmen, einen jüdischen Staat in Uganda zu errichten. Delegationen und Komitees befassten sich mit territorialen Alternativen für die Errichtung eines unabhängigen, jüdischen politischen Gebildes. Argentinien, der ferne Osten Russlands oder eine Insel im Besitz der USA sind nur wenige Optionen, zwischen denen die ZO wählen sollte. Die Mehrheit der ZO lehnte diese Vorschläge jedoch konsequent ab. Die Bindung der säkularen und aufgeklärten Zionisten zum «Heiligen Land» scheint sonderbar: Die große Mehrheit von ihnen lehnte das traditionelle Judentum als überholt ab. Wenn es den Zionisten also lediglich um einem jüdischen Staat ging, hätte die territoriale Frage eine untergeordnete Rolle spielen müssen.

Die emotionale Bindung an die Wiege des jüdischen Volkes, seit Hadrian als Palästina bekannt, erwies sich jedoch als stärker als dringliche Nöte der verfolgten Juden in Osteuropa. So hatte Herzl den Uganda-Plan zwar befürwortet. In seiner Programmschrift «Judenstaat» hatte er allerdings bereits 1896 erklärt: «*Palästina ist unsere unvergessliche historische Heimat. Dieser Name allein wäre ein gewaltig ergreifender Sammelruf für unser Volk.*» Die Juden wollten entweder einen Staat in ihrem alten Heimatland oder nirgendwo. Bald begann ein neuer Schlag von Juden nach Palästina einzuwandern.

Zionismus und der «neue Mensch»

Der Begriff «Zionismus» wurde 1882 vom Wiener Journalisten Nathan Birnbaum geprägt. Obschon die jüdischen Nationalisten sich «Zionisten», nach «Zion», einem biblischen Namen Jerusalems, nannten und sich für das nationale Projekt in Palästina entschieden, hegten viele eine tiefe Abneigung gegen die Stadt ihrer Vorväter. Ihre nationalen Ambitionen, die sich an den patriotischen Bewegungen Europas und der «Wiedergeburt» Italiens und Griechenlands orientierten, entstanden als Reaktion auf den Antisemitismus des Westens. Dabei übernahmen viele Zionisten die Argumentation ihrer antisemitischen Gegner: Der Antisemitismus sei entstanden, da das jüdische Volk sich in seiner 2000-jährigen Diaspora falsch entwickelt habe. Philosophen wie Moses Hess argumentierten, dass der Antisemitismus nur dann enden werde, wenn das jüdische Volk eine gesellschaftliche Revolution durchmache. Rabbiner sollten zu Bauern werden, das Volk der Händler sollte sein eigenes Land als ebenbürtige Nation bewirtschaften, so die Vordenker der späteren Kibbuz-Bewegung.

In den Augen der ersten Zionisten stand Jerusalem für das Reaktionäre. Viele mieden die Stadt, weil sie das Gegenteil des modernen Zionismus verkörperte. Sie siedelten sich stattdessen am Küstenstreifen an. Ganz im romantischen Geist ihrer Zeit wollten sie einen «Neuen Menschen» schaffen. Gabriele Tergit fasste das Idealbild so zusammen: «*Juden am Pflug, Juden mit der Sense, breitschultrig, hochbeinig, kurzhosig, mit nackten Armen, und sie sprechen Hebräisch.*». Die eckigen, glatt rasierten Gesichtszüge der Propagandaposter standen bewusst im Kontrast zum blassen Antlitz bärtiger orthodoxer Juden, die bis dahin im Tross der Rabbiner nach Palästina einwanderten, um in Jerusalem zu beten und zu sterben. Mit der Entstehung der ZO wollten Juden erstmals nach Palästina ziehen, um dort zu leben. Sie siedelten sich nicht bloß wegen der Vergangenheit des Landes dort an, sondern wegen ihrer eigenen Zukunft.

Zionismus – benannt nach einer Stadt, die er verabscheute

In den Schriften wichtiger zionistischer Führer findet man, ganz im Gegensatz zum religiös angehauchten patriotischen Tenor der heutigen Zeit, geradezu Abscheu vor der Stadt, die in den Augen vieler symbolisch für ein «krankhaftes Diaspora-Judentum» stand. Theodor Herzl träumte von einer Hauptstadt seines jüdischen Staates bei Haifa auf dem Carmel-Berg. Nach seinem Besuch der heiligen Stadt 1898 schrieb er: «*Ich werde mich nicht mit Wohlwollen an dich erinnern, oh Jerusalem. Die muffigen Ablagerungen von 2000 Jahren der Unmenschlichkeit, Intoleranz, und Unsauberkeit liegen in deinen stinkenden Gassen. Der liebenswürdige Träumer aus Nazareth* [damit ist Jesus gemeint – Anm. d. Verf.] *hat nur dazu beigetragen, den Hass zu steigern.*» Über die Klagemauer hatte er auch nichts Gutes zu sagen: «*Keine Emotion wollte bei mir erwachen. Wie viel Aberglauben und Fanatismus auf allen Seiten!*» David Ben Gurion, später erster Premier Israels, bereiste nach seiner Einwanderung aus Polen das ganze Land. Nach Jerusalem kam er erst drei Jahre später. Die Stadt spielte für diesen bibelfesten, aber säkularen Juden keine zentrale Rolle. Selbst bei der Staatsgründung wollte Ben Gurion das Dorf Kurnub in der südlichen Negev-Wüste zur Hauptstadt machen, nicht das umkämpfte Jerusalem. Die spätere Premierministerin Golda Meir (1898–1978) zog das nördliche Haifa vor. Chaim Weizmann (1874–1952), erster

Theodor Herzl, Begründer der zionistischen Bewegung (Budapest 2.5.1860 - Edlach 3.7.1904) Porträtaufnahme, um 1900.

Staatspräsident, fühlte sich in Rehovoth in der Küstenebene wohler als in der Hauptstadt und bezog in dem später nach ihm benannten wissenschaftlichen Institut unweit Tel Avivs seinen Sitz. Im Jahr 1937 wollte er bei den Gesprächen mit der Peel-Kommission nur wenige Teile der Neustadt in «sein» Israel eingliedern. «*Die Altstadt würde ich nicht mal als Geschenk annehmen. Sie bringt zu viele Komplikationen und Schwierigkeiten mit sich*», sagte er damals.

Warum Palästina – oder: Was ist ein Jude?

Die zwiespältige Haltung der Führung des Jischuv bezüglich des Stellenwerts von Jerusalem spiegelt eine tiefer liegende Frage wider, die den israelischen Staat bis zum heutigen Tage beschäftigt: Was macht einen Menschen zu einem Juden? Auf diese Frage gibt es mindestens so viele Antworten, wie es Juden gibt. Das Judentum ist Religion, wie es Lebenseinstellung, biologisches Erbmaterial, Kultur oder geteilte Geschichte ist. All dies definiert einen Großteil der Menschen, die sich selbst als Juden betrachten. So sind Juden, entgegen antisemitischer Definition, natürlich keine Rasse im biologischen Sinn. Es gibt aber bestimmte genetische Merkmale, die in der jüdischen Bevölkerung auf Grund des so genannten «Gründereffekts» öfter anzutreffen sind. Die Tay-Sachs-Krankheit kommt beispielsweise häufiger bei aschkenasischen Juden vor. Doch diese genetischen Merkmale allein reichen natürlich nicht aus, um durch einen Bluttest festzulegen, wer Jude ist.

Orthodoxe Juden glauben, dass nur die Erfüllung aller religiösen Vorschriften jemand zu einem «vollwertigen» Juden macht. Säkularen, also nicht-religiösen Juden ist oft Tradition wichtiger. Die hat ihren Ursprung zwar im Glauben, ist aber heute gänzlich von ihm losgelöst. Israelis betrachten sich oft deswegen als Juden, weil sie in Israel leben und «Ivrit», beziehungsweise Hebräisch, die Sprache der Bibel, sprechen. Keine dieser Definitionen ist separat als Ausschlusskriterium hinreichend, keine allein umfassend genug, um sich auf alle Juden beziehen zu können oder um Nicht-Juden auszugrenzen. So ist jeder Jude letztendlich aufgrund einer individuell ausgewählten Zusammensetzung dieser und anderer Kriterien ein Jude.

Problematisch wird diese Frage besonders, wenn sie den Staat Israel Geld kostet. Sie stellt sich, wenn Einwanderer ins Land strömen, um die finanziellen und gesetzlichen Vorteile zu genießen, die der Staat nachweislich jüdischen Neueinwanderern bietet. Wer ist nun Jude und somit berechtigt, diese Vorteile in Anspruch zu nehmen? Wer darf die Antwort auf diese Frage geben? Die jüdische Religion legt fest, dass jedes Kind einer jüdischen Mutter Jude ist. Zählte allein dieses Kriterium, wäre ein Großteil der 1,2 Millionen russischen Einwanderer der neunziger Jahre keine Juden. Das israelische Einwanderungsgesetz ist großzügiger, hat aber mit der Religion nichts zu tun. Es legt fest, dass auch Kinder jüdischer Väter oder Großeltern Juden sind. Es wurde als Antwort auf die Nürnberger Rassengesetze der Nazis verfasst: Jeder, der in der Welt als Jude verfolgt wird, sollte in Israel Zuflucht finden können.

Für eine Mehrheit der Israelis spielt die Religion in ihrem Alltag eine Nebenrolle. Sie leben einen westlichen Lebensstil und halten sich nicht an die religiösen Vorschriften. Wenige besuchen an Feiertagen die Synagogen. Doch selbst laizistische Juden erhalten viele Traditionen am Leben und begehen Jahrhunderte alte Rituale, ohne an die Existenz Gottes zu glauben. Als relevantes Beispiel dient hier das Passah-Fest (Hebräisch: «*Pessach*»), zu dem sich Familien zu einem ausgiebigen Abendmahl zusammenfinden, um an den Auszug aus Ägypten zu erinnern. Den Abschluss dieses festlichen Abends bildet stets der Satz: «*Nächstes Jahr in Jerusalem!*» (Seitdem der Staat Israel gegründet wurde, wurde der Satz verändert: «*Nächstes Jahr im aufgebauten Jerusalem!*») Wegen dieser Riten mit ihrer innigen Bindung an Jerusalem haben selbst säkulare Juden, auch wenn sie sich nicht mit der Religion und der Geschichte ihrer Vorväter identifizieren, eine tiefe emotionale Bindung an die Stadt. Nur so lässt sich erklären, dass die nationale Bewegung der Juden sich Zionismus nannte: Zion ist ein biblischer Name Jerusalems. Dies ist die Begründung, dass selbst die säkularen, realpolitischen Zionisten letztlich «nur in Palästina» ihren Staat errichten wollten, obwohl sie wussten, dass dies mehr Probleme mit sich bringen würde als die Wahl eines anderen Orts.

Bruderkämpfe – Juden ringen um die Klagemauer

Während orthodoxe und säkulare Juden sich darin einig sind, dass sie im Land ihrer Vorväter leben wollen, streiten sie sich doch unaufhörlich darüber, *wie* sie ihr Leben dort führen sollen. Die Verhältnisse in Jerusalem, insbesondere an der Klagemauer, sind ein Spiegelbild der angespannten Beziehungen zwischen den verschiedenen Weltanschauungen religiöser und säkularer Juden. Den orthodoxen Juden gelang es, die nach ihrer Meinung notwendige Trennung der Geschlechter und ihre eigenen Gebetsriten an der Klagemauer durchzusetzen. Vertreter anderer Strömungen, wie beispielsweise reformorientierte oder, wie sie sich selbst bezeichnen, progressive Juden, versuchen seit Jahren erfolglos, am höchsten Gerichtshof in Israel ein Urteil zu erzwingen, das Männern und Frauen gemeinsame Gebete erlaubt. Manche wollen unter der Führung von Rabbinerinnen beten, was für die Ohren streng traditioneller Juden ein Affront ist.

Das Verhältnis zwischen Orthodoxen und Säkularen ist in Jerusalem gespannt. Die Orthodoxen versuchen, ihre traditionelle Lebensweise ungeachtet westlicher Einflüsse weiterzuführen, was zwangsläufig in Konflikte mit denjenigen mündet, die sich ein «normales», sprich vollkommen westliches Leben wünschen. Die zwei Gruppen geraten in ganz alltäglichen Fragen aneinander. Bei Werbekampagnen müssen Firmen darauf achten, in orthodoxen Stadtvierteln Abbildungen leicht bekleideter Frauen zu vermeiden. Dies könnte nicht nur zu einem Rückgang ihres Absatzes, sondern gar zu Ausschreitungen führen. In keinem israelischen Hotel kann man samstags eine heiße Schokolade trinken, da man dort, um den staatlichen Koschergesetzen zu genügen, am heiligen Sabbat nichts auf offener Flamme kochen darf. Aus demselben Grund, nämlich wegen des Verbots, ein Feuer zu entzünden, kommt es in Jerusalem immer wieder zu Zusammenstößen von Orthodoxen mit der Polizei. Während die Orthodoxen Hauptstraßen am heiligen Sabbat sperren lassen wollen, die Motoren von Fahrzeugen arbeiten ja bekanntlich mit einer Zündung, wollen die Säkularen einfach nur von A nach B gelangen. Samstags sind in Jerusalem fast alle Geschäfte geschlossen. Der Anteil der orthodoxen Juden nimmt aufgrund der steten Einwanderung religiöser Juden aus dem Ausland fortwährend zu. Säkulare Juden wandern hingegen zunehmend aus Jerusalem nach Tel Aviv ab. Dort, so sagen viele, können sie ihren westlichen Lebensstil ungehindert ausleben.

Einen Höhepunkt erreichten die Diskussionen zwischen Orthodoxen und Säkularen anläßlich des 3000-jährigen Jubiläums der Eroberung durch König David. Damals wollte Florenz der Stadt einen Abguss von Michelangelos berühmter Davidstatue schenken. Die orthodoxen Mitglieder des Stadtrates weigerten sich aber, den legendären König nackt in der heiligen Stadt aufzustellen. Sie forderten von den Italienern, dem Bibelhelden ein Höschen aus Bronze zu verpassen. In Florenz löste der Gedanke an eine Verunstaltung des Kunstwerks Empörung aus. Schließlich wurde ein Kompromiss gefunden: Florenz schenkte statt der berühmten Michelangelo-Statue Jerusalem eine Kopie des kleinen David Verrocchios, dessen züchtige Kleidung für die Orthodoxen annehmbar war. Er ist heute im Museum im Davidsturm ausgestellt.

Während dies noch amüsant klingen mag, führt der diskriminierende Wehrdienst zu tiefen Spannungen zwischen den Bevölkerungsgruppen. Per Gesetz muss jeder jüdische Mann in Israel drei Jahre in der Armee dienen. Die Orthodoxen wurden davon aber nach der Staatsgründung von David Ben Gurion freigestellt. Damals handelte es sich nur um wenige hundert Bibelschüler, deren militärischer Nutzen ohnehin fragwürdig war. Doch heutzutage betrifft dies Zehntausende, die sich unter dem Vorwand, die Bibel zu studieren, der Wehrpflicht entziehen. In den Augen der Orthodoxen ist das Bibelstudium für den Erhalt ihres Volkes wichtiger als der Dienst an der Waffe. Die Eltern der Soldaten wettern hingegen verbittert, dass die Freiheit der Religiösen mit dem Blut ihrer Söhne erkauft wird. Die Parteien der Orthodoxen besitzen genug Macht im Parlament, um eine Veränderung der Wehrdienstgesetze zu verhindern. So bleibt diese Frage vorerst einer der Gründe für starke Spannungen.

Elieser Ben Jehuda – Eine alte Sprache wird neu geboren

Der Lebenslauf Elieser Ben Jehudas (1858–1922) kann in vielerlei Hinsicht als anschauliches Beispiel des Zionismus dienen. Zudem lassen sich an seinem Leben bereits die Konflikte ausmachen, die später die israelische Gesellschaft spalten sollten. Das Wohnhaus Elieser Ben Jehudas in Jerusalem liegt in der Ethiopia-Straße 11 (es kann leider nur von außen besichtigt werden). Hier wohnte er in den Jahren 1909–1915 und 1919–1922.

Der «Vater der Neu-Hebräischen Sprache» wurde 1858 in Lutzki, Litauen, unter dem Namen Elieser Perelman geboren. Wie alle Kinder in orthodoxen Haushalten lernte er in einer Religionsschule Hebräisch, um die Heiligen Schriften zu studieren. Er erwies sich jedoch als revolutionärer Geist, was ihm zu einem Schulverweis verhalf, da «häretische Bücher» bei ihm gefunden wurden. Er wurde von der aufgeklärten Familie Jonas aufgenommen; seine Verwandten hatten sich von ihm abgewandt. Die älteste Tochter des Hauses, Deborah, erteilte ihm Privatunterricht in Fremdsprachen, der recht angenehm gewesen zu sein scheint: Elieser heiratete Deborah.

Der russisch-osmanische Krieg von 1877 wird als Wende in Perelmans Leben beschrieben. Die Russen, die sich als Beschützer aller Slawen verstanden, führten ihn unter dem Vorwand, die Bulgaren befreien zu wollen. Schon vorher hatten «verschollene» Völker des Altertums wieder ihre Freiheit erlangt, wie Griechenland 1829 und Italien 1849. Ben Jehuda war überzeugt, dass dasselbe für Juden ebenfalls möglich sein müsse. Im Jahr 1878 wanderte er nach Paris aus, wo er für kurze Zeit Medizin studierte, um einen in Palästina brauchbaren Beruf zu erlernen. In einem Kaffeehaus auf dem Boulevard Montmartre hielt er mit zwei Freunden zum ersten Mal eine Konversation auf Hebräisch. In seinem Wörterbuch beschrieb er diesen Augenblick später so: *«Es war, als hätte sich der Himmel geöffnet: Ich begriff, was eine gemeinsame Sprache für eine Nation bedeutet.»* Bald begann er, alle seine Einkaufslisten in noch biblischem Hebräisch zu führen.

Seine Idee, Juden müssten in ihr Vaterland Palästina zurückkehren und dort ihre Muttersprache, Hebräisch, sprechen, wurde anfangs als verrückt abgetan. Sein erster Artikel «Die brennende Frage», der 1879, also 17 Jahre vor Herzls «Der Judenstaat» erschien, erweckte Aufruhr. Die meisten Juden wollten nichts von einem separaten jüdischen Staat hören. Selbst Befürworter dieser Idee, das Wort Zionisten war ja noch nicht erfunden, sprachen sich für Jiddisch, Ladino oder gar Deutsch als Landessprache aus. Hebräisch schien für moderne Zwecke ungeeignet.

Um seinen Überzeugungen Ausdruck und seinem Namen einen hebräischen Klang zu verleihen, nannte sich der junge Perelman fortan Ben Jehuda. Er setzte damit einen Trend, den viele in Israel später nachmachten. Als bei ihm Tuberkulose diagnostiziert wurde, brach Ben Jehuda sein Studium ab und kurierte sich in Algerien aus. Die Juden vor Ort sprachen einen, vom Arabischen beeinflussten, Dialekt, den Ben Jehuda als «ursprünglich» empfand und übernahm. Später sollte dieser Dialekt deswegen zur allgemeinen Aussprache des modernen Hebräisch werden.

Im Jahr 1881 wanderten Elieser und Deborah in Palästina ein. Kaum gelandet, sprach er mit einem Geldwechsler, einem

Eliesar Ben Jehuda war die treibende Kraft hinter der Erneuerung der hebräischen Sprache.
(Photographie: S. Narinsky, 1921)

Kneipenbesitzer und einem Kutscher Hebräisch. Begeistert fassten er und seine Frau den Entschluss, fortan nur noch Hebräisch zu sprechen. Im Jahr 1885 übernahm Ben Jehuda die hebräische Zeitung «*Hatzvi*» – Der Hirsch und machte sie zum wichtigsten Blatt des «*Jischuv*» – der jüdischen Gemeinde im Land Israel.

Es dauerte nicht lange, bis der Querdenker sich mit der orthodoxen Gemeinde Jerusalems überwarf. Seine Kritik an der Verschwendung von Spenden und sein Widerstand gegen die Absicht, die Pioniere zu zwingen, gemäß biblischem Gebot alle sieben Jahre ihre Felder brach liegen zu lassen, brachte die Rabbiner dazu, über ihn einen Bann zu verhängen. Viele Orthodoxe verabscheuen Ben Jehuda heute noch, wenn auch aus einem anderen Grund. Indem er die «Heilige Sprache» für den Alltag einsetzte, entweihte er sie in ihren Augen. So montieren Bewohner des orthodoxen Mea Schearim-Viertels immer noch die Gedenktafeln an seinem Wohnhaus ab, die das Rathaus dort hin und wieder anbringen lässt. Sie sprechen in ihren Wohnvierteln weiterhin Jiddisch und Englisch. Manche unter ihnen erkennen bis heute den Staat Israel nicht an und schrecken selbst vor Kontakten mit Feinden Israels, wie Führern der Hamas und der iranischen Regierung, nicht zurück. Sie glauben, nur der Messias habe das Recht, einen jüdischen Staat zu errichten.

Das Zerwürfnis mit der Gemeinde erwies sich aber auch als glückliche Fügung. Endlich hatte Ben Jehuda genügend Zeit, sich seinem Lebenswerk, einem modernen hebräischen Wörterbuch, zu widmen. Nach der Geburt seines Erstgeborenen Ben-Zion, der später den Schriftstellernamen Itamar Ben-Avi annehmen sollte, entschlossen sich die Eltern, mit dem Kind lediglich Hebräisch zu sprechen. In seiner Autobiographie beschrieb Ben-Avi später, wie sein Vater ihn frühzeitig zu Bett schickte, falls Besuch kam, der kein Hebräisch konnte: «*Selbst das Singen der Vögel, das Wiehern der Pferde ließ er mich nicht hören, da sie Fremdsprachen, oder zumindest nicht Hebräisch, waren.*» Bis zum vierten Lebensjahr sprach das Kind kein Wort. Nachbarn fürchteten, es sei durch den alltäglichen Gebrauch der Heiligen

Sprache verblödet. Bis Ben Jehuda, so erzählte sein Sohn später, eines Tages auf einem weißen Esel nach Jaffa ritt und seine Mutter ihm auf Russisch ein Wiegenlied sang. Plötzlich stand der Vater erbost in der Tür. Er war wegen Schneefalls umgekehrt. Ben-Avi beschrieb die folgende Szene: «*Ich war schockiert, als ich meinen Vater wütend und meine Mutter weinen sah. Vater warf seinen Schreibtisch um, auf dem er sein Wörterbuch verfasste, und die Blätter flogen durch das Zimmer.*» Ben Jehuda war außer sich vor Zorn, weil die Mutter ihr Versprechen gebrochen hatte, mit dem Sohn nur Hebräisch zu sprechen. «*Ich entriss mich der Umarmung meiner Mutter, ging auf ihn zu und rief: «Abba!*» (Vater) *Dies war mein erstes Wort auf Hebräisch.*» Der wütende Vater wurde besänftigt und Ben-Avi zum ersten Kind, das von Geburt an Hebräisch sprach. In dem kleinen Haus in der Ethiopia-Straße begann eine Sprachrevolution.

Doch Ben Jehuda war nicht allein in seinen Bemühungen. Die Pioniere der *Aliya* (so nennen Zionisten die Einwanderungswellen von Juden nach Palästina oder später Israel; das Wort kann als «Aufstieg» übersetzt werden) aus Russland waren gebildet und von zionistischer Ideologie durchdrungen. In ihnen fand er willige Anhänger, die ebenfalls nur Hebräisch sprechen wollten. Nachdem 2000 Jahre lang niemand die Sprache benutzt hatte, wurde sie zur *Lingua Franca* jüdischer Einwanderer in Palästina aus allen Ecken der Welt. Im Jahr 1910 veröffentlichte Ben Jehuda den ersten Band seines «Kompletten Wörterbuchs des alten und modernen Hebräisch», das erst 1959 mit dem 17. Band vollendet wurde. Kurz vor Ben Jehudas Tod verliehen die Briten am 29. November 1922 der hebräischen Sprache offiziellen Status als Landessprache. Die Sprache musste lange um ihre Vormachtstellung kämpfen. Noch in den dreißiger Jahren sollte Deutsch die Lehrsprache an der Technion-Universität in Haifa werden. Es bildeten sich Verbände zur «Erhaltung der Reinheit der Hebräischen Sprache», die mit Trillerpfeifen jede Versammlung auflösten, die nicht auf Hebräisch abgehalten wurde. In Tel Aviv waren Aufführungen auf Jiddisch lange verboten.

Im Gegensatz zu der vereinfachenden zionistischen Geschichtsschreibung hat Ben Jehuda die Sprache nicht erfunden,
sondern erneuert. Der Forscher Cecil Roth fasst es treffend zusammen: «*Vor Ben Jehuda konnten die Juden Hebräisch sprechen. Nach Ben Jehuda taten sie es.*»

Die Rückkehr der Juden– die Neustadt entsteht

Unter «Neustadt» verstehen die Jerusalemer die Stadtviertel, die
seit Mitte des 19. Jahrhunderts außerhalb der Stadtmauern entstanden sind. Ein Spaziergang durch diese ersten Stadtviertel ist
ein unvergesslich schönes Erlebnis. Flanieren Sie durch das reno-
vierte Künstlerviertel *Yemin Mosche*, oder erleben Sie ein leben-
diges Museum im Viertel *Mea Schearim*, in dem orthodoxe Juden
den Lebensstil aus der Diaspora im osteuropäischen Ghetto aufrechterhalten. Bis heute haben dort die meisten Bewohner keinen
Fernseher oder Telefonanschluss. Nachrichten, vor allem die Interpretationen von Glaubensgrundsätzen durch verschiedene
Rabbiner, werden über die zahlreichen Poster übermittelt, die an
allen Wänden kleben. Wie ihre Vorfahren vor 200 Jahren tragen
sie noch immer nach Art polnischer Kleinadliger den schwarzen
Kaftan, rasieren ihre Schläfenlocken nicht und weigern sich, Hebräisch zu sprechen. Folgender Ausspruch Ronald Storrs, des
ersten britischen Stadtkommandanten, ist heute genauso aktuell
wie damals: «*Jerusalem ist die einzige Stadt in der Welt, in der
man sich aussuchen kann, in welchem Jahrhundert man leben
will.*»

Schon vor der Etablierung der ZO 1897 hatten Juden begonnen, vor Pogromen in Russland zu flüchten. Die Auswanderung
nach Palästina, das in der Auffassung der meisten Juden nur als
Sumpf- oder Wüstenland existierte und keine erfolgversprechende
Zukunft bot, blieb dabei die Wahl einer Minderheit. Nur rund 5 %
der etwa 2,6 Millionen Juden, die 1882–1914 aus Russland auswanderten, entschieden sich für Palästina. Die meisten gingen in
die USA. Selbst von denjenigen, die auf Grund ihrer zionistischen
Ideologie nach Palästina auswanderten, blieben nach wenigen

Jahren nur rund 60% im Land, schätzte der spätere Premierminister David Ben Gurion. Nur eine Minderheit von wenigen Zionisten entschloss sich, dauerhaft nach Jerusalem zu ziehen.

Trotzdem bildeten Juden spätestens seit 1860 die größte ethnische Gruppe in der Stadt. Die Enge im jüdischen Viertel innerhalb der Altstadt, dem kleinsten Viertel auf dem niedrigsten Hügel, wurde unerträglich. Bald gab es erste Initiativen, jüdische Wohnviertel auch außerhalb der Stadtmauern zu errichten. So finanzierten reiche Philanthropen wie Moses Montefiori den Bau neuer Stadtviertel. Er ließ sogar eine holländische Windmühle importieren, damit sich die künftigen Anwohner einen Lebensunterhalt verdienen konnten. Anfangs schien sein Versuch, die Juden aus den Stadtmauern zu locken, fehlzuschlagen. Bis ins späte 19. Jahrhundert war die Sicherheitslage in Palästina so miserabel, dass niemand sich nach Einbruch der Dunkelheit außerhalb der Stadtmauern aufhielt. Montefiori musste den Jerusalemer Juden Geld zahlen, um sie zu überzeugen, nach *Yemin Mosche* umzuziehen. Nachts suchten sie aber dennoch weiterhin im Schutz der Stadtmauern Zuflucht. Nur der Ausbruch einer Cholera-Epidemie rettete das Projekt Montefioris und überzeugte die Juden der Altstadt, dass die Lebensbedingungen in *Yemin Mosche* denen der Altstadt vorzuziehen waren.

Bis zum Sechs-Tage-Krieg 1967 war *Yemin Mosche* eine Armensiedlung. Besonders nach der Teilung Jerusalems 1948 blieben dort nur die Ärmsten der Armen wohnen, da die Bewohner dem Beschuss jordanischer Scharfschützen ausgesetzt waren. Erst nachdem Jerusalem völlig von den Israelis erobert worden war, entwickelte *Yemin Mosche* sich zu einem Luxusviertel.

Das Orthodoxenviertel *Mea Schearim* ist ein anderes Beispiel, wie neue Stadtviertel entstanden. Es wurde 1874 in Kooperation von einem Engländer, Deutschen, Österreicher, Russen und einem Türken mit der Absicht gegründet, orthodoxen Juden ein neues Zuhause mit besonderem Charakter zu bieten. Der deutsche Architekt Conrad Schick (siehe S. 86) entwarf den Grundplan für das Viertel.

Entlang der Jaffa-Straße befinden sich viele andere Wohnprojekte aus dieser Zeit. Mitten in der Stadt sind dies meist Häuser, die einer Burg ähnlich um einen gemeinsamen Innenhof gebaut sind, der nur durch einen schmalen Eingang zu erreichen ist. So versuchten die Juden, sich vor Räubern zu schützen, die damals noch das Land schikanierten. Besonders empfehlenswerte Ausflugsziele sind Nahalat Schiva und die Wohnhäuser des Rabbiners Kook oder das Ticho-Haus auf der Harav Kook-Straße 7–9. Christliche Bau- und Wohnprojekte, von den europäischen Großmächten unterstützt, begannen vor allem im Westen der Stadt Fuß zu fassen (siehe S. 84). Die Muslime waren die letzte ethnische Gruppe, die 1875 die Stadtmauern hinter sich ließen und vor allem im Norden und Osten der Stadt neue Wohnviertel auf dem Land errichteten, das sie von der griechisch-orthodoxen Kirche pachteten.

Das jüdische Jerusalem unter dem britischen Mandat

Im Einklang mit der Balfour-Deklaration und dem Mandat des Völkerbundes, das der Errichtung eines «nationalen Heims für das jüdische Volk in Palästina» zustimmte, begann nach der britischen Eroberung 1917 die Exekutive der ZO, ihre Institutionen in Palästina auszubauen. Angesichts des Zwiespalts, mit dem die Zionisten Jerusalem betrachteten, konzentrierte die ZO ihre Anstrengungen auf ihr Vorzeigeobjekt, die erste «hebräische Stadt» Tel Aviv an der Mittelmeerküste.

Die Kluft zwischen den zwei wichtigsten Städten Israels war schon damals tief und hat sich bis heute erhalten. Die modernen, geraden und baumbestandenen Alleen der Strandstadt Tel Aviv sind das architektonische Gegenteil der gewundenen, steinernen Gassen der Bergstadt Jerusalem. Im heißen und feuchten Mittelmeerklima Tel Avivs spielt sich das Leben auf offener Straße ab, während introvertierte Jerusalemer sich in die vom kühlen Wind geschützten Hinterhöfe ihrer Steinhäuser zurückziehen. Das nonchalante, kokettierende *savoir vivre* Tel Avivs bildet den ideologischen Gegenpol zur schwermütigen Ernsthaf-

Eröffnungszeremonie der Hebräischen Universität in Jerusalem im Amphitheater auf dem Skopus-Berg 1925. Alle namhaften Zionisten waren zugegen. Redner: der ehemalige britische Außenminister Lord Arthur Balfour, der den Juden mit der nach ihm benannten Erklärung die Errichtung einer nationalen Heimstätte in Palästina versprach. Rechts hinter ihm Dr. Chaim Weizmann, später der erste Staatspräsident Israels.

tigkeit Jerusalems. In den zwanziger Jahren entstand das treffende israelische Diktum über die drei größten Städte des Landes: «*In Haifa arbeitet man, in Jerusalem betet man, und in Tel Aviv wird getanzt*».

Die hebräische Universität in Jerusalem

Die wichtigsten Institutionen des Landes entstanden in Tel Aviv, wo die Juden die arabische Bevölkerung um sich herum aus ihrer Wahrnehmung ausblenden konnten. Eine rühmliche Ausnahme bildet die Hebräische Universität in Jerusalem auf dem Skopus-Berg. Die Errichtung einer Universität in Palästina war lange ein Traum der zionistischen Bewegung gewesen. Sie sollte nicht nur als Zufluchtsort für jüdische Studenten dienen, die wegen antisemitischer Aufnahmequoten nicht an europäischen Universitäten zugelassen wurden. Sie sollte vielmehr auch «*die Überlegenheit*

*des Jischuv demonstrieren, den jüdischen Nationalgeist stärken
und die hebräische Sprache erhalten».*

Der erste Grundplan der Universität wurde von Sir Patrick
Geddes, dem Städteplaner Tel Avivs, entworfen, aber später als
zu teuer abgelehnt. Die ersten 13 Grundsteine wurden im Jahr
1918 auf dem Skopus-Berg gelegt. Sieben Jahre später, am
1. April 1925, wurde die Universität feierlich eröffnet. An die
2500 Menschen drängten sich an dem sonnigen Frühlingstag im
Amphitheater, vor den Toren standen 10 000 Schaulustige. Die
Stimmung war ausgelassen, Sprecher zogen Parallelen zu einer
Wiedereinweihung des dritten Tempels (viele beschrieben die
Universität als «Tempel des Zionismus») und bezeichneten den
Tag als «Feiertag für unseren Herrn und unser Volk». Die wichtigsten zionistischen Führer waren präsent: Chaim Weizmann,
später der erste Staatspräsident, Lord Balfour, Viscount Herbert
Samuel, der erste Gouverneur Palästinas. Für die Araber, deren
eigene Pläne zur Errichtung einer islamischen Universität im
Zentrum Jerusalems scheitern sollten, war es ein Trauertag: Sie
hatten einen Generalstreik ausgerufen und hängten schwarze
Flaggen von ihren Häusern. Eine Hundertschaft britischer Soldaten sicherte die Zeremonie ab.

Von Anfang an hatte die Institution wichtige Gönner. Albert
Einstein, der selber kein Wort Hebräisch sprach, wurde zu ihrem
ersten Präsidenten und überließ ihr seine Schriften. Sigmund
Freud, Martin Buber, Judah Leib Magnes, Harry Sacher und
Felix Warburg gehörten ebenfalls zum leitenden Ausschuss der
Universität.

Der Unabhängigkeitskrieg 1948 markierte einen tiefen Ein-
schnitt. Die Israelis konnten zwar das Universitätsgelände, das
auch ein Krankenhaus und den biblischen Zoo umfasste, erfolgreich verteidigen. Die Zugangsstraßen fielen jedoch in die Hände
der Jordanier. Ein kleines Kontingent israelischer Soldaten be-
setzte die vom Kernstaat völlig abgeschnittene Enklave. Alle
zwei Wochen wurden sie mittels eines von der UNO begleiteten
Konvois abgelöst. Die Absurdität dieses Zustandes wird durch

folgende Pressemitteilung der UNO aus dem Jahre 1950 verdeutlicht: «

Beobachter der UNO überwachten heute mit der Kooperation der israelischen und jordanischen Behörden die Überführung des biblischen Zoos vom Skopus-Berg durch jordanisches Territorium zu einem neuen Quartier im israelischen Teil der Stadt.

Die Überführung beinhaltete wie folgt: einen Löwen, einen Tiger, zwei Bären, eine Hyäne, drei Kängurus, einen Affen und unzählige Vögel.

Die internationale Vermittlung war notwendig geworden, da die Frage der Tierfütterung auf dem (isolierten) Skopus-Berg allen Beteiligten, der UN, Israel und Jordanien, einzigartige Probleme bereitete.

Man musste sich entscheiden, ob

1.) israelisches Geld dafür benutzt werden sollte, einen arabischen Esel zu kaufen, um den israelischen Löwen zu füttern oder

2.) ein israelischer Esel durch jordanisches Gebiet geführt werden sollte, um vom besagten Löwen gefressen zu werden.

Da keine befriedigende Lösung gefunden werden konnte, einigten sich beide Seiten darauf, den Zoo zu evakuieren.»

Die Universität errichtete einen Campus in Givat Ram, später zog die medizinische Fakultät aus der Innenstadt ins Hadassah-Krankenhaus nach *Ein Karem*, in dessen Synagoge man heute die berühmten Chagall-Fenster bewundern kann.

Erst nach dem Sechs-Tage-Krieg 1967 wurde das Universitätsgelände auf dem Skopus-Berg weiter ausgebaut. Wie die Knesset (siehe S. 155) wurde auch die Universität nach strategischen Gesichtspunkten entworfen. Alle Gebäude sind unterirdisch miteinander verbunden und überblicken die nördliche Zufahrt der Stadt. Der hohe Turm, Wahrzeichen der Universität, ist samt seiner Spionageantennen militärisches Sperrgebiet. Die Universität ist einer der wichtigsten Arbeitgeber der Stadt und der akademische Stolz Israels. Mehr als 24000 Studenten gehen hier ihren Studien nach. Manche Fakultäten, wie Medizin oder Mathematik, gehören zur Weltspitze, 40% aller Forschungsgelder Israels konzentrieren sich hier. Die wirtschaftliche und politische Elite des Landes trieb es trotzdem immer aus dem kühlen, aber politisch erstickenden Jerusalem in die Arme des stickigen, aber weltlichen Tel Aviv. (Gruppen können unter der Telefonnummer 02-5882933 eine Führung auf dem Campus auf dem Skopus-Berg buchen.)

Terror: ein effektives Druckmittel auf dem Weg zur Teilung

Nach dem Ende des Zweiten Weltkriegs nahmen die Spannungen zwischen Juden und Arabern in Palästina weiter zu. Zunehmend wurden auch die Engländer selber zu Opfern des Terrors, der nun den Alltag beider Bevölkerungsgruppen bestimmte. In den Jahren 1945–1948 hatten sie 338 Todesopfer in Palästina zu beklagen. Eine Untersuchung der Korrespondenz des *Foreign Office* stellte fest, dass gerade die vielen Verluste, die die britische Mandatsmacht in Palästina erlitt, eine zentrale Rolle für die Entscheidung spielten, sich ganz aus Palästina zurück zu ziehen. Selbst der an die 100000 Mann zählenden Truppe gelang es nicht mehr, Palästina unter Kontrolle zu bringen. Nach dem Zweiten Weltkrieg brodelte es allerorts im Empire und die Briten benötigten ihre Soldaten anderswo. Hinzu kam der Druck durch die öffentliche Meinung in der westlichen Welt, vor allem in den USA. Nach den Schreckensbildern aus dem Vernichtungslager Auschwitz wollte man nicht mehr hinnehmen, dass die britische Regierung Überlebende aus den Konzentrationslagern wegen illegaler Einwanderung nach Palästina in Zypern hinter Stacheldraht internierte.

Regierungen erklären zwar stets, dass Terror nichts bewirkt. Die Geschichte zeigt jedoch, dass gerade Demokratien für den politischen Druck, den Terroristen erzeugen, sehr anfällig sind. Ob es die Briten in Palästina, die Franzosen in Algerien, oder die Israelis im Südlibanon oder dem Gazastreifen sind: Es war stets der Terror, der die Großmächte letztlich zum Rückzug zwang.

Das wohl folgenreichste Attentat gegen die Engländer während der Mandatszeit war die Sprengung des Südflügels des Nobel-Hotels King David durch die jüdische Untergrundbewegung Irgun am 22. Juli 1946. Der Terroranschlag war eine Vergeltung für eine breit angelegte Verhaftungswelle der Briten. Am 29. Juni, dem so genannten «Schwarzen Sabbat», hatten sie in einer Großrazzia Massenverhaftungen durchgeführt und die gesamte Führung des Jischuv in Latrun interniert. Daraufhin schmuggelte ein Kommando der rechts gerichteten Irgun fünf mit Sprengstoff gefüllte Milchkannen in den Keller des Gebäudes, das zu der Zeit als Hauptquartier der britischen Mandatsmacht fungierte. Die Explosion brachte den Südflügel zum Einsturz, 91 Menschen wurden getötet und 45 verletzt. Das damalige Oberhaupt der Irgun, Menachem Begin, späterer Premier und dank des Vertrags mit Ägypten Friedensnobelpreisträger, schreibt in seinen Memoiren, die Organisation habe die Briten etwa eine halbe Stunde vor dem Attentat gewarnt.

Die Briten stritten dies viele Jahre lang ab, erst die Veröffentlichung eines Geheimberichts in den siebziger Jahren bewies, dass Begin die Wahrheit gesagt hatte. Die Briten wollten sich rächen, der Schlag sollte aber nach hinten losgehen. Der Militärkommandant der britischen Streitkräfte in Palästina gab die Anweisung, fortan alle jüdischen Geschäfte zu meiden. Dies sollte *«die Rasse dort treffen, wo es sie am meisten schmerzt: ihrem Portemonnaie.»* Der antisemitische Tenor löste einen Aufschrei aus, der Befehl wurde zurückgezogen.

Der Terror führt zur Trennung und wirkt bis heute nach

Die schweren Kämpfe aus dieser Zeit haben ihre Narben bis zum heutigen Tag hinterlassen. Das Massaker im Bergdorf Deir Jassin am 9. April 1948 an der westlichen Einfahrt Jerusalems, in dem rechte jüdische Untergrundorganisationen mehr als 100 Einwohner töteten und den Rest vertrieben, besitzt bis heute in den Augen der Palästinenser Symbolcharakter. Die Ereignisse von Deir Jassin und andere Attentate, die die 2000–3000 Untergrundkämpfer der Irgun und der Lehi-Gruppe verübten, waren während des Unabhängigkeitskrieges 1948 ein entscheidender Faktor, der die Palästinenser zur Flucht bewegte. Im Rahmen eines «Plan D» erhielten auch Kräfte der Haganah, des Vorläufers der späteren israelischen Armee, von David Ben Gurion grünes Licht, um vor allem in gemischten Städten wie Tiberias, Haifa, Safed, Akko, Bet Schean und Jaffa Araber aus ihren Häusern zu vertreiben.

Die Schüsse des damaligen Kampfes hallen bis in die heutige Zeit nach: Bei einem Selbstmordattentat auf einen israelischen Autobus in den achtziger Jahren schrie der Attentäter: «Dies ist für Deir Jassin», bevor er den öffentlichen Bus von der Autobahn Tel Aviv-Jerusalem in den Abgrund steuerte. Die Israelis erinnern sich ebenfalls noch immer an den Vergeltungsschlag für Deir Jassin vom 13. April 1948. Beim Angriff auf einen Konvoi von Ärzten und Krankenschwestern, die sich auf ihrem Weg zur Arbeit im Hadassah-Krankenhaus auf dem Skopus-Berg befanden, wurden insgesamt 70 Krankenhausangestellte in den gewundenen Straßen Scheich Jarrahs getötet.

Angst griff um sich; Juden und Araber begannen sich schon Monate vor dem israelischen Unabhängigkeitskrieg, voneinander abzugrenzen. Kommandos beider Seiten versuchten, die Zivilbevölkerung des Gegners aus gemischten oder strategisch wichtigen Stadtteilen zu vertreiben, um diese zu besetzen. Jüdische Untergrundorganisationen sprengten Wohnhäuser in arabischen Vierteln. Araber blieben ihrerseits den Juden nichts schuldig. Ab Dezember 1947 verließ die arabische Bevölkerung die Stadt in Scharen – allen voran die politische und geistige Elite. Die Führung des Jischuv gab hingegen die Anweisung, jedes Haus und jede Straße unter allen Umständen zu halten. Selbst die Gesuche der jüdischen Bevölkerung, Frauen und Kinder aus der Stadt zu evakuieren, wurden abgewiesen. Die Männer würden härter kämpfen, wenn sie wüssten, dass sie der einzige Schutz ihrer Familien sind, argumentierte Ben Gurion.

Die UNO schenkt den Juden einen Staat

Im November 1947 akzeptierte Ben Gurion schweren Herzens den Teilungsplan der UNSCOP-Kommission im Namen des Jischuv, obschon dieser, genau wie vorher auch die Peel-Kommission, Jerusalem zur internationalen Zone (im originalen Wortlaut: «*heiliges Treugut der Zivilisation*») erklärte. Dabei leitete ihn realpolitisches Denken. Eine arabische Übermacht drohte, die 100 000 Juden Jerusalems, ein Sechstel der jüdischen Bevölkerung Palästinas, einzukesseln und auszuhungern. Ben Gurion zweifelte an der Fähigkeit der Juden Jerusalems, sich angesichts der bevorstehenden arabischen Attacke zu verteidigen, war doch ein Großteil der Bewohner Akademiker oder religiös, also Menschen, die im Gegensatz zu den Pionieren der Kibbutzim niemals ein Gewehr in den Händen gehalten hatten. Von einem Mandat der UNO in Jerusalem erhoffte er sich internationalen Schutz der wichtigsten jüdischen Stadt nach Tel Aviv. Ein weiterer Gesichtspunkt leitete Ben Gurion bei seinem Entschluss: Er fürchtete eine Fluchtwelle der Juden, insbesondere aus den abgelegenen und isolierten Siedlungen. Er wusste, dass dies sich verheerend auf die Grenzziehung des künftigen Staates auswirken würde. So gab er die Anweisung, dass niemand sein Haus verlassen dürfe. Eine besondere emotionale Verbundenheit mit Jerusalem empfand der Realpolitiker zu diesem Zeitpunkt anscheinend noch nicht.

Am 29. November 1947 verabschiedete die UN-Vollversammlung mit 33 zu 13 Stimmen bei 10 Enthaltungen die Resolution 181 im Einklang mit der Empfehlung der UNSCOP, die eine Teilung Palästinas in einen jüdischen und einen arabischen Staat vorsah. Die Juden, die mit rund 603 000 Einwohnern 31% der Bevölkerung ausmachten, sollten 55% der Landfläche erhalten, die Araber den Rest. Jerusalem sollte zu einem *corpus separatum* erklärt werden. In den jüdischen Ortschaften Palästinas ertönten die Schofars, Widderhörner, in die Juden zum religiösen Neujahr zum Ausdruck ihrer Freude blasen. Juden tanzten glückselig bis in die Morgenstunden auf den Straßen. Vom zentralen Balkon des Gebäudes der Jewish Agency an der Straßenecke King George und Keren Kayemet verkündete die spätere Premierministerin Golda Meir den Massen: «*Zweitausend Jahre lang haben wir auf die Erlösung gewartet. Jetzt, da sie gekommen ist, ist das Gefühl so wunderbar, dass man es nicht in Worten ausdrücken kann. Juden – Mazel Tov!*» Die Menge jubelte – sie hatte von der Welt ihren Staat erhalten.

Für die Araber war es ein Trauertag. Hajj Amin al-Husseini, der Großmufti von Jerusalem, ließ die Geheimverstecke öffnen, in denen die Araber seit den Unruhen von 1936–1939 einen wertvollen Schatz versteckt hielten: Noch in der Nacht wurden in der Stadt 800 Gewehre verteilt. Die Araber verkündeten einen Generalstreik, immer häufiger kam es von nun an zu gewaltsamen Zusammenstößen zwischen beiden Seiten. Auch britische Truppen wurden zunehmend zu Zielen von Anschlägen. Vom Dezember 1947 an strömten Mitglieder der freiwilligen «arabischen Befreiungsarmee» nach Palästina, um gegen den entstehenden jüdischen Staat zu kämpfen. Die arabische Liga hatte die Organisation gegründet, um indirekt auf die Geschehnisse Einfluss zu nehmen. Besonders problematisch für das künftige Israel war dabei die Belagerung Jerusalems durch irreguläre Truppen unter dem Befehl Abd el-Qader al-Husseinis, da es ihm gelang, die Straße nach Jerusalem für jüdischen Nachschub zu sperren und die Stadt langsam auszuhungern. Noch heute stehen am Wegesrand der Autobahn nach Tel Aviv die Überreste der ausgebrannten Busse, als Denkmal für die jüdischen Männer und Frauen, die im Kampf um den Nachschub für Jerusalem fielen.

Unabhängigkeitserklärung

Um vier Uhr nachmittags am 14. Mai 1948 rief David Ben Gurion im Kunstmuseum in Tel Aviv, nicht in Jerusalem, den Staat Israel aus. Am selben Tag fielen sieben arabische Armeen aus

Ägypten, Transjordanien, Syrien, Libanon, Irak, Jemen und Saudi-Arabien in das Land ein, der Unabhängigkeitskrieg, oder wie ihn die Palästinenser bezeichnen, die *an-Nakba* («Katastrophe»), folgte. Dabei hatten die souveränen arabischen Staaten nicht das Wohlergehen der Palästinenser vor Augen: Es ging ihnen hauptsächlich darum, ihre eigenen Interessen wahrzunehmen, sprich: ihren Hegemonieanspruch zu behaupten. So kooperierten die materiell und zeitweise auch zahlenmäßig überlegenen arabischen Truppenverbände niemals miteinander – ein Umstand, den das geeinte und straff organisierte Israel militärisch für sich nutzte.

Jerusalem wird Hauptstadt Israels

Im Rahmen des Unabhängigkeitskriegs wurden die arabischen Bewohner sieben arabischer oder gemischter Wohnviertel (Baka, Katamon, Talbiyeh, Musrara, Mamilla, und der deutschen und griechischen Kolonie) aus Westjerusalem vertrieben. Weiterhin flüchteten die Bewohner aus den fünf arabischen Dörfern westlich Jerusalems wie Ein Karem, dem Geburtsort Johannes des Täufers, Lifta, Romema, Malha und Deir Jassin, wo sich heute das Industrieviertel Givat Schaul befindet. Die Dörfer wurden inzwischen eingemeindet und sind zu jüdischen Wohnvierteln geworden. Zwischen den kastenförmigen israelischen Neubauten kann man immer noch die Patrizierhäuser ihrer ursprünglichen arabischen Bewohner erkennen, die heute begehrte Wohnobjekte sind.

Das Schicksal der Vertreibung ereilte auch Juden, wie in der Altstadt, Dörfern in der Gegend des Toten Meeres und dem Etzion-Block südöstlich von Jerusalem, die allesamt von den arabischen Truppen erobert wurden. In der Altstadt brannten die Araber 22 der 27 Synagogen nieder, die jordanische Armee zerstörte später die restlichen Gebetshäuser. Ähnlich kompromisslos gingen die Jordanier mit anderen jüdischen Altertümern um: Erst 1967 entdeckten die Israelis, dass von den rund 70 000 jüdischen Gräbern auf dem Ölberg mehr als 50 000 von den Jor-

daniern geschändet oder gänzlich zerstört worden waren. Die
Grabsteine, auch der von Else Lasker-Schüler, waren zum Pflastern von Armeelatrinen, Toiletten, Straßen und Häuserwänden
verwendet worden. Die Jordanier hatten durch den Friedhof
eine Schnellstraße gebaut, um Jerusalem mit Jericho und Bethlehem zu verbinden.

Trotz internationaler diplomatischer Bemühungen sprachen
in Palästina von nun an nur noch die Waffen der sieben arabischen Armeen, die den frisch gegründeten Staat mit der erklärten
Absicht, «die Juden ins Meer zu werfen», überfallen hatten. Angesichts der Kämpfe zwischen Israelis und Arabern erwies sich
der Vorschlag der UNO, Jerusalem zu einem *corpus separatum*
zu erklären, als utopisch. Auf den Vorschlag des Vatikan, die
Stadt unter seine Obhut zu nehmen, reagierte Ben Gurion mit
dem Napoleon-Zitat: «*Wie viele Divisionen kommandiert der
Papst?*»

Die schweren Opfer des Unabhängigkeitskrieges änderten die
Einstellung der israelischen Führer gegenüber Jerusalem: 1976
der mehr als 6000 Todesopfer des Unabhängigkeitskrieges waren in Jerusalem zu beklagen. Auch die Jordanier hatten viel Blut
gelassen: 40% der Gefallenen der jordanischen Armee starben in
Jerusalem, die Zahl der Opfer unter der palästinensischen Zivilbevölkerung ist unbekannt. Am 2. August 1948 veröffentlichte
Ben Gurion in seiner Funktion als Verteidigungsminister die
«Proklamation Nummer 1»: Sie erklärte Jerusalem zu einem
«*von der Armee verwalteten Gebiet, in dem die Gesetze des
Staates Israel herrschen*». Anfänglich sprach also auch er von Besatzung, nicht Annexion. Erst am 4. Februar 1949, nach den ersten Wahlen im Land, wurde die Militäradministration aufgeho-
ben und durch Zivilrecht ersetzt.

Die UNO hatte die Araber nie für ihren Überfall verurteilt,
geschweige denn bestraft. Zusätzlich hatte die Welt ein Waffen-
embargo gegen Israel verhängt, während beispielsweise Jordanien von den Briten mit modernstem Kriegsgerät ausgerüstet
worden war. Dies sollten die Israelis der Staatengemeinschaft

nicht mehr verzeihen. Als Ende 1949 eine UNO-Resolution
wieder Druck auf Israel ausübte und Jerusalem zur internationalen Zone erklärte, reagierte das israelische Kabinett am nächsten
Tag mit der Verlautbarung, die Stadt sei «ein untrennbarer Teil
Israels und die ewige Hauptstadt.» Doch damit endete die Trotz-
reaktion Israels nicht. Am 5. Dezember 1949 sagte Ben Gurion
in der Knesset: *«Israel wird Jerusalem niemals mehr freiwillig
aufgeben.»* Am 9.12 erklärte die UN-Generalversammlung die
Stadt wieder zu einem *corpus separatum* und sich selbst zum
Souverän. Zwei Tage darauf reagierte die Knesset, indem sie Jerusalem erneut zur Hauptstadt Israels erklärte. *De facto* blieb
jedoch Tel Aviv das Nervenzentrum des jüdischen Staates: Ob
Wertpapier- oder Diamantenbörse, die wichtigsten Zeitungen
des Landes oder die Staatsoper – alle wichtigen Institutionen etablierten sich lieber in der pulsierenden Küstenstadt als im schläf-
rigen Jerusalem. Lediglich der höchste Gerichtshof bezog seinen
Sitz von Anfang an in der geteilten Stadt, das Parlament, die
Knesset, zog erst 1950 nach Jerusalem. Die wichtigste israelische
Institution, das Verteidigungsministerium, befindet sich noch
heute mitten in Tel Aviv. Am Wochenende leert sich die geheiligte Stadt: Studenten, Regierungsbeamte, die inzwischen in Jerusalem studieren oder zur Arbeit gehen müssen, pendeln entweder täglich oder spätestens am Wochenende die 60 Kilometer
zwischen der Bergstadt und dem wirtschaftlichen und kulturellen Herz des Landes. Samstags ist Jerusalem oft eine verlassene
und einsame Stadt, die sich erst Sonntag Früh wieder mit Leben
füllt.

Emotional hatten die Israelis sich jedoch im Unabhängigkeitskrieg Jerusalem verschrieben. Die einst von den Zionisten ver-
schmähte Stadt war zum Symbol ihres heroischen Kampfes geworden.

Jerusalem in christlichen Augen –
von Christi Geburt bis in die Moderne

Die zentrale Rolle Jerusalems für die christliche Welt rührt vom Leben, Wirken und Tod Jesu in der Stadt. Jerusalem wird 154 Mal im neuen Testament erwähnt; seine Bedeutung wird schon daraus ersichtlich, dass mindestens 40 verschiedene Kirchen in der Stadt vertreten sind. Sie ist der Nabel der christlichen Welt, was beispielsweise dadurch erkennbar wird, dass das Vaterunser in der Pater Noster-Kirche auf dem Ölberg auf armenischen Kacheln in 70 Sprachen zu lesen ist, sogar in Braille. Ähnlich wie für die Existenz anderer zentraler biblischer Charaktere, wie der

Könige David und Salomon, existieren auch für das Leben Jesu keine Belege in Form unabhängiger zeitgenössischer Quellen. Außer den bekannten Aussagen über sein Leben im Neuen Testament, die mehr als hundert Jahre nach seinem Tod verfasst wurden, gibt es in

Die zentrale Rolle Jerusalems im Christentum rührt vom Wirken und Tod Jesu in der Stadt; Peter Paul Rubens (1577–1640): «Einzug Christi in Jerusalem», 1632.

Das Labarum besteht aus zwei griechischen Buchstaben, die den Anfang des Wortes Christus bilden. Die Erscheinung dieses Zeichens am Himmel soll der Überlieferung nach Kaiser Konstantin letztendlich dazu bewogen haben, das Toleranzedikt von Mailand zu erlassen. Man kann es auch heute noch in Jerusalem finden. Hier ziert es eine Häuserfront im Russian Compound in Westjerusalem.

manchen Schriften wie den Büchern von Plinius dem Jüngeren, Tacitus oder Flavius Josephus lediglich Hinweise auf seine Existenz. Ein eindeutiger Bezug auf Jesus von Nazareth ist in keiner Schrift vorhanden. So glauben manche Forscher, dass die Person erfunden wurde. Viele Bestandteile seiner Lebensgeschichte, so die Jungfrauengeburt Marias oder die Wunder, die er vollbracht haben soll, sind dem Leben anderer heidnischer Mythenhelden verblüffend ähnlich. Andere Forscher glauben jedoch, dass Jesus existiert haben kann. Sie verweisen darauf, dass der «Mythos» von Jesus wohl kaum in nur 50 Jahren hätte entstehen können.

Das Christentum kommt nach Jerusalem

Bis zum 4. Jahrhundert waren die Christen eine verfolgte Religionsgemeinschaft. Von den Juden wurden sie als Ketzer verpönt. Die Römer zogen es vor, sie wegen ihrer abstrus altruistischen Einstellung zu verlachen. Am liebsten «verheizten» sie sie als «Menschenmaterial» in grausamen Gladiatorenkämpfen im Kolosseum. Die erste große Wende für das Christentum ereignete sich im Jahr 260, als Kaiser Gallienus die Anhänger des Christengottes staatlich anerkannte. Später erließ Kaiser Konstantin (272–337) gemeinsam mit dem Herrscher Ostroms, seinem Schwager Licinius, das Edikt von Mailand, in dem er das Christentum im gesamten Römischen Reich in den Status einer öffentlich anerkannten Religion erhob und damit der Christenverfolgung ein Ende setzte. Konstantin wurde wegen dieser Tat später zum Heiligen erklärt. Der Überlieferung nach soll er in der Nacht vor seiner schicksalhaften Schlacht an der Milvischen Brücke im Jahr 312 eine Vision gehabt haben, in der er das *Labarum* mit dem Schriftzug *«in hoc signo vinces»* (*«in diesem Zeichen wirst du siegen»*) sah. Das *Labarum* besteht aus zwei griechischen Buchstaben, die den Anfang des Wortes «Christus» bilden. Es ist bis heute auf einigen Gebäuden in Jerusalem, wie im *Russian Compound*, zu sehen. Der Legende nach befahl Konstantin seinen Soldaten, ihre Schilde mit diesem Zeichen zu versehen. Nach seinem Sieg war er sich sicher, dass dieser dem Christengott zuzuschreiben war. Zwölf Jahre später wurde Konstantin mit dem Sieg über Licinius zum alleinigen Herrscher des Römischen Reiches. Konstantin selber konvertierte erst auf seinem Sterbebett zum Christentum. Zeit seines Lebens behielt er den Titel Pontifex Maximus, Herr der römischen Staatsreligion, bei. So war Konstantin, anders als oft angenommen, nicht der erste christliche Kaiser, er machte das Christentum auch nicht zur Staatsreligion. Dies blieb Theodosius I. überlassen, der dem Christentum im Jahre 380 den Vorzug vor allen anderen Religionen gab.

Konstantin hinterließ seinen Nachfolgern ein vereintes und gestärktes Reich. Neben seinen wichtigen militärischen Siegen führte er viele Reformen ein. So erklärte er den Sonntag zum Ruhetag. Er verbot die grausamen Gladiatorenkämpfe, ersetzte die Kreuzigung durch öffentliches Hängen und bestrafte jeden mit dem Tode, der zuviel Steuern eintrieb. In seinem persönlichen Leben verhielt er sich allerdings unchristlich: Er ließ seine Frau, seinen Sohn und dessen Frau und Kinder ermorden. Von der griechisch-orthodoxen Kirche wird der Kaiser trotz dieser Gräueltaten bis heute als Heiliger verehrt. Der Vatikan führt ihn zwar in seinem Kalender auf, hat ihn aber nicht heilig gesprochen. Ob dies auf seinen unchristlichen Lebensweg zurückzuführen ist,

Die heilige Helena war die erfolgreichste Archäologin aller Zeiten. Ihr verdanken wir den Brauch, dreimal auf Holz zu klopfen. Matthäus Merian der Ältere (1593–1650): «Heilig Creutz und Grab zu Jerusalem gefunden». Die Auffindung des Heiligen Kreuzes durch Kaiserin Helena in Jerusalem; 326 n. Chr. Kupferstich 1630.

oder darauf, dass Konstantin das Zentrum seines Reiches von Rom nach Byzanz verlegte, ist nicht gesichert.

Für Jerusalem war die Mutter Konstantins, die heilige Flavia Julia Helena Augusta, sogar wichtiger als der Kaiser selbst. Die zur Kaisermutter avancierte Tochter eines Gastwirts pilgerte im Jahr 326 im hohen Alter von 76 Jahren nach Jerusalem. Dort bestimmte sie mit Hilfe des Jerusalemer Bischofs Makarios und göttlicher Eingebung die genauen Orte des Leidensweges Christi und wurde so zur «erfolgreichsten Archäologin» aller Zeiten. Anstelle eines Aphroditetempels, den der Juden- und Christenhasser Hadrian auf dem Golgathafelsen errichtet hatte, ließ sie mit der finanziellen Unterstützung Konstantins einen Komplex von drei Kirchen, der Anastasis (Auferstehungskirche), der Grabeskirche und einer Basilika bauen. Laut katholischer und orthodoxer Überlieferung befindet sich hier die Stelle, an der Jesus gekreuzigt und begraben wurde. Zeitgenössische Quellen beschreiben die Kirche als den bedeutendsten Sakralbau der damaligen Zeit, der nur von der im Jahr 360 erbauten Hagia Sofia in Konstantinopel übertroffen wurde.

Helena war für den Bau vieler anderer Kirchen außer der Anastasis verantwortlich, wie beispielsweise der Geburtskirche in Bethlehem. Sie bestimmte die genaue Stelle, an der der Baum stand, aus dessen Holz das Kreuz für Jesus gezimmert wurde. Die Stelle ist heute noch im «Kreuztal» im Herzen Jerusalems «sichtbar». Sie befindet sich inmitten des griechisch-orthodoxen Kreuzklosters, einem klassischen romanischen Bau aus dem 11. Jahrhundert, und ist in einer Kapelle mit einem Messingring auf dem Boden markiert.

Helena veranlasste an der Grabeskirche Grabungen, in deren Verlauf das heilige Kreuz «gefunden» wurde. Sie ließ den «Titulus Crucis», den Querbalken des Kreuzes mit dem Namen und den Verbrechen Jesu, nach Rom bringen, wo er in der Kirche *Santa Croce in Gerusalemme* aufbewahrt wurde. Nach seiner Auffindung vermehrte das Kreuz sich auf wunderbare Art und Weise und konnte so tonnenweise an Pilger aus aller Welt verkauft werden. An der Stelle wurden auch zwei der Nägel gefunden, mit denen Jesus ans Kreuz geschlagen worden sein soll, was Helena den Status der Patronin der Nagelschmiede eintrug. Von ihr soll zudem der Brauch stammen, dreimal auf Holz zu klopfen. Der Legende nach wurden ihr in Jerusalem drei Kreuze präsentiert. Durch den Klang, den ihr Pochen auf das Holz auslöste, konnte sie angeblich erkennen, welches das heilige Kreuz, und welche die Kreuze der beiden Schächer gewesen waren. Sie verlegte den Ort alter jüdischer Mythen in ihre neue Kirche: So sollte nunmehr von Golgatha, nicht vom Tempelberg, der Lehm entnommen worden sein, aus dem Gott Adam schuf. In der Kirche befindet sich unter der Stelle, an der Jesus Christus gekreuzigt worden sein soll, die Adamskapelle. Hier soll Helena bei ihrem Besuch die Gebeine des ersten Menschen gefunden haben. Die Überlieferung besagt, dass

sich beim Tod Jesu ein Erdbeben ereignete, welches Golgatha gespalten und die Gebeine sichtbar gemacht habe. Helena habe sie
300 Jahre später entdeckt. Die Felsspalte unter dem Kreuz Jesu
wird Gläubigen bis zum heutigen Tag gezeigt, der Schädel Adams
ist auf einem modernen italienischen Mosaik am Eingang unter
dem Kreuz dargestellt. Helena verlegte auch den Ort der Beinah-
Opferung Isaaks in die Grabeskirche. Mythen sterben in Jerusalem nicht: Sie werden höchstens verlegt oder enteignet.

Die Grabeskirche – Zentrum des Christentums

Die heutige Grabeskirche ist nur ein trauriger Abklatsch des
prachtvollen Baus, den Konstantin vor 1700 Jahren errichten
ließ. Die ursprüngliche Kathedrale wurde im Jahr 614 von den
Persern beschädigt. Juden waren bis dahin von Byzanz höchstens
geduldet worden waren. Die Christen hatten den vom heidni-
schen Kaiser Hadrian eingeführten Brauch, Juden nur einmal im
Jahr in die Stadt zu lassen, um die Zerstörung des Tempels zu
beweinen, fortgeführt. Das Areal des Tempels ließen sie anscheinend zur Müllhalde verkommen. Sie sahen darin eine Bestätigung
ihres Glaubens und den Sieg des Christentums über das «störri-
sche» und uneinsichtige Judentum. Die Juden nutzten die Gelegenheit, um sich zu rächen, und halfen den Persern bei der Eroberung Jerusalems 614 und der Ermordung der christlichen
Einwohner der Stadt. Mit der Niederlage der Perser begann im
Land ein neuer Rachefeldzug der Christen gegen die Juden.

Als Kaiser Heraclius im Jahre 630 Jerusalem zurückeroberte,
restaurierte er die Kirche. Vier Jahre später (634) überstand sie
die Eroberung durch die Muslime unbeschädigt. Erst der fanati-
sche fatimidische Herrscher Kalif al-Hakim bi amr Allah (996–
1021), «Herrscher auf Geheiß Gottes», zerstörte den imposan-
ten Bau im Jahre 1009 bis aufs Fundament, wie auch etwa rund
30000 weitere Kirchen in seinem Herrschaftsgebiet. Der augen-
scheinlich psychisch labile al-Hakim, ein muslimisch erzogener
Sohn einer Christin, sollte später erklären, göttlicher Herkunft
zu sein, und begründete damit einen neuen Geheimglauben. Die

Der Eingang zur Grabeskirche. Viele Gläubige empfinden den Besuch in der baufälligen Kirche am heiligsten Ort der Christenheit als Enttäuschung – angesichts des Streits zwischen christlichen Strömungen ist an eine Renovierung aber nicht zu denken. Auf der Terrasse ist die hölzerne Leiter zu sehen, die mindestens seit 1842 am selben Platz steht – niemand weiß, wem sie gehört und wer sie folglich bewegen darf.

Gruppe, die ihm folgte, spaltete sich vom Islam ab und wurde lange vom Islam als dem wahren Glauben abtrünnig verfolgt. Die Drusen harren bis heute der Rückkehr al-Hakims.

Al-Hakims barbarischer Akt war ein Affront für die christliche Welt und sollte Konsequenzen haben: Als rund 90 Jahre später zum ersten Kreuzzug aufgerufen wurde, war Vergeltung für das historische Übel einer der Gründe, die im Konzil von Clermont für die militärische Kampagne angeführt wurde. Nach der Eroberung durch die Kreuzritter im Jahre 1099 wurde eine neue Basilika gebaut, doch der Bau sollte nie wieder den Glanz der Antike erhalten. Heute ähnelt die wichtigste Kirche des Christentums einem Flickwerk verschiedenster Stile, die nicht miteinander harmonieren. Der dunkle, verwinkelte Bau entspricht nicht der Hoffnung auf Erleuchtung, die Pilger aus aller Welt in sich tragen, wenn sie erstmals den heiligsten Ort des Christentums betreten. Über die Jahrhunderte wurde die Kirche

wiederholt renoviert, doch niemals existierte ein Gesamtplan, der
eine architektonische Einheit erzeugen konnte. So endeten im
Jahre 1149 die Renovierungen der Kreuzfahrer im romanischen
Stil, Franziskaner legten im Jahr 1555 Hand an, und nach einem
Feuer 1808 wurde die Rotunde im Jahre 1809 von der griechisch-
orthodoxen Kirche repariert. Die heutige Kuppel stammt aus
dem Jahre 1870. Zum letzten Mal wurde das Gotteshaus in den
Jahren 1959 und 1994–1997 restauriert, doch nur geringfügig. Die
verschiedenen Kirchen, die auf den Bau Anspruch erheben,
konnten sich niemals auf einen gemeinsamen Plan einigen.

Die Anastasis, die Grabes- und Auferstehungskirche, der heiligste Ort des Christentums, ist für Kenner zum Inbegriff der Intoleranz geworden. Sechs christliche Gemeinschaften erheben
hier Anspruch darauf, die einzig «wahrhaftige» Vertreterin des
Glaubens zu sein: Griechisch-Orthodoxe, Armenier, Franziskaner, Kopten, Syrer und Äthiopier. Eifersüchtig ringen sie um jeden Zentimeter des Bauwerks. Um die häufigen Streitereien auf
ein Minimum zu beschränken, haben sich die Seiten auf einen
Status quo geeinigt. Der mehrere hundert Seiten lange Kodex,
den Sultan Abdülmecit 1852 festhielt, schreibt mit akribischer
Genauigkeit vor, wer wann und wo beten darf. Doch selbst mit
dem *Status quo* können immer noch Konflikte entstehen, weil
beispielsweise ein äthiopischer Mönch eine Treppe kehrt, die
eigentlich die Griechen sauber halten sollen. Noch im Jahr 2005
führte eine halb geöffnete Tür zu Schlägereien zwischen Franzis-
kanern und Griechisch-Orthodoxen, bei denen ein israelischer
Polizist einen Zahn verlor. Bis zum heutigen Tag befinden sich in
der Kirche ständig 14 israelische Polizisten im Dienst, um Hand-
greiflichkeiten unter Priestern, Mönchen und gläubigen Anhän-
gern zu verhindern. Wie ein armenischer Priester hinter vorgehal-
tener Hand erzählt, müssen die Vertreter dieser Kirche eher mit
Muskeln bepackt denn bibelfest sein, um eine Stelle in Jerusalem
zu erhalten. So erhofft sich die armenische Kirche einen «hand-
festen» Vorteil bei den «theologischen» Auseinandersetzungen
vor Ort.

Beispiele für unchristliches Verhalten der Mönche vor Ort gibt es zuhauf. Oft stecken sie dabei mit fragwürdigen Fremdenführern unter einer Decke und lassen Spendengelder in selbst gefertigten Dosen verschwinden. Später teilen Mönch und Führer die «Spendengelder zur Restauration der Kirche» unter sich auf. Als die Kirche 1808 abbrannte, wurde den Griechen im Gegenzug für ein Bestechungsgeld in Höhe von 2,2 Millionen Rubel das Recht von den Osmanen erteilt, die zerstörte Rotunde zu restaurieren. Das Bestechungsgeld übertraf die Kosten für die Restauration um das Doppelte. Die Griechen nutzten das Privileg jedoch nicht nur, um den Ort wieder für Gläubige begehbar zu machen, sondern nutzten vielmehr die Gelegenheit, um jede Erinnerung an die Kreuzfahrer in der Kirche auszulöschen. So wurden die Beschriftungen auf den steinernen Sarkophagen der Kreuzritter glatt geschliffen, jede Erinnerung an die westkirchlichen Wurzeln in der Kirche sollte ausgemerzt werden. Es verwundert deswegen kaum, dass die Engländer zur Mandatszeit eine ganze Kompanie der Polizei anrücken ließen, als nahe dem Eingang zur Kirche der Grabstein des Kreuzfahrers Philip d'Aubigny, eines Unterzeichners der Magna Charta, entdeckt wurde. Dieser letzte Grabstein eines Kreuzfahrers musste vor den aufgebrachten griechischen Mönchen gerettet werden, damit sie nicht auch dieses Überbleibsel fremder Präsenz in «ihrer» Kirche zerstörten.

Die Unfähigkeit der verschiedenen Kirchen, sich zu einigen, erreicht nicht selten groteske Ausmaße. Jede Fraktion behauptet, im Besitz der originalen «Qualensäule» zu sein, an der Jesus gefesselt war und vor der Kreuzigung ausgepeitscht wurde. Über dem Eingang zur Kirche befindet sich auf einer Terrasse eine hölzerne Leiter, die schon 1842 in einem Kupferstich festgehalten wurde. Niemand darf sie bewegen, weil man sich nicht darauf einigen kann, wohin und wem sie gehört.

In einer Frage waren sich die christlichen Gruppen allerdings einig: Juden hatten zu diesem Ort bis 1967 keinen Zutritt. Bei einer Überschreitung dieses Verbots hätten sie ihr Leben aufs Spiel gesetzt.

Das Heilige Feuer

Spätestens seit dem Jahr 867 wird in der Grabeskirche jährlich zum griechisch-orthodoxen Ostersonntag das Ritual des Heiligen Feuers abgehalten. Kurz nach 13 Uhr wird in der Grabeskapelle ein Feuer entzündet und durch die Kirche gereicht, um an das Wunder der Wiederauferstehung zu erinnern. Die Zeremonie ist jedes Jahr eine Zeit großer Anspannung. Immer wieder kommt es zu Auseinandersetzungen, wer das Licht im Grab Jesu zuerst entzünden darf. Hunderte von Gläubigen versammeln sich schon Tage vorher und übernachten in der Kirche, um das Spektakel nicht zu verpassen und als erste am Heiligen Feuer teilhaben zu können. Im Jahr 1834 kam es zu einer Tragödie, bei der mindestens 300 Menschen ums Leben kamen, als sie nach der Zeremonie von den Massen in Panik zertrampelt wurden. Auch heute noch kommt es dabei zu Gedränge: Laut Angaben der israelischen Polizei zwängen sich bis zu 6 Menschen pro Quadratme-

Menschenmenge vor dem Eingang zur Osterzeit. Foto, undat. (um 1898/1914). Zu Ostersonntag ist die Kirche jedes Jahr überfüllt.

ter in die Kirche. Zwei Hundertschaften befinden sich im Gotteshaus, um Unruhen zu vermeiden, 2000 Polizisten sorgen jährlich vor der Kirche für Ordnung.

Vor den Millenniumsfeiern bereitete diese Situation den israelischen Behörden große Sorgen. Seit der Eroberung Jerusalems durch Saladin hat die Grabeskirche nur noch einen Eingang: Die anderen elf ließ der muslimische Herrscher zumauern. Seitdem befindet sich der Schlüssel zum einzigen Tor in der Obhut einer muslimischen Familie. Als die Behörden 1999 vorschlugen, einen weiteren Notausgang zu bauen, kam es wieder zum Streit. Der Ausgang hätte sich bei den Griechen befinden sollen, die deswegen ein Anrecht auf den Schlüssel erhoben. Doch die Vertreter der anderen Kirchen wollten ebenfalls einen Schlüssel, damit nicht nur die Griechen nach Belieben Zugang zur Kirche haben sollten. Dem wollten aber die Griechen nicht zustimmen: Sollten die anderen ebenfalls Schlüssel besitzen, könne niemand gewährleisten, dass sie nicht des Nachts oder, Gott behüte, tagsüber durch den griechischen Teil der Kirche schlendern. Also ließen die Israelis die Idee vom Notausgang fallen. Nur ein Schlüssel verbleibt in den Händen des islamischen Torhüters, der morgens und abends auf ein kleines Leiterchen steigt, um die Kirche auf- und zuzuschließen. Er schläft direkt neben der Kirche: Im Brandfall ist sein sonst monotoner Job lebenswichtig.

Trotz der manchmal haarsträubenden Auseinandersetzungen zwischen den verschiedenen Kirchen gibt es in Jerusalem natürlich auch positive Beispiele christlicher Bruderliebe: So wurde die Kirche der Nationen in Gethsemane mit ihrem beeindruckenden Mosaik von zwölf Staaten gemeinsam errichtet.

Die Kreuzzüge

Nachdem Jerusalem im Jahr 634 an die Muslime gefallen war, war es an den Christen, sich als geduldete Minderheit zu fühlen. Von kurzen Ausnahmen wie der Regierungszeit des «verrückten Kalifen» al-Hakim bi amr Allahs abgesehen, ging es den Chri-

Die Kreuzzüge haben
einen Nachhall bis zum
heutigen Tag. Holzstich
von Gustave Doré
(1832–83): Richard I.
Löwenherz, König von
England, in der Schlacht
bei Arsuf gegen Saladin
am 7. September 1191.

sten vor Ort gut, solange sie die *Jizya*, die Kopfsteuer der «Ungläubigen», entrichteten.

Andere Entwicklungen bereiteten ihnen jedoch Sorgen. Mit dem Einfall der Turkmenen in das Byzantinische Reich wurde das Christentum im 11. Jahrhundert im Osten immer weiter zurückgedrängt. Die Niederlage in der Schlacht von Manzikert im Jahre 1071 markierte einen Wendepunkt, von dem an Byzanz immer stärker in Bedrängnis kam. Kaiser Romanus IV. Diogenes wurde im Kampf von seinem turkmenischen Widersacher Alp Arslan gefangen genommen und mit Geschenken entlassen. Seine Truppen wollten ihm die Niederlage aber nicht verzeihen: Sie setzten ihn ab, blendeten ihn und töteten ihn nach langer Folter. Die Schlacht zerstörte den Nimbus der Unbesiegbarkeit byzantinischer Truppen und erweckte im Westen den Verdacht, dass Byzanz die Christenheit im Osten, und vor allem auf den Pilgerreisen ins Heilige Land, nicht mehr schützen konnte.

Urban II., Papst um 1040–1099, ruft im Jahre 1095 auf der Kirchenversammlung zu Clermont zum ersten Kreuzzug auf. Holzschnitt, deutsch, um 1480.

Den Nachfolgern Romanus' wurde schnell deutlich, dass es ihrer Armee an professionellen Soldaten mangelte. Also entsandte Kaiser Alexios I. von Byzanz eine Abordnung zu einem Konzil in Piacenza im Sommer 1095 mit der Bitte, der Papst möge Fürsprecher für westliche Militärhilfe an Byzanz werden. Die Stadt Jerusalem wurde zu einem zentralen Argument für ein christliches Engagement im Kampf gegen die Türken. Dies war wohl nicht mehr als ein geschickter rhetorischer Vorwand, ging es Byzanz doch wahrscheinlich weniger um eine Befreiung des Heiligen Landes als um den Kampf in Anatolien.

Mit seinem Gesuch rannte Alexios I. eine offene Tür ein, da es dem frisch gewählten Papst Urban II. (1042–1099) in die Hände spielte. Dieser hatte nämlich eigene Beweggründe, der Bitte zu entsprechen. Der diplomatische Kontakt zum Kaiser im Osten hob seinen Status im Streit gegen seinen Gegenpapst Clemens III. und den römisch-deutschen Kaiser im Investiturstreit. Kurz nach dem großen Schisma der christlichen Kirche, das 1054 zum Bruch zwischen Rom und Konstantinopel geführt hatte, barg der Hilferuf Alexios' I. außerdem die Aussicht auf eine neue Zusammenführung der Kirchen in sich. So hoffte Urban II. wahrscheinlich ebenfalls, nicht nur seine Position im Abendland festigen zu können, sondern letztendlich gar wieder zum Oberhaupt aller Christen zu werden.

Noch im November rief der Papst zu einem Konzil in Clermont auf. Auf einem Feld vor der Stadt hielt er am 27. November 1095 eine der schicksalsträchtigsten Reden in der Geschichte Europas. Der genaue Wortlaut ist nicht überliefert, aus zeitgenössischen Berichten wird jedoch ersichtlich, dass Urban II. über die Bedrohung durch die Muslime, die Verwüstung des Heiligen Landes wie beispielsweise die Zerstörung der Grabeskirche im Jahr 1009 und die schwierige Lage in Europa sprach. Den Gläubigen versprach er Vergebung, wenn sie ihr Schwert künftig im Kampf gegen die Heiden führten. «*Aus Räubern sollen Ritter werden*», lautete das Motto. Immer wieder wurde Urban II. von Rufen der begeisterten Menge übertönt: «*Deus lo vult!* (Gott will es so)», rief man ihm zu.

Die Rede löste eine Massenbewegung aus. Dabei war es nicht nur das Charisma und das politische Kalkül Urbans II., das die Menschen in den Osten ziehen ließ. Aufgrund des Erbrechtes waren immer mehr Adelige ohne Aussicht auf sozialen Aufstieg verarmt. Raubritter belagerten die Wege Europas, der Landfriede war ständig bedroht. Hinzu kam eine messianische Endzeitstimmung, die zur Jahrtausendwende ihren Höhepunkt erreicht hatte. Wallfahrtsorte besaßen einen besonderen Status. So betrachtete man Jerusalem als ein immenses Relikt, das es zurück in christliche Hände zu bringen galt. Die Aussichtslosigkeit in Europa, die stark mit den Mythen des Heiligen Landes, in dem «Milch und Honig fließen», kontrastierte, bewegte letztendlich Hunderttausende dazu, ihr Glück im Osten zu versuchen. Die

Idee des Kreuzzugs war geboren. Urban II. starb am 29. Juli 1099, nur zwei Wochen nachdem Jerusalem in die Hände der Kreuzritter gefallen war. Das Wissen um seinen größten Erfolg blieb ihm vorenthalten: Die Nachricht über den Sieg hatte ihn nicht rechtzeitig erreicht.

Die Eroberung Jerusalems

Nach fünfwöchiger Belagerung erstürmten etwa 12000–15000 Kreuzritter, wieder von Norden her kommend, die Stadt. Die Eroberung war blutig.

Bei der Lektüre euphorischer Augenzeugenberichte gerät der Leser auch heute noch ins Schaudern: «*Einige unserer Männer (und dies war barmherzig von ihnen) köpften unsere Feinde; andere erschossen sie mit Pfeilen, so dass sie von den Türmen fielen; andere quälten sie länger, indem sie sie in die Flammen warfen. In den Straßen der Stadt konnte man Haufen von Köpfen, Händen und Füßen sehen. Behutsam musste man sich seinen Weg durch die Leichen der Männer und Pferde suchen. Aber dies sind alles Nebensächlichkeiten, wenn man es mit dem vergleicht, was sich im Tempel Salomons abspielte. Es reicht wenigstens zu sagen, dass im Tempel und auf der Terrasse Salomons Männer bis zu ihren Knien und Zügeln in Blut ritten. Es war wahrlich ein gerechtes und vortreffliches Gottesurteil, dass dieser Platz mit dem Blut der Heiden gefüllt war, da er so lange von ihren Ketzereien gelitten hatte.*»

In einer Woche sollen so zwischen 30000 und 50000 Muslime und Juden ermordet worden sein. In Jerusalem ging es den Nicht-Christen nun schlecht. Als Beispiel für die Herrschaft der Kreuzritter soll hier nur die Tatsache dienen, dass die Templer die Gebetsecke in der al-Aqsa Moschee zum Pissoir umfunktionierten. Doch die Kreuzfahrer waren nicht nur gegenüber den Muslimen und Juden intolerant, sondern auch gegenüber den griechisch-orthodoxen Christen, die bis dahin in der Stadt gelebt hatten: Sie wurden ausgewiesen und anstelle des griechischen wurde ein katholischer Patriarch ernannt. Der 4. Kreuzzug im Jahr 1204 richtete sich überhaupt nicht mehr gegen die «Un-

Die Eroberung Jerusalems am 15. Juli 1099 durch die Kreuzfahrer unter Gottfried von Bouillon beim ersten Kreuzzug 1096–99 war eine blutige Angelegenheit. Holzstich nach Gustave Doré (1832–83): «Gottfried v. Bouillon dringt in die Stadt ein».

gläubigen», sondern gegen Konstantinopel. Die vergewaltigenden, raubenden und mordenden Massen zerstörten damals in wenigen Tagen eine der reichsten und schönsten Städte, in deren Brunnen laut zeitgenössischen Beschreibungen vor der Plünderung parfümiertes Wasser strömte. Das orthodoxe Trauma des christlichen Überfalls auf Konstantinopel spielt in den misstrauischen Beziehungen zwischen Katholiken und Griechisch-Orthodoxen bis zum heutigen Tag eine Rolle. Kinder zitieren immer noch Passagen von Augenzeugenberichten der damaligen Zeit, als hätte der Raub erst gestern stattgefunden. Allein der protestantisch-deutsche Johanniterorden hat in den letzten Jahren nach 800 Jahren des Schweigens wieder Kontakte zum griechisch-orthodoxen Patriarchat in Jerusalem aufgenommen. Seither dürfen die Johanniter als Gäste der Griechen wieder die Ursprungskirche ihres Ordens St. Johannes in der Altstadt besuchen.

Die Herrschaft der Kreuzritter sollte nicht lange andauern: Kaum hundert Jahre später eroberte der Kurde Saladin im Jahr 1187 die Stadt, nachdem er die Kreuzfahrer in der Schlacht von

Hittin entscheidend geschlagen hatte. Die heilige Stadt sollte nur noch einmal nach Verhandlungen des exkommunizierten *Stupor Mundi* Friedrich II. mit dem Ayyubidensultan al-Kamil im Jahr 1229 für eine 10 jährige Pachtzeit in christliche Hände fallen. Al-Kamil wollte seine Westgrenze angesichts des drohenden Mongolensturms und des Erbstreites mit seinem Bruder, dem Sultan von Damaskus al-Muallam Isa, absichern. Dieser hatte im Jahr 1219 die Stadtmauern Jerusalems abreißen lassen, um den Kreuzfahrern bei einem erneuten Einfall keine befestigte Stadt zu hinterlassen. Für 320 Jahre sollte die Stadt unbefestigt bleiben.

Diese Situation ergab ein historisches Paradox: Friedrich II. war exkommuniziert worden, da er sein Versprechen, einen Kreuzzug einzuleiten, nicht rechtzeitig gehalten hatte. Als er ein Jahr später 1228 zum Kreuzzug aufbrach, wurde er wieder vom Papst exkommuniziert, da er seinen Kreuzzug ohne den Segen der Kirche angetreten hatte. Mit seiner Krönung zum König von Jerusalem im Oktober 1229 wurde er auch zum Schutzherrn der Grabeskirche. Dies missfiel dem Papst, der daraufhin seinen Bann für kurze Zeit auch auf den heiligsten Ort des Christentums ausdehnte. Bereits im Jahre 1244 fiel die Stadt aber wieder in muslimische Hände.

Nach dem Mongolensturm 1260 war es mit der Herrschaft der Kreuzfahrer endgültig vorbei. Trotz ihrer kurzen Herrschaft hatten sie einen bleibenden Einfluss auf die Stadt: Das Jerusalem der Kreuzfahrer und die heutige Altstadt gleichen sich ungemein, manche Straßen verlaufen heute entlang derselben Route wie damals.

Die Kreuzzüge als Hebamme einer Sprache – die Geburt des Jiddisch

Die Kreuzzüge hatten nicht nur für die christliche und muslimische Welt weitreichende Konsequenzen (siehe S. 119-124). Sie spielten auch für die Entwicklung des europäischen Judentums eine entscheidende Rolle. Bis zu den Kreuzzügen lebten Juden in Europa ein freies Leben und konnten fast alle Berufe ausüben.

Sie waren vielerorts vom Wehrdienst freigestellt, mussten dafür aber eine höhere Steuer als die Christen entrichten. Sie hielten an ihren alten Riten und Traditionen fest. Der Landessprache kundig, sprachen sie miteinander im lokalen jüdischen Dialekt, «*Laas*» genannt, der aus einer Mischung aus Deutsch, Hebräisch und Aramäisch bestand. In religiösen Angelegenheiten schrieben sie jedoch weiterhin Hebräisch.

Die Kreuzzüge sollten dies ändern. Noch bevor die Adeligen sich für ihren weiten Marsch in den Osten gerüstet hatten, zog ein großer Tross von Bauern im «Bauernkreuzzug» brandschatzend durch Europa. Von Predigern wie Peter von Amiens gegen die «Ungläubigen» aufgehetzt, richtete sich ihr Hass in erster Linie gegen die in Europa lebenden Juden. Im Rheinland kam es zu Massakern, bei denen die Juden vor die Wahl gestellt wurden, sich bekehren zu lassen oder zu sterben. Viele zogen den Märtyrertod in den Flammen vor. Die Gewalt führte zu einer Abkehr der Juden von ihrer christlichen Umwelt. Zum Teil aus eigenem Antrieb, zum Teil von ihrer Umwelt gezwungen, grenzten sie sich in eigenen Stadtteilen, «Ghettos», ab, in denen sich auch alsbald eine eigene Sprache entwickeln sollte: das *Jiddisch*. Die sprachliche Abgrenzung war so gleichzeitig Resultat und Motor der Entfremdung der Juden von ihren christlichen Nachbarn.

Mittelalter – Jerusalem als Nabel der Welt

Ebenso, wie der Fall Jerusalems den Stellenwert der Stadt in den Augen der Juden und Muslime nur erhöhte, war auch für die christliche Welt die Niederlage ein Schock, auf den sie mit Sehnsüchten nach der heiligen Stadt reagierte. Eine neue Weltanschauung setzte sich durch, die sich auf Ezechiel 5, 5 stützte: «*Ista est Jerusalem, in medio gentium posui eam, et in circuitu eius terras – So ergeht es Jerusalem. In die Mitte der Völker setze ich es, und rings in seinen Umkreis die Länder*». Für Kartographen wurde die Stadt besonders nach dem endgültigen Verlust von 1244 zum Nabel der Welt, wie es in der Londoner Psalterkarte illustriert wird. Über die Jahrhunderte pilgerten Tausende in die heilige

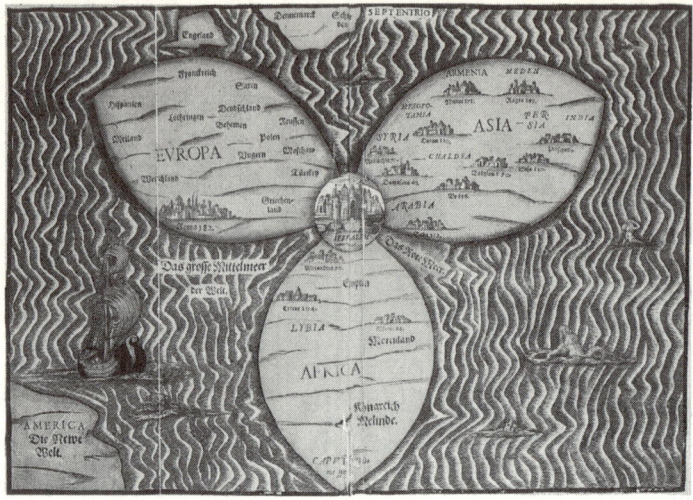

In Landkarten des Mittelalters wird Jerusalem häufig als Zentrum der Welt dargestellt. Heinrich Bünting (*Itinerarium sacrae scripturae. Das ist ein Reisebuch über die ganze Heilige Schrift.* 1581) nimmt in seiner emblematischen Landkarte, auf der die Welt als Kleeblatt mit Jerusalem als Mittelpunkt erscheint, solche mittelalterlichen Vorstellungen auf.

Stadt, um in der Grabeskirche zu beten und um Vergebung ihrer Sünden zu bitten. Wer es sich leisten konnte, nahm aus Venedig ein Schiff nach Palästina. Die Reise war eine teure und gefährliche Angelegenheit. So schrieb ein irischer Pilger aus dieser Zeit: *«Wer nach Jerusalem will, braucht drei Dinge: einen Sack voller Geduld, einen Sack voller Silber und einen Sack voller Glauben.»* Die Armen wanderten monatelang zu Fuß. Es waren keine stolzen Kreuzritter mehr, sondern größtenteils endlose Züge von Sündern. Noch zu Beginn des 20. Jahrhunderts pilgerten jedes Jahr rund 26000 russische Bauern nach Jerusalem. Manche von ihnen rutschten den Weg von Jaffa nach Jerusalem reumütig auf Knien. Mittelalterliche Zeitgenossen europäischer Pilger beschrieben diese verächtlich: Ehebrecher, Mörder, Diebe, Huren und Betrüger sammelten sich in kleinen, auf dem Weg anschwellenden Gruppen und machten sich auf die gefährliche Reise ins

Heilige Land. Oft herrschte auf den «Pilgerreisen» eine ausgelassene Atmosphäre, wusste man doch, dass dies eine hervorragende Gelegenheit war, noch einmal genüsslich zu sündigen. Am Ende des beschwerlichen Weges erwartete die Pilger schließlich die Absolution in Jerusalem. In der Grabeskirche angekommen, änderte sich das Verhalten der Reisenden meistens nicht. Viele zügelten ihre fleischlichen Begierden nicht einmal bei der Ankunft in der Anastasis, denn ein Aberglauben besagte, dass hier gezeugte Kinder unter einem glücklichen Stern geboren würden.

Jerusalem als Reiseziel – ein literarisches Genre

Die Eroberung Ägyptens durch Napoleon Bonaparte 1798 markierte einen entscheidenden Wendepunkt in den Beziehungen zwischen Orient und Okzident. Bei den Arabern löste der Schock über die Leichtigkeit des Sieges einer Handvoll Franzosen über die Ägypter letztlich den Beginn der Moderne aus. Die Franzosen ihrerseits waren nicht nur mit Soldaten ins Morgenland gekommen, sondern hatten auf ihre Expedition auch viele Wissenschaftler mitgenommen. Die Veröffentlichung der bedeutenden Funde, die sie im Land der Pyramiden machten (wie beispielsweise den Rosettastein, der eine Übersetzung der Hieroglyphen ermöglichte), erweckte in Europa großes Interesse am Orient und damit auch an Palästina. Nachdem europäische Großmächte sich zudem in den Kampf zwischen den Osmanen und Muhammad Ali eingemischt hatten, wuchs das Interesse am Heiligen Land weiter.

Die wundersamen Geschichten der Pilger regten die Fantasie weiter an, beständig wuchs der Strom der Reisenden ins Heilige Land. Langsam mauserten sich die Reiseerzählungen über Palästina zu einem eigenen Genre. In England allein erschienen zwischen 1840–1880 mehr als 1600 Reisebücher über Jerusalem. Etwa von 1850 an wurden die ersten Gruppenreisen unter Cook & Söhne nach Palästina organisiert. Namhafte Schriftsteller ließen es sich nicht mehr nehmen, den exotischen Orient und sein biblisches Flair persönlich zu erleben. François René de Cha-

Jerusalem war eine der ersten Städte der Welt, die photographiert wurden. Blick vom Ölberg über das Kidrontal auf die Stadt Jerusalem mit dem Felsendom. Photochrom, undatiert, um 1890/1900.

teaubriand besuchte Jerusalem 1806 und beschrieb die Verwahrlosung in der Stadt: «*Ungepflasterte Straßen in einer verlassenen Stadt, wie ein großer Friedhof in der Wüste*», empörte er sich. Mark Twain schrieb 1867 enttäuscht: «*Es ist ein Dorf armer Leute, die Stadt wird von kleinen Kuppeln geschmückt und sieht aus wie eine Gefängnistür, die mit Bolzenköpfen behaftet ist.*» Jerusalem inspirierte die westliche Fantasie: Nur vier Monate, nachdem die Daguerreotypie in einer Pressekonferenz in Paris im August 1834 in der französischen Akademie der Wissenschaften der Menschheit als Geschenk präsentiert wurde, befanden sich in Jerusalem bereits Photographen, um Bilder der Heiligen Stadt nach Europa zu bringen. Lange bevor die meisten europäischen Städte photographiert wurden, konnte man 1841 in dem Bestseller «*Excursions Daguerriennes: Collection de 50 planches représentant les vues et les monuments les plus remarquables du globe – Dagueriennsche Ausflüge: eine Sammlung von 50 Bildta-

feln der bemerkenswertesten Aussichten und Monumente der Welt» bereits Aufnahmen Jerusalems in Europa erstehen. Doch die Faszination musste aus der Ferne gesättigt werden: Jerusalem war fest in den Händen des Islam, Christen bildeten lediglich eine geduldete Minderheit.

Christen kommen durch die Hintertür – Die Kapitulationen im Osmanischen Reich

Trotz vieler Versuche der Sultane, im Wettbewerb mit den europäischen Großmächten konkurrenzfähig zu bleiben, begann Mitte des 18. Jahrhunderts der langsame und stete Verfall des Osmanischen Reiches. Nichts machte die Ohnmacht des Sultans deutlicher als die Politik der Kapitulationen gegenüber europäischen Staaten. Der erste solche Vertrag wurde 1536 zwischen Sulaiman dem Prächtigen und Franz I. von Frankreich geschlossen. Nach diesem Vertrag, den der Sultan noch aus eigenem Interesse abschloss, erhielten französische Bürger für die Zahlung von Einfuhrzöllen Sonderrechte. Man erkannte ihnen innerhalb des Reiches einen extraterritorialen Status zu. Dies bedeutete, dass sie sich nicht mehr vor osmanischen Gerichten zu verantworten hatten, sondern weiterhin französischem Recht unterstanden und sich unter dem Schutz des französischen Konsuls befanden. Bald (1606) folgten auch die Niederlande und England

Dank der Kapitulationen genossen Europäer im Osmanischen Reich einen Sonderstatus. Der russische Konsul in Jerusalem mit seinen Damen vor einem Ausritt auf Kamelen; in ihrer Begleitung ein Kawasse (Konsularoffizier mit Polizeigewalt). Photographie, anonym, 1910.

mit ähnlichen Verträgen, die die Osmanen noch freiwillig unterschrieben.

Die erste Wende ereignete sich mit dem Abkommen von Küçük Kaynarca, das der Hohen Pforte 1774 von den Russen nach einer militärischen Niederlage aufgezwungen wurde. Der Zar erhob sich zum Schutzherrn aller griechisch-orthodoxen Christen im Land. Nun setzte ein Wettrennen zwischen den Großmächten ein, wer mehr Individuen beim «Kranken Mann am Bosporus» unter seinen Schutz stellen konnte. Die Franzosen empfanden sich als Beschützer der Katholiken, die Engländer waren die Behüter der Anglikaner und Protestanten.

Ein architektonisches Durcheinander –
Ringen um die Vormacht

Vor diesem Hintergrund begannen die Großmächte, Pilgerreisen ins Heilige Land zu fördern, um damit auch ihren Einfluss auf Istanbul zu demonstrieren und die imperialistischen Ansprüche ihrer Reiche zu festigen. Jede Nation wollte Jerusalem in ihrem Sinne prägen und eigene architektonische Akzente setzen. Preußen und England bildeten 1841 mit der Formierung der anglikanisch-preußischen Diözese zum Schutz der Protestanten in Jerusalem den Auftakt. Die Engländer waren die ersten, die bereits fünf Jahre nach der Rückkehr der Osmanen im Jahre 1849 eine neue Kirche in Jerusalem errichteten, die Christuskirche direkt hinter dem Jaffator. Bereits 1843 hatten sie in der Altstadt das Krankenhaus der «*London Society for Promoting Christianity among the Jews*» (Londoner Gesellschaft zur Förderung des christlichen Glaubens unter den Juden) gegründet, das Patienten in ihrer schwersten Stunde zum «rechten Glauben» bekehren sollte. Im Jahr 1893 zogen sie in ihr neues Gebäude auf der Prophetenstraße (*Rehov Hanevi'im 82*). Die Inschrift über dem Haupteingang macht aus dem Ziel der Gesellschaft keinen Hehl.

Die Rabbiner sahen darin eine existentielle Gefahr und drohten jedem, der sich im Krankenhaus behandeln ließ, mit einem Bann. Dieser wirkte zwar anfangs. Jüdische Frauen verkleideten sich als Muslime, um im Krankenhaus behandelt und nicht erkannt zu werden. Die Schwedin Selma Lagerlöf, als Schöpferin Nils Holgerssons unvergesslich, erzählt von einer alten Frau, die auf der Straße vor dem Krankenhaus stürzte und sich ein Bein brach. Die englischen Ärzte eilten aus dem Haus, um ihr zu helfen. Die Frau wehrte sich und wollte nicht im christlichen Spital behandelt werden. Doch ihre Gegenwehr war umsonst. Die Jüdin war eigens nach Jerusalem gekommen, um auf dem Ölberg begraben zu werden, erzählte sie den Ärzten, bevor sie nach zwei Tagen den Tod fand. Die Ärzte wollten ihr diesen letzten Wunsch erfüllen, doch die jüdische Gemeinde war nicht bereit, die Frau auf ihrem geweihten Friedhof zu begraben. Sie fürchteten, sie habe sich in ihren letzten Tagen zum Christentum bekehren lassen. Des Nachts machten sich daraufhin die englischen Ärzte zum Ölberg auf, um die Frau dort heimlich zu begraben, aber in der folgenden Nacht gruben die Juden sie wieder aus. Mehrere Male wurde die Leiche bestattet und wieder ausgegraben, bevor sie endlich im (ungeweihten) Hof des Krankenhauses ihre Ruhe fand. Mit der Zeit nahm der militante Widerstand der Juden jedoch ab. Vor dem Ersten Weltkrieg warteten schließlich drei Patienten auf jedes freie Krankenbett.

Die Österreicher wollten den Briten in nichts nachstehen und errichteten 1855 gegenüber der vierten Station der Via Dolorosa ein Gästehaus (heute: «Austrian Hospice») für Pilger. Das imposante Gebäude ist noch heute eine Insel «Wiener Gemütlichkeit» inmitten des Trubels der Altstadt, in dessen Garten man genüsslich einen Apfelstrudel mit Schlagobers und einer «Melange» oder ein Wiener Schnitzel verzehren kann. Im Konzertsaal in der ersten Etage verbirgt sich ein wahrer Schatz: wer hier einem klassischen Konzert lauscht, kann sich auf einem originalen Thonet Stuhl niederlassen. Anderswo sind solche Exemplare nur in Museen zu betrachten. Im Jahr 1859 waren die Habsburger die ersten, die in Jerusalem gegenüber vom Davidsturm, wo sich heute das «Christian Information Center» befindet, einen Postdienst einrichteten. Die osmanischen Hausherren taten es ihnen 1867 nach. Die Deutschen und Franzosen ließen sich bis 1900 Zeit, um einen eigenen Postdienst einzurichten. Die Russen eröffneten ein eigenes Postbüro 1901, die Italiener 1908. Russische Pilger begannen 1847, von ihrer Kirche und dem Zar dazu ermutigt, nach Jerusalem zu strömen. Ende des 19. Jahrhunderts pilgerten jedes Jahr zu Ostern an die 20000 Menschen in die Stadt. Um den Österreichern in nichts nachzustehen, und für das Wohlergehen der Pilger, erstand der Zar 1860 etwa an der Stelle, an der Titus einst sein Lager aufgeschlagen hatte, ein großes Grundstück außerhalb der Stadtmauern. Hier errichtete er mit ausschließlich russischem Baumaterial einen ganzen Gebäudekomplex, der sich heute im Stadtkern befindet (heute: «russian compound»). Neben einer Großküche befanden sich eine Kirche und das Imperiale Sergei Hospiz mit Betten für 2000 Pilger. Es ereigneten sich paradoxe Konstellationen: Während die Juden in Russland vom Staat verfolgt wurden, unterstellte der russische Konsul die jüdischen Pioniere als Untertanen des Zaren seinem Schutz. Heute sind in dem Gebäude ein Gefängnis, ein israelischer Gerichtshof und eine Polizeiwache untergebracht. Der Staat Israel hatte die Rechte für die Gebäude in den fünfziger Jahren unter anderem mit einer Schiffsladung Orangen von der Sowjetunion erstanden.

Der äthiopische Kaiser Menelik II. machte es den Russen nach, die bereits 1888 eine Kirche in Gethsemane errichtet hatten, und baute 1893 eine eigene Kirche im äthiopischen Stil. Die Italiener waren Nachzügler: Sie legten erst 1911 den Grundstein für ein Krankenhaus, das ganz dem Palazzo Vecchio in Florenz nachempfunden ist. Es wurde erst nach dem Ersten Weltkrieg fertig gestellt, als Palästina schon fest in den Händen der Briten war.

Conrad Schick und die deutsche Baukunst in Jerusalem

Deutsche Baukunst ist in Jerusalem gut vertreten, waren doch die Deutschen nach der Meinung mancher Forscher «*die Großmacht, die die Modernisierung Palästinas im 19. Jahrhundert am meisten beeinflussten. Im Land waren mehr Bürger aus dem*

Deutschland war die Großmacht mit dem größten Einfluss im osmanischen Palästina. Wilhelm II. bei seiner Palästinareise im Oktober 1898: Der Kaiser erwirbt das Areal der späteren Abtei «Dormitio Sanctae Virginis» (31. Oktober).

Deutschen Reich vertreten als aus jedem anderen Staat», so der israelische Historiker Alex Carmel. Dabei tat sich ein Universalgenie hervor, das die Entwicklung und moderne Erkundung Jerusalems besonders vorantreiben sollte.

Conrad Schick (1822–1901) wurde zu einer der bekanntesten Persönlichkeiten im Jerusalem des 19. Jahrhunderts. Es ist schwer, ihm lediglich einen Berufstitel zuzuordnen. Er war ein autodidaktisches Multitalent, das sich in mühsamer Arbeit Modellbau, Uhrenbau, Kartographie, Architektur und Archäologie auf höchstem Niveau aneignete. In 40 Jahren der Erkundung Palästinas veröffentlichte er wohl an die 300 wissenschaftliche Artikel, 2 Bücher sowie mehrere Reiseführer. So gelang es Schick, sich als höchste wissenschaftliche Autorität in der Erforschung Jerusalems zu etablieren. So mancher israelische Archäologe klagt heute, man könne kaum eine Stelle in Jerusalem mehr entdecken, die Schick nicht bereits beschrieben hätte. Der 1822 in Bitz in Württemberg geborene Missionar wurde 1846 von einer

Schweizer Organisation nach Jerusalem entsandt, um dort eine
«Brüderhaus»-Mission zu errichten. Nach vier Jahren, in denen
er sich als Schreinermeister bewährte, übernahm Schick einen
Lehrposten bei der englischen «Konkurrenz», der *London Society for Promoting Christianity Amongst the Jews*». Im Jahr
1857 wurde er zum Schuldirektor und «Hausarchitekten» ernannt. Als Gehilfe des preußischen Konsuls in Jerusalem, Georg
Rosen, der den Tempelberg mit Innbrunst erforschte, errang
Schick mit der Veröffentlichung seiner Artikel ab dem Jahr 1865
einen Ruf als Kenner der lokalen Topographie. Dank seiner
Sprachkenntnisse nahmen ihn verschiedene Expeditionen nach
Palästina in ihren Dienst. Die Erkundung Jerusalems wurde zu
einer Leidenschaft. Jahrzehntelang beobachtete Schick *«jeden
Häuserbau, jede Zisterne, die renoviert wurde, um etwas zu ent-
decken, das sich unter der Oberfläche Jerusalems befindet»*.

Bereits 1846 hatte Schick, später einer der wichtigsten Architekten der Stadt, das Stadtviertel *Mea Schearim* entworfen. In
den Jahren 1867–73 widmete er sich hauptsächlich der Baukunst
und errichtete mehrere Jerusalemer Sehenswürdigkeiten, wie
1866 die Mädchenschule der Kaiserswerther Diakonie *Thalitha
Kumi* oder 1887 das Hansen-Krankenhaus für Leprakranke in
Talbiyeh. Die Diakonie spielte in der Entwicklung Jerusalems
mit ihrer Mission eine wichtige Rolle. Die Schwestern hatten mit
Unterstützung des Königs von Preußen erstmals nach einer Epi-
demie 1850 vier Diakonissen nach Jerusalem geschickt, um dort
als Krankenschwestern und Erzieherinnen beziehungsweise Missionare zu arbeiten, und eine Mädchenschule zu errichten. Neben
der Absicht, Juden und Araber zum Christentum zu bekehren,
wollten die Schwestern den Frauen im Orient praktisches Wissen
vermitteln und ihnen damit zum sozialen Aufstieg verhelfen. Als
die Schülerzahl immer weiter stieg, sah die Diakonie sich gezwungen, eine neue Schule außerhalb der Stadtmauern auf dem «Gott-
fried-Hügel» zu bauen. Laut Überlieferung hatte der Kreuzfahrer Gottfried von Bouillon, Herzog von Niederlothringen und
später Regent des Königreichs Jerusalem, bei der Belagerung Je-

rusalems hier sein Heerlager aufgeschlagen. Nach der Teilung der Stadt im Unabhängigkeitskrieg 1948 zog die Schule nach Beit Jala, einem Vorort Bethlehems, um. Heute untersteht die Schule dem Berliner Missionswerk. Vom alten Bauwerk Schicks ist nur die Fassade auf der King George-Straße übrig geblieben.

In den sechziger und siebziger Jahren des 19. Jahrhunderts baute Schick auch mehrere Modelle, die ihm nach ihrer Präsentation im Osmanischen Pavillon bei der Weltausstellung in Wien 1873 weltweiten Ruhm einbrachten. Die filigrane Arbeit fasziniert heute noch in ihrem Detail. Der Verkauf eines Modells des zweiten Tempels für 800 Goldstücke ermöglichte es ihm 1882, seinen Traum eines eigenen Hauses in Jerusalem zu verwirklichen. Das Resultat, das Tabor-Haus auf der *Neviim* Straße 58, beherbergt heute das schwedische Theologische Institut.

Schick machte bedeutende archäologische Funde. So berichtete er als erster 1880 über die Inschrift des Siloam-Tunnels (siehe S. 94). Zwei seiner Schüler hatten sie beim Spielen entdeckt und sofort ihrem Lehrer darüber berichtet, Beweis für Schicks Ansehen in der Stadt, in der er 55 Jahre bis zu seinem Tod verbrachte.

Viele deutsche Organisationen und Missionare waren in Palästina tätig. Im Jahr 1873 errichteten Templer aus Baden-Württemberg die als «Straßendorf» geplante «Deutsche Kolonie», heute eines der begehrtesten Wohnviertel der Stadt. Die deutschen Bewohner wurden mit dem Ausbruch des Zweiten Weltkriegs 1939 von den Briten nach Australien deportiert. Preußen baute auf dem Areal der Johanniter die 1898 von Wilhelm II. eingeweihte Erlöserkirche im Muristan in der Altstadt, im Jahre 1901 die Dormitio auf dem Zionsberg und 1910 die Himmelfahrtskirche und das Augusta Victoria-Krankenhaus auf dem Ölberg sowie zahlreiche andere Schulen, Kranken- und Waisenhäuser.

Ein Krieg mit unerwarteten Folgen

Die Konkurrenz um die Vormachtstellung im Osmanischen Reich war nicht nur diplomatischer Natur, sondern führte auch zu

Kriegen unter den europäischen Großmächten. So brach Russland den Krimkrieg (1854–1856) vom Zaun, nachdem der Sultan Abdülmecit I. die Forderung abgelehnt hatte, den griechisch-orthodoxen Priestern an der Grabeskirche in Jerusalem besondere Vorrechte einzuräumen. Nachdem der englische Diplomat Lord Stratford erfolgreich die Bemühungen seines russischen Rivalen Prinz Menschikov in Konstantinopel sabotiert hatte, fielen russische Truppen in Moldawien und der Walachei ein. Kurz darauf bildete sich ein Bündnis, in dem England, Frankreich und das Osmanische Reich gemeinsam gegen Russland kämpften.

Obwohl der wegen Jerusalem ausgebrochene Krimkrieg von vielen Historikern als so überflüssig und absurd wie ein Streit zweier Glatzköpfiger um einen Kamm beschrieben wird, hatte er weit reichende Konsequenzen für die westliche Welt. So kopierten englische und französische Soldaten bei der Belagerung von Sewastopol das Verhalten ihrer türkischen Kameraden und wickelten ihren Tabak in Zeitungspapier ein. Mit ihrer Rückkehr nach Europa entstanden danach so die ersten Zigaretten.

Der Krimkrieg war auch die Feuertaufe von Florence Nightingale, einer englischen Krankenschwester, die in der Diakonie in Kaiserswerth ausgebildet worden war (zur Rolle der Diakonie in Jerusalem siehe S. 88). Waren bis dahin Krankenschwestern meist nur unausgebildete Teilzeitarbeiterinnen, die im Gefolge des Heeres auch die fleischlichen Bedürfnisse der Soldaten befriedigten, führte Nightingale im Krimkrieg erstmals eine moderne medizinische Krankenversorgung und Hygiene ein. Der Krimkrieg war auch der erste Krieg, aus dem «live» per Telegraf berichtet wurde. So nahm die öffentliche Meinung erstmals Einfluss auf den Verlauf der Auseinandersetzung. Auch für Jerusalem sollte der Krimkrieg Folgen haben: Als Dank für das französische Engagement gestattete Abdülhamit II. den Franzosen 1889, das «neue Tor» in die Stadtmauer zu brechen. Es verbindet das Notre Dame-Kloster mit dem christlichen Viertel. Ein anderes Zugeständnis war für westliche Besucher vielleicht noch wichtiger: Als Dank für britische und französische Hilfe konnten nun erstmals «Ungläubige», also Nicht-Muslime, den *Haram*, das heilige Areal der al-Aqsa-Moschee auf dem Tempelberg, besuchen. Allerdings durfte man dies nur in Begleitung eines osmanischen Soldaten tun, dem dafür ein Trinkgeld von 4 Franken zustand.

Außergewöhnliche Besucher

Die Faszination für Jerusalem nahm weiter zu. Verstärkt nahmen auch adlige Besucher die Strapazen einer Reise nach Palästina in Kauf, obschon sie sich mit allen Luxusgütern verwöhnen ließen, die man in Kutschen, auf Eseln und Kamelen ins Heilige Land schleppen konnte. Der spätere König Belgiens, der Herzog von Brabant, war 1855 der erste Nicht-Muslim, der den Tempelberg betreten durfte. Der Gouverneur soll vorher sicherheitshalber die afrikanischen Wachen des *Haram* eingesperrt haben, um zu verhindern, dass sie den hohen Gast aus eigener Initiative ei-

Nach der französischen Expedition nach Ägypten wuchs in Europa die Faszination für den Orient. Bald wurden Reisebeschreibungen über Palästina zu einem eigenen Genre. Kreidelithographie, koloriert, nach Aquarell, 1839, von David Roberts (1796–1864).

Besuche auf dem Haram al-Scharif wurden «Ungläubigen» erst seit der Mitte des 19. Jh. gestattet. Wilhelm II. und seine Gattin beim Verlassen des Felsendoms, Jerusalem, 2. November 1898.

nen Kopf kürzer machten. Der spätere englische König Edward besuchte die Stadt 1862 und ließ sich in der Altstadt tätowieren. Genauso verhielt sich zwanzig Jahre später sein Sohn König George, der sich vom selben Mann tätowieren ließ (König Georges Tätowierung eines Jerusalem-Kreuzes befand sich auf seiner Nase: Sie wurde kurz vor seiner Krönung entfernt). Kaiser Wilhelm II. besuchte Jerusalem 1898. In dieser Zeit wurde neben dem Jaffa-Tor eine Bresche in die Mauer gebrochen, damit der Kaiser und die pompöse Kutsche seiner Gemahlin hindurch fahren konnten. Wilhelm II. war übrigens über die Zerstörung der historischen Mauer empört. *«Eine Schande!»* notierte er handschriftlich in die Depesche seines Botschafters in Istanbul.

Immer stärker zog die Stadt Träumer und Abenteurer in ihren Bann. Der finnische Theologe Walter Juvelius wollte Anfang des 20. Jahrhunderts südlich der Altstadtmauern archäologische Grabungen ausführen, um die Schätze des Tempels zu entdekken. Gemeinsam mit einem pensionierten britischen Offizier konnten sie genug Geld für ihre Suche nach König Salomons

Schätzen auftreiben. Sie begannen ihre Arbeit 1909 und gruben insgeheim in die verbotene Richtung des Tempelbergs. Dabei legten sie einen großen Teil des Siloam-Tunnels frei. Zwei Jahre lang widerstanden sie den harten Bedingungen unter der Erde. Wiederholte Erdrutsche brachten die ganze Delegation in Lebensgefahr. Als sie davon Wind bekamen, dass die türkischen Behörden ihnen aufgrund wachsenden Unmuts der Araber die Erlaubnis entziehen würden, in Jerusalem zu graben, bestach Hauptmann Parker die Wachen auf dem Tempelberg, um dort mit Ausgrabungen zu beginnen. Er wurde aber nur allzu schnell entdeckt, und die ganze Gesellschaft musste noch in der Nacht vor dem aufgebrachten Mob aus dem Land fliehen.

Der deutsche Conrad Schick war die erste Anlaufadresse zweier arabischer Jungen, die diese althebräische Inschrift aus dem 8. Jh. v. Chr. am Eingang des Tunnels von Siloa entdeckten. König Hiskia (716/687 v. Chr.) hatte ihn zur Wasserversorgung Jerusalems während der Belagerung der Assyrer anlegen lassen. Die dramatische Inschrift befand sich an der Stelle, wo die zwei Bauteams sich trafen: «...[vollendet wurde] der Durchbruch: Als noch ... [die Arbeiter ihre?] Hacken [schwangen?], jeder zu seinem Gefährten hin, und als noch 3 Ellen zu durchbohren [waren, wurde gehö]rt die Stimme eines jeden, der seinen Genossen rief, denn es war ein Spalt [?] im Felsen von rechts nach [link]s. Und am Tag des Durchbruchs begegneten sich die Arbeiter Mann gegen Mann, Hacke gegen Hacke, und das Wasser floss von der Quelle zum Teich, 1200 Ellen weit, und 100 Ellen war die Dicke des Felsens über den Köpfen der Arbeiter.»

Der Siloam-Tunnel

Der von Montague Parker und Juvelius entdeckte Siloam-Tunnel ist ein Meisterbauwerk der Antike. Er wurde vor der assyrischen Belagerung Jerusalems vom biblischen König Hiskia gebaut, um die prekäre Wasserversorgung der Stadt zu gewährleisten. Hiskias Tunnel befindet sich 60 Meter unter der Erde, ist rund 500 Meter lang und hat ein Gefälle von nur etwa 30 Zentimetern. Er hat eine S-Form und wurde von zwei Mannschaften von beiden Seiten her in den Fels getrieben. Bis heute ist unklar, wie die beiden Mannschaften sich unter der Erde treffen konnten und das kleine Gefälle berechneten. Die Stelle, an der sich die Männer trafen, wurde mit einer Tafel versehen, die sich heute im Istanbulmuseum in der Türkei befindet. Den Tunnel kann man noch begehen. Im Sommer macht das kühle Wasser unter der Erde die Tunnelbesichtigung zu einem ebenso aufregenden wie erfrischenden Abenteuer.

Deutsche Herrschaft in Jerusalem – die Christen sind zurück

Kurze Zeit vor der Eroberung Jerusalems durch die Briten im Ersten Weltkrieg beherrschten noch einmal die deutschen Verbündeten des Osmanischen Reiches die Heilige Stadt. Nachdem der türkische Oberbefehlshaber, Cemal Pascha, wegen seines von den Deutschen als «verrückt» bezeichneten Plans, Jerusalem zu evakuieren, abdanken musste, übernahm General Erich von Falkenhayn am 5.11.1917 von einem Büro im Augusta Victoria-Krankenhaus aus die Herrschaft in der Heiligen Stadt. Doch die deutsche «Herrschaft» dauerte nur knapp einen Monat an. Wenn man bedenkt, dass noch zur Jahrhundertwende deutsche Architekten vorgeschlagen hatten, die armenischen Kacheln des Felsendoms durch gutes deutsches Schmiedeeisen zu ersetzen, ist die Kürze der deutschen Oberhoheit für die Stadt wohl ein Segen gewesen.

Die Briten erobern Jerusalem

Die britische Eroberung Jerusalems ist die Antiklimax der langen, blutigen Geschichte grausamer Unterwerfungen. Osmanische Truppen unter dem Kommando Erich von Falkenhayns, des Erfinders der «Blutmühle von Verdun», leisteten im Westen bei Nebi Samuel und im Süden heftigen Widerstand, der jedoch letztlich am 8. Dezember zusammenbrach. Falkenhayn, ein «*typisch preußischer Militarist*», sollte sich trotz seiner blutreichen Biographie um viele Menschenleben verdient machen. Er verhinderte den Plan des osmanischen Statthalters Cemal Pascha, alle Juden im Stile des Völkermordes an den Armeniern aus Palästina zu verschleppen. Somit war der preußische General maßgeblich für das Fortbestehen der jüdischen Gemeinde in Palästina mitverantwortlich.

Übergabe Jerusalems durch den türkischen Bürgermeister Hussein Selim El-Husseini (1. Reihe, 4.v.r.) an die Briten – das Foto wurde wahrscheinlich später gestellt. Der Bürgermeister starb nach wenigen Wochen an einer Lungenentzündung, da er im Regen so lange auf den britischen Befehlshaber warten musste.

Am Morgen des 9. Dezember 1917 entsandte ein Truppen-
kontingent des britischen XX. Corps zwei Gefreite, um nach
Wasser zu suchen. Statt Wasser trafen die zwei Soldaten aber auf
Hussein al-Husseini, den Bürgermeister Jerusalems, der in Begleitung zweier Gendarmen und einer weißen Flagge jemanden
suchte, dem er sich ergeben konnte. Von der historischen Wichtigkeit des Augenblicks überfordert, riefen die Männer zwei Un-
teroffiziere zu Hilfe, die ebenfalls die Übernahme weiter nach
oben delegieren wollten. So gesellten sich nach langem Warten
im Regen zwei Oberste hinzu, die sich aber ebenfalls verlegen als
zu niedrig in der Befehlshierarchie dünkten. Sie ließen deswegen
den Brigadegeneral kommen, der al-Husseini beruhigte, indem
er ihm erklärte, dass die Kapitulation bald stattfinden könne. Als
endlich ein Generalmajor in seinem Wagen die Stelle erreichte,
um die Kapitulation anzunehmen, hatte sich der durchnässte
Bürgermeister schon wieder auf den Weg nach Hause gemacht.
Die Eroberer konnten ihn noch am österreichischen Postamt neben dem Davidstor einholen, wo sie ohne große Zeremonie die
Schlüssel der Stadt erhielten. Der Bürgermeister sollte das erste
Opfer der zögernden britischen Bürokratie in Palästina werden:
Wenige Wochen später starb er an einer Lungenentzündung, die
er sich wahrscheinlich «*bei zu vielen Kapitulationszeremonien
im strömenden Regen*» zugezogen hatte.

Am 11. Dezember 1917 betrat General Edmund Allenby
(1861–1936) erstmals die Heilige Stadt; auf Anweisung aus London, zu Fuß. Dies sollte einen willkommenen Gegensatz zur
pompösen Einfahrt des deutschen Kaisers Willhelm II. 1898 bilden. Der Sieg in Palästina brachte den andernorts erfolglosen alliierten Truppen zu Weihnachten moralischen Auftrieb. Allenby
hatte bewusst entschieden, dass an seinem Einzug weder Kon-
tingente der jüdischen Legion noch arabischer Truppen teilnahmen. Bei seiner ersten Rede zu Füßen des Davidsturmes unweit
des Jaffa-Tors verkündete er stolz: «*Nach 730 Jahren sind die
Kreuzritter nach Jerusalem zurückgekehrt.*» Für die Juden war
dies ein glücklicher Tag. Mindestens ein Jahrzehnt lang war der

General Allenbys Proklamation des Kriegsrechts: «Nach 730 Jahren sind die Kreuzritter zurückgekehrt». Die Proklamation wird in sieben Sprachen von den Stufen der Zitadelle in Jerusalem der Bevölkerung verlesen (durch Haddad Bey).

9. Dezember, der Tag der Kapitulation Jerusalems und des britischen Siegs, ein gesetzlicher Feiertag des Jischuv. Der Einzug Allenbys in Jerusalem fiel genau auf den jüdischen Hannukka-Feiertag, an dem Juden der Eroberung und Weihung des Tempels durch die Makkabäer gedenken. Viele sahen dies als ein göttliches Zeichen. Selbst säkulare und kommunistische Zionisten ließen sich von der euphorischen Endzeitstimmung anstecken und sahen in Allenby einen Vorboten des Erlösers. Sie nannten ihn auf arabisch «al- Nabi» («Der Prophet»). Anlässlich des Einzugs von Allenby wurden Freudenlieder verfasst. Das bekannteste ist bis heute weltberühmt: «*Hava Nagila* – lasst uns froh sein».

Das britische Mandat als Weiche für die Zukunft
Rückblickend war die britische Herrschaft über Jerusalem in zweierlei Hinsicht entscheidend und wegweisend für die Zukunft der Stadt und des gesamten Landes. Zum einen legten die Briten die Grundsteine für die Entwicklung des modernen Jerusalem.

Die öffentlichen Institutionen, die sie schufen, bildeten das Fundament für spätere Einrichtungen, die ohne das britische Knowhow nicht entstanden wären. Wer heutzutage die prächtige King David-Straße mit dem repräsentativen King David Hotel oder dem beeindruckenden YMCA, zu Deutsch CVJM (Christlicher Verein Junger Männer), entlangschlendert und sie mit den israelischen Neubauten der 50er Jahre vergleicht, bedauert vielleicht, dass die Briten Jerusalem so schnell verlassen mussten.

Noch zentraler ist aber die Rolle der Briten als Urheber und Katalysatoren des heutigen israelisch-palästinensischen Konflikts. Während des Ersten Weltkriegs wogen taktisch-pragmatische Überlegungen schwerer als eine zusammenhängende strategische Planung. London versprach Frankreich, den Zionisten sowie den Arabern dasselbe Stück Land, bevor man es überhaupt erobert hatte. Dabei bildete Palästina längst keine Ausnahme, sondern diente vielmehr als Beispiel der Kriegsmaxime, jedem alles zu versprechen, um sich so kurzfristig Hilfe in den Kriegsanstrengungen zu sichern. Im Konstantinopel-Abkommen sagte die Entente beispielsweise im Frühjahr 1915 dem russischen Zaren Istanbul und den gesamten Bosporus zu, Italien sollte im Rahmen des Londoner Abkommens mit dem Sieg über Deutschland und die Osmanen Südanatolien, Libyen und den Dodekanes erhalten.

Ähnlich handelten die Briten also auch in Palästina und manövrierten sich in eine unmögliche Situation, mussten sie doch zwangsläufig irgendwann irgendwem gegenüber wortbrüchig werden. Um die Worte Sir Henry McMahons, des britischen Oberkommissars in Kairo, zu zitieren: «*Was wir jetzt erreichen müssen, ist, die Araber auf den rechten Pfad zu locken, sie vom Feind zu lösen und auf unsere Seite zu bringen. Das ist [...] vor allem eine Sache der Worte. [...] (Wir) dürfen nicht kleinlich über Bedingungen streiten.*» Ihr Handeln setzte Araber und Zionisten auf einen Kollisionskurs, dessen Nachbeben bis zum heutigen Tag die Welt erschüttern.

Verschleierte Geheimabkommen

Im Jahr 1915–1916 hatte McMahon dem Scharifen Hussein bin Ali, Anführer des späteren arabischen Aufstands, ein haschemitisches Königreich in «Groß-Syrien» im Gegenzug für eine militärische Revolte gegen die Türken versprochen. Dabei umschrieb er die künftigen Grenzen dieses Reiches bewusst vage. Der spätere Kriegsminister Lord Kitchener zog die Definition «islamisches Papsttum» unter der pro-britischen Führung eines Nachkommen des Propheten, sprich Hussein, vor. Trotz der schwammigen Formulierung, die Hussein niemals gänzlich zufrieden stellte, rief er im Juni 1916 im Namen des Islam zum Heiligen Krieg, *Dschihad*, gegen das Osmanische Reich unter den «atheistischen Jungtürken» auf. Die Briten erhofften sich vom Scharifen aber weit mehr als nur die taktische Rebellion gegen die Osmanen auf der arabischen Halbinsel, deren militärischer Wert ohnehin zweifelhaft war. Von den guten Beziehungen zum künftigen Herrscher Mekkas und damit dem «Oberhaupt aller Gläubigen» versprachen sie sich indirekten Einfluss auf Millionen muslimischer Untertanen in der Kronkolonie Indien.

Das lockere Versprechen McMahons stand erneut im Widerspruch zu einem Geheimvertrag der Briten mit den Franzosen, dem Sykes-Picot-Abkommen von 1916, in welchem die Großmächte den Nahen Osten unter sich in Interessensphären aufteilten.

Die Sache sollte noch komplizierter werden, als der damalige britische Außenminister Lord Arthur Balfour der Zionistischen Weltorganisation (ZO) in der so genannten Balfour-Deklaration ein Jahr später im November 1917 folgendes Versprechen gab, ohne sich mit der arabischen Führung oder Vertretern der Einwohner Palästinas zu beraten: «*Die Regierung ihrer Majestät betrachtet mit Wohlwollen die Errichtung eines nationalen Heims für das jüdische Volk in Palästina und wird ihr bestes tun, um dieses Ziel in die Tat umzusetzen. Dabei soll deutlich hervorgehoben werden, dass nichts unternommen werden soll, das die*

Schwarzes Meer

Kaspisches Meer

Georgien

Batumi · Tiflis

RUSSLAND

Samsun

Armenien

Aserbaidschan

TÜRKEI

Kars · Eriwan

Ankara

zu Aserb.

Sivas

Erzurum

Blue Zone unter direkter franz. Kontrolle

Vansee · Van

Diyarbakir

Tabris

Atatürk-Staudamm

Mersin · Adana

Urmiasee

Alexandreta

Mardin

Aleppo

Mosul · Ninive

PERSIEN

Mittel-meer

Euphrat

Kirkuk

Hama

»A«-Zone unter franz. Einfluß

Homs

Syrien

Hamadan

Libanon

Beirut

Damaskus

Haifa brit.

»B«-Zone unter brit. Einfluß

Falluja · Bagdad

Internationale Zone · Jaffa

Irak · Karbala

Jerusalem

Babylon

Gaza

Amman

Tigris

Totes Meer

Red Zone unter direkter brit. Kontrolle

Najaf

Jordanien

Euphrat

Aqaba

Basra

ÄGYPTEN

Kuwait

HIJAZ

ARABIEN

Sharm el-Sheikh

Saudi-Arabien

Rotes Meer

Medina

Nördlicher Wendekreis

- - - - - McMahon-Hussein-Versprechen
Das Gebiet westlich dieser Linie, war im Versprechen an Hussein nicht beinhaltet (25.10.1915)

teilarabische Gebiete (15.11.1915)

Sykes-Picot Abkommen 16.5.1916

········· In der Balfour-Declaration (2.11.1917) den Juden zugesagtes Gebiet

heutige Grenzen

0   100   200   300 km

Mekka

Bürgerrechte und religiösen Rechte bereits in Palästina existierender Gemeinden einschränkt.»

Mit der Balfour-Deklaration zielten die Briten gleich auf mehrere Fronten. Zum einen wollten sie einer Annäherung der ZO an den deutschen Kaiser vorgreifen und das «Weltjudentum» auf ihrer Seite wissen. Weiterhin hofften sie, dass die Deklaration die jüdischen Mitglieder der sowjetischen Regierung dazu bewegen würde, Russland im Krieg zu belassen und somit die Ostfront gegen Deutschland aufrecht zu erhalten. Drittens wollten sie die ihrer Einschätzung nach machtvolle jüdische Lobby in den USA zu Gunsten der Kriegsanstrengungen auf ihre Seite ziehen. US-Präsident Woodrow Wilson hatte noch im Dezember 1916 zu einem «Frieden ohne Sieger» aufgerufen. Wäre es zu diesem Frieden gekommen, hätten die Briten ihre Kriegsopfer umsonst erbracht. Zudem versprach London sich von einem britischen Protektorat über ein jüdisches Palästina eine Machtbasis nahe des Suezkanals, der für das Überleben ihres Empires eine zentrale Rolle spielte.

Indem die Briten Jerusalem gleich mehrmals versprachen, oder eigentlich eben ausdrücklich *nicht* versprachen, versuchten sie, die weltumspannenden Interessen ihres Empires abzusichern. Die verschlafene kleine Bergstadt Jerusalem wurde so, wie stets in ihrer langen Geschichte, als Spielball in den Händen der Großmächte zu einem Mikrokosmos der Weltpolitik. Den Engländern nutzten ihre Versprechen nicht. Russland trat nach der Revolution 1917 aus dem Krieg aus, die USA traten nicht wegen der jüdischen Lobby, sondern aus gänzlich anderen Gründen in den Krieg ein. Im Gegenteil, das Engagement Londons für die ZO sollte große Probleme mit sich bringen. Der Traum, mit Hilfe eines jüdischen Protektorats den Suezkanal zu beherrschen, erwies sich spätestens während des Sinaifeldzugs 1956 als utopisch.

War der Zusammenstoß unausweichlich?

Es hätte vielleicht noch eine Möglichkeit zur Kooperation zwischen Zionisten und arabischen Nationalisten gegeben. Im Januar 1919 trafen sich Chaim Weizmann (1874–1952), später der erste Präsident des Staates Israel, und Faisal bin Hussein (1883–1933), der Sohn des Scharifen, britischer Protegé und späterer König Iraks, in Akaba zu einem Gipfel. Noch schien es, dass beide nationalen Bewegungen miteinander statt gegeneinander arbeiten konnten. Doch Faisal war kein Bewohner Palästinas, sondern ein Monarch, der kein anderes Mandat besaß als die Zustimmung einer europäischen Großmacht. Er verschacherte die Bauern Palästinas freimütig, um sich selbst ein Groß-Syrisches Reich unter britischer Schirmherrschaft zu sichern. Es ist durchaus fraglich, ob er je die politischen Ambitionen der Araber Palästinas vertrat. Seine Entente mit Weizmann, die von Kooperation zwischen Zionisten und Arabern sprach, erwies sich als Totgeburt. Faisal wurde später wegen des Sykes-Picot-Abkommens von den französischen Truppen nach einer schmerzhaften Niederlage in der Schlacht von Maisalun am 24.7.1920 aus Damaskus vertrieben. Als er erkannte, dass die Araber nicht die erhoffte Unabhängigkeit unter seiner Herrschaft erhalten würden, war es mit seiner Zustimmung für die britischen Pläne vorbei. Selbst der Versuch, ihn 1921 mit dem Thron Iraks zu gewinnen, konnte ihn nicht mehr besänftigen. Der Zusammenstoß zwischen Juden und Arabern war und ist wohl unvermeidlich, solange beide Seiten auf demselben Territorium einen Staat mit ethnischer Grenzziehung anstreben. Wenn auch heute zunehmend religiöse Einflüsse eine zentralere Rolle spielen, begann die Auseinandersetzung als Zusammenstoß zweier nationaler Befreiungsbewegungen.

Jerusalem nach dem Ersten Weltkrieg

Nach dem Ersten Weltkrieg übernahmen die Briten eine zerlumpte und heruntergekommene Stadt, deren Bewohnerzahl stark abgenommen hatte. Viele, manche schätzen bis zu 10 000

Menschen, waren während des Krieges an Hunger gestorben. Im Jahre 1915 hatte von April bis Juli eine Heuschreckenplage Palästina verwüstet. Zeitzeugen beschrieben, dass selbst die Eisenbahn über der Unzahl zerquetschter Heuschreckenleichen abrutschte und nicht mehr bergauf fahren konnte. Manche wurden seekrank, als sie statt eines statischen Horizonts nur das matt glänzende, bewegliche Meer der Millionen Heuschrecken sahen. Die grüne Farbe sei aus dem Land verschwunden, schrieben Zeitzeugen, wenn nicht wegen der Heuschrecken, dann wegen der Seeblockade der Alliierten, die die Kohlezufuhr völlig abschnitt und die Bewohner deswegen zu einer radikalen Abholzung zwang. Die Baumrinden, die die hungernden Bewohner nicht verheizten, begannen sie zu kauen, um ihren Hunger zu stillen. Andere verkauften Grundstücke für einen Sack Mehl oder Zucker. Viele wanderten aus oder wurden von den Osmanen ins Exil verschleppt oder getötet. Laut Schätzungen der Briten waren 6% der Bevölkerung im Krieg gestorben, nun wohnten nur noch 648 000 Menschen in Palästina. Mehr als 3000 jüdische Waisenkinder streiften in den Straßen Jerusalems umher, 15% der Bürger der Heiligen Stadt waren zum Überleben auf auswärtige Hilfe angewiesen. Jungen verkauften in den Straßen Alkohol, Mädchen ihre Körper. Jeder dritte Bürger der Stadt war entweder blind oder litt an einem Trachom, einer Augenkrankheit.

Die Karriere eines Augenarztes

Die weite Verbreitung des Trachoms, einer vom Bakterium *Chlamydia Trachomatis* verursachten Augenerkrankung, ermöglichte die außergewöhnliche Karriere von Dr. Abraham Ticho (1883–1960). Bis zum heutigen Tag bedroht diese Krankheit das Sehvermögen von 10% der Weltbevölkerung, hauptsächlich der Armen in ländlichen Gebieten. Der Wiener Augenarzt Ticho, der 1912 mit seiner Frau, der Künstlerin Anna, in Palästina einwanderte, kämpfte mit seinen Silbernitrattropfen energisch gegen die endemische Krankheit. Er wurde berühmt dafür, symptomatische

Kinder von der Straße in seine Klinik zur Behandlung zu zerren. Schon bald hatte er es zu erheblichem Wohlstand gebracht. Der exzentrische Arzt zählte auch hochrangige Persönlichkeiten wie Emir Abdullah, den späteren König Transjordaniens, zu seinen Patienten.

Die Tichos gehörten zum gesellschaftlichen Zentrum der Stadt. Ihre Villa, die sie 1924 kauften und die heute noch als das Ticho-Haus im Stadtkern (Harav Kook-Straße 7–9) besichtigt werden kann, fungierte als Salon, Praxis, Operationssaal und Malstudio Annas, die für ihre Landschaftsmalerei der Umgebung Jerusalems berühmt wurde. Vor den Tichos lebte ein berüchtigter Mann in dem Gebäude: Willhelm Moses Schapira «produzierte» hier Antiquitäten, bis seine Fälschungen entlarvt wurden und er Selbstmord beging. Seit dem Ableben von Anna Ticho im Jahre 1980 beherbergt die Villa eine Zweigstelle des Israel Museums und ein vorzügliches Gartenrestaurant. Jeden Freitagvormittag finden hier klassische Konzerte statt.

Jerusalem zur Mandatszeit

Unter dem britischen Mandat kehrte rasch Ordnung ein. Jerusalems Außenbezirke wuchsen. War es vorher unklug, sich des Nachts außerhalb der Stadtmauern aufzuhalten, erlaubte die Kontrolle der Briten eine planvolle Entwicklung moderner Stadtviertel in den Vororten der Altstadt. Der erste Militärgouverneur der Stadt, Sir Ronald Storrs, vermachte ihr wohl eines der wichtigsten Gesetze: Er verfügte, dass alle Gebäude mit dem Jerusalemer Stein verkleidet werden mussten. Diesem Gesetz hat die Stadt ihr einheitliches Erscheinungsbild und ihren gold-rötlichen Glanz zu verdanken, den sie bis heute in den Stunden der Dämmerung ausstrahlt. Er verfügte noch eine weitere geschichtsträchtige Anordnung. Er wies an, alle Neubauten mit einer Wasserzisterne auszustatten. Dieser Umstand erlaubte es den Israelis, im Unabhängigkeitskrieg die «lange Durststrecke» der arabischen Belagerung der Stadt 1948 durchzustehen.

Die Briten machten Jerusalem zum Sitz des «high commissioner», des obersten Verwalters Palästinas. Er bezog das «Government House», den heutigen Sitz der UNO. Der Berg, auf dem sich das feudale Gebäude befindet, wird im Volksmund «Berg des üblen Ratschlags» genannt. Laut christlicher Überlieferung soll Judas hier Jesus für 30 Silberlinge verkauft haben. In den Augen der meisten Israelis, die die UNO geringschätzig betrachten, trifft der biblische Name bis zum heutigen Tag zu.

Wie in all ihren Kolonien brachten die Briten ihr Europa mit in den Orient. Unbeirrt von der Einöde um sie herum gingen sie auf Jagd, gaben in der sengenden, staubigen Hitze Palästinas weiterhin befrackt ihre Cocktailparties, tanzten Foxtrott und ließen kühlen Whisky in das neue Kronjuwel des Empire importieren. Dabei kamen sie nur wenig mit der örtlichen Bevölkerung in Kontakt. Trotzdem hinterließen sie bleibende Einflüsse. Sie führten die moderne Stadtplanung ein, werteten die marode Infrastruktur auf und ließen dabei Platz für grüne Parks und baumbestandene Alleen. Ein treffliches Beispiel moderner europäischer Architektur in Jerusalem ist beispielsweise Rehavia. Das Stadtviertel wurde 1922 vom deutschen Bauhaus-Architekten Richard Kaufmann als Gartenviertel, das «Grunewald von Jerusalem», geplant. Als in den 30er Jahren deutsche Juden auf der Flucht vor den Nazis ins Land strömten, brachten sie den Bauhaus-Stil mit. Bald nannte man Rahavia die «preußische Insel im orientalischen Meer». Gabriele Tergit beschrieb den Vorort in den dreißiger Jahren so: *«Eine moderne Vorstadt begüterter Juden, die überall leben könnten, elegantes Kleid, gepflegtes Essen, geschmackvolle Wohnung, Rechtsanwälte, Ärzte, Kaufleute, und sie sprechen Hebräisch.»* Wer in den Straßen entlang schlendert, kann sich noch heute so fühlen, als sei er in einem Berliner Vorort angelangt.

Viele andere architektonische Sehenswürdigkeiten stammen aus der Zeit der Briten und sind allein mehrere Ausflüge wert. Das King David Hotel, das CVJM und das Rockefeller-Museum sind nur die prominentesten Bauvorhaben, die man besichtigen kann. Wer das Nobelhotel King David besucht, sollte sich die

Zeit nehmen, um auf seiner berühmten Terrasse einen Kaffee zu schlürfen. Als Tourist hat man ja sicherlich mehr Zeit als der US-Außenminister Warren Christopher, der sich selbst bei seinen häufigen und gestressten Besuchen im Nahen Osten niemals die Gelegenheit entgehen ließ, im Schwimmbad im Hotelgarten zu baden.

Die Anatomie des Konflikts kristallisiert sich heraus

Die Briten machten den Konflikt zwischen Arabern und Zionisten nicht nur unvermeidbar, sie legten auch die Grenzen des Kriegsschauplatzes fest. So trennte der damalige Kolonialminister Winston Churchill (1874–1965) im Jahr 1921 Transjordanien als Geschenk für Abdullah, den älteren Sohn des Scharifen Hussein, von Palästina ab und legte fest, dass fortan keine jüdischen Siedlungen mehr östlich des Jordanflusses entstehen dürften. So wurde das Königreich Jordanien geschaffen, das 1946 seine Unabhängigkeit erhielt. Winston Churchill brüstete sich später mit den Worten: «*Ich habe Jordanien an einem Sonntagnachmittag in Kairo mit einem Federstrich geschaffen.*» Durch das Sykes-Picot-Abkommen wurde de facto die Nordgrenze Israels geschaffen, da die Juden sich nicht in französischem Mandatsgebiet im späteren Libanon und Syrien ansiedeln wollten. Im Süden begrenzten die Briten die Ausbreitungen jüdischer Siedlungen, indem sie die Sinaihalbinsel im Jahr 1906 den Osmanen abzwangen und Ägypten zuschlugen.

Auch innerhalb Jerusalems wurden spätere Grenzen maßgeblich durch die Briten festgelegt. Auf Grund des unkontrollierbaren Chaos und der zunehmenden Kämpfe zwischen Arabern und Juden hatten die Briten sich gegen Ende der Mandatszeit in befestigte Enklaven in der Stadt zurückgezogen. «Bevingrad» nannten die Jerusalemer beispielsweise den von Stacheldrahtzäunen und Maschinengewehren umgebenen Gebäudekomplex mitten in der Stadt, der heute als der «*Russian Compound*» bekannt ist. Die britischen Militärbasen hatten große strategische Bedeutung, da sie leicht zu verteidigen waren und große Teile der Stadt überschauten. Stützpunkte, die beim Abrücken der Briten in jüdische Hände fielen, wurden Teil des israelischen Westjerusalem, während die Festungen und Stadtviertel, die arabische Kämpfer übernahmen, in jordanischen Händen verblieben und heute als Ostjerusalem bekannt sind.

Auf den Hund gekommen

Ein bekanntes Beispiel für die Anstrengungen beider Seiten, Schlüsselpositionen frühzeitig zu besetzen, ist das italienische Krankenhaus (eine Kopie des Palazzo Vecchio in Florenz und der heutige Sitz des israelischen Bildungsministeriums) auf der Prophetenstraße. Der Vorläufer der israelischen Armee, die Untergrundorganisation *Hagana* (Hebräisch: «Verteidigung»), ließ sich eine besondere Finte einfallen, um diesen wichtigen Außenposten im Norden Jerusalems rechtzeitig unter ihre Kontrolle zu bringen. Agenten der *Hagana* wussten, dass der britische Kommandant der Basis ein Hundenarr war. Also «importierten» sie eigens einen prächtigen Afghanen (hier ist die Hunderasse gemeint) und sorgten dafür, dass der britische Kommandant bei seinem Spaziergang den Hund beim «Gassi gehen» traf. Als dieser sich beim *Hagana*-Agenten nach dem Wohlergehen des Hundes erkundigte, antwortete ihm dieser, dass er den Hund bald werde einschläfern müssen, da er aufgrund der arabischen Belagerung nicht einmal genug Nahrung für seine Familie habe. Der britische Offizier gab sofort Anweisung, dem Hund täglich eine Ration *Corned Beef* zuzuteilen.

Es ist bezeichnend, dass er dabei nur an den Hund und nicht an die jüdischen Kinder dachte. Die Briten waren in ihrer Einstellung zum israelisch-palästinensischen Konflikt gespalten. Während manche britische Soldaten offen oder heimlich mit den Juden kooperierten, war ein großer Teil der Mandatssoldaten, auch wegen des anhaltenden Terrors jüdischer Untergrundorganisationen, anti-zionistisch oder gar antisemitisch eingestellt.

Der *Hagana*-Agent kam so täglich ins Militärlager, wo ihm

vom Koch eine Dose *Corned Beef* serviert wurde, die der Hund genüsslich fraß, während dem Agenten, der nur hungrig zuschauen und das Tier beneiden durfte, das Wasser im Mund zusammenlief. Eines Tages, so erzählt der Agent, kam ihm der Koch mit einem ganzen Karton voller Fleischdosen entgegen. «*Wir ziehen heute Nacht um Mitternacht ab, also gebe ich Dir etwas Proviant*», sagte er gemütlich. So erfuhr die Hagana vom genauen Zeitplan des Abzugs der Briten und eroberte die Festung.

Ende des Mandats

Am 15. Mai 1948 endete das britische Mandat in Palästina kläglich, inmitten scharfer Kämpfe zwischen Israelis und Arabern. Mit dem Ende des Mandats marschierten fünf arabische Armeen in Israel mit dem Ziel ein, den Staat auszulöschen. Die Engländer hatten einen verödeten Landstrich erobert und ihn zivilisieren wollen. Als sie nach 30 Jahren turbulenter Herrschaft Jerusalem bedrückt verließen, erhoben sich hinter ihnen die Rauchwolken in der Stadt, die auf unabsehbare Zeit Krisenherd und Kriegsschauplatz bleiben sollte.

Christen im modernen Jerusalem

Nach der Teilung der Stadt im Unabhängigkeitskrieg nahm die Zahl der christlichen Bürger Jerusalems rapide ab. Während im Jahr 1948 noch 31 400 Christen in Jerusalem lebten, befanden sich zur Zeit des Sechs-Tage-Krieges 1967 nur noch rund 13 000 Christen in der Stadt, vor allem im Ostteil. Die Gründe für die Abnahme sind vielfältig. Stete Spannungen zwischen Muslimen und Christen und eine anti-christliche Politik Jordaniens trugen zum Rückgang bei. So wurden Christen, die ehedem großen Einfluss im staatlichen Verwaltungsapparat besaßen, im mehrheitlich muslimischen Jordanien nicht mehr als Beamte eingestellt. Christliche Feiertage wurden nicht mehr staatlich anerkannt, Gesetze verboten den Landerwerb christlicher Organisationen in Jerusalem. Die Christen, die einst einen großen Anteil der reichen und gebildeten Oberschicht von Händlern, Freibe-

Palazzo Vechio und die Signoria mitten in Jerusalem – das italienische Krankenhaus auf der Nevi'imstraße.

ruflern und Hand-
werkern ausge-
macht hatten, ver-
suchten dem wirt-
schaftlichen Nie-
dergang der Stadt
zu entgehen. Jeru-
salem war durch die
Teilung Palästinas von einer Metropole zum Status einer peri-
pheren Kleinstadt degradiert worden. Das stete Gezänk zwischen verschiedenen christlichen Kirchen, die weiter wie bisher
um die Vormacht in den heiligen Stätten kämpften, schwächte
die Gemeinschaft insgesamt.

Die christliche Welt ist bezüglich ihrer Einstellung in unzählige Lager geteilt. Die Schattierungen reichen von der palästinensischen griechisch-orthodoxen Gemeinde über die neutralen
deutschen Protestanten bis hin zu den messianisch pro-israeli-
schen amerikanischen Evangelikalen. Die arabischen Christen
sind Palästinenser und stellten in der Geschichte als gebildete
Oberschicht oft die geistige Elite des arabischen Nationalismus.
Dahingegen glauben die amerikanischen Evangelikalen an die
Wiederkehr des Messias, wenn erst einmal alle Juden ins biblische Israel zurückgekehrt sind. In ihren Augen ist der jüdische

Staat Teil eines göttlichen Plans der Erlösung. So ist die christliche Welt, was Jerusalem betrifft, nur ein Spiegel der Extreme, die um die heilige Stadt ringen. Vor dem Hintergrund der Islamisierung der palästinensischen Nationalbewegung und weil sie als gebildete Elite am ehesten die Möglichkeit haben auszuwandern, spielen die Christen im Nahen Osten eine zusehends geringfügigere Rolle. So droht, um es in die Worte eines besorgten Bischofs zu fassen, die Stadt bald zu einem Disneyland des Christentums zu werden. Fassaden einer glorreichen Geschichte bleiben übrig, um dem Strom internationaler Touristen Bibel- und Kreuzfahrerromantik vorzugaukeln, während das Christentum in Jerusalem selbst in Bedeutungslosigkeit versinkt.

Jerusalem in muslimischen Augen –
von Muhammad bis heute

Für den Islam ist Jerusalem heute nach den Städten Mekka und
Medina der drittheiligste Ort auf Erden. Die Frage über die politische Herrschaft in Jerusalem mobilisiert die Massen in der gesamten islamischen Welt. In den Augen der Muslime ist der Begriff Jerusalem identisch mit der Altstadt und dem *Haram asch-
Scharif*, dem «gewürdigten Heiligtum». Der Begriff bezieht sich
auf das Areal des Tempelbergs, auf dem heute der Felsendom und
die al-Aqsa-Moschee stehen. Für viele ist die Frage Jerusalems
und besonders der Moscheen auf dem *Haram* gleichbedeutend
mit Palästina geworden. Jerusalem ist aber mehr als nur ein religi-

öses Zentrum: Es ist
der urbane Mittel-
punkt der Westbank
und fungiert als poli-
tischer, wirtschaft-
licher und geistiger
Nabel des palästi-
nensischen Volkes.
So erklären Palästi-

Der Felsendom ist das
älteste intakte islamische
Bauwerk der Welt. Er
wurde von
byzantinischen
Architekten wie eine
Basilika entworfen und
sollte in seiner Schönheit
mit der alten
Grabeskirche
konkurieren.

nenser freimütig: «*Ohne Jerusalem wäre das Palästinenserproblem in den Augen der Araber völlig unwichtig.*»

Omar erobert die Stadt –
Ursprünge des Heiligen Jerusalem im Islam

Der Sonderstatus Jerusalems im Islam beginnt noch vor der langen Belagerung und Eroberung der Stadt durch den Kalifen Omar im Jahr 638 n. Chr. Der Prophet Muhammad, Gründer des Islam, hatte die Stadt in der Anfangsphase seiner religiösen «Karriere» bis zum Jahr 622 zur «*al-Qibla al-Ula*» (deutsch: erste Gebetsrichtung) gemacht. Bis zum heutigen Tag ist der Begriff ein Synonym für die Stadt Jerusalem. Doch schon bald überwarf Muhammad sich mit den reichen jüdischen Stämmen in Mekka und musste aus der Stadt fliehen. Nachdem seine Bemühungen, die einflussreichen jüdischen Familien zu seiner neuen Religion zu bekehren, fehlgeschlagen waren, erklärte er die Juden zu seinen Feinden. Ihre Bestrafung durch Gott sei ihnen sicher, versicherte Muhammad seinen treuen Gefolgsleuten. Hatte der Prophet noch vorher versucht, seine neue Religion für Juden durch die Übernahme zahlreicher jüdischer Traditionen, wie der Gebetsrichtung Jerusalem und vieler Reinheitsgebote, schmackhaft zu machen, wollte er sich nach der Übersiedelung nach Medina im Jahr 622 von ihnen abgrenzen. Fortan beteten Muslime in Richtung Mekka.

Bei der Eroberung Jerusalems fand der Kalif Omar auf dem Tempelberg laut muslimischer Überlieferung eine Müllhalde vor. Byzanz hatte das Areal absichtlich verkommen lassen, um die Überlegenheit des Christentums und das Ende des Judentums zu verdeutlichen. Omar, der während seiner Eroberungen von einem übergetretenen Juden Namens Ka'ab al-Akbar beraten wurde, zeigte sich angeblich erschrocken über die Respektlosigkeit und ließ den Müll vom Tempelberg räumen. Juden schöpften aus diesem Akt Hoffnung und harrten des Baus eines dritten Tempels.

Muhammad und der Koran

Der Islam sieht im Propheten Muhammad den wichtigsten Fürsprecher Gottes. Muhammad ist demnach der letzte einer langen
Reihe von Propheten des Juden- und Christentums, die der Islam gleichfalls verehrt. Der Erzengel Gabriel diktierte Muhammad den Wortlaut des «al-Lauh al-Mahfuz», der geheimen
und geheiligten Tafel im Himmel, deren Wortlaut im Koran wie-
dergegeben wird. Der Koran besteht aus 114 Kapiteln, Suren genannt, die nach dem Tode Muhammads 632 vom dritten Kalifen
Othman (644–656) der Länge nach geordnet und kodifiziert
wurden. Da der Islam also alle Propheten der monotheistischen
Religionen verehrt, ist es nicht verwunderlich, dass der Ort des
ehemaligen Tempels, an dem die Könige David und Salomon gebetet haben sollen, in den Augen der muslimischen Eroberer eine
große Wichtigkeit besaß. Der Legende nach ließ Omar sich von
Juden die genaue Stelle zeigen, an denen David gebetet haben
soll. An dieser südlichen Ecke des Tempelbergs errichtete er eine
Holzmoschee, aus der später die al-Aqsa-Moschee werden sollte.
Der jüdische Berater Omars hatte anfänglich vorgeschlagen, die
al-Aqsa an der nördlichen Ecke des Tempelbergs zu errichten.
Auf diese Weise hätten die Betenden sich gleichzeitig gen Mekka
und in Richtung des heutigen Felsendoms gebeugt, also zwei
Fliegen mit einer Klappe geschlagen. Omar, so behaupten manche Geschichtsschreiber, lehnte den Vorschlag mit der Begründung ab, dies sei eine Judaisierung des Islam. Ostentativ errichtete er seine Moschee im Süden, damit die Gläubigen dem Tempelberg den Rücken kehrten, wenn sie sich in Richtung Mekka
neigten. Manche Autoren schließen daraus, dass zu dieser Zeit
die Heiligkeit Jerusalems noch nicht im Islam verankert war.

Jerusalem wird dem Islam heilig

Entgegen der Hoffnung der Juden sollte der Islam andere Pläne
für das Gebiet haben, auf dem einst der jüdische Tempel stand.
Imame münzten später die jüdische Überlieferung, Abraham

Innenansicht des Felsendoms. Er befindet sich genau über dem Stein, den die Juden als «ursprünglichen Stein» verehren. Hier soll sich das Allerheiligste des salomonischen Tempels befunden haben – für Muslime ist Muhammad von hier in den Himmel aufgestiegen.

habe Isaak hier opfern wollen, auf den Islam um. Nach ihrem Glauben soll es Abrahams zweiter Sohn und Vorvater der Araber, Ismael, gewesen sein, den *«Chalil Allah»* (der «Freund Gottes») Abraham hier hatte opfern wollen, auch wenn dessen Name im Koran nicht erwähnt wird.

Es ist unklar, ob Omar sofort oder erst nach wenigen Jahren den Vorgänger des Felsendoms (*«qubbat as-sachra»*) auf dem Tempelberg errichten ließ. Vielleicht ließ er sogar zu, dass die Juden, die endlich wieder die Stadt betreten durften, auf dem Berg eine kleine Synagoge errichteten. Klar ist, dass in der Mitte des Bergs schnell eine Holzkonstruktion entstand, aus der später der prächtige Felsendom werden sollte.

Der Felsendom entsteht – Jerusalem wird Wallfahrtsort

Der Bau des 20 Meter hohen, achteckigen Felsendoms, des ältesten intakten islamischen Bauwerks der Welt und Wahrzeichens Jerusalems, wurde vom Kalifen Abd al-Malik begonnen und im Jahr 691 vollendet. Mit der Fertigstellung des Baus erhielt Jerusalem im Islam einen neuen Rang. Der Begriff Kalif (arabisch: *cha-lifat rasuli-llah*) bedeutet «Nachfolger des Propheten». So sahen die Kalifen, ähnlich der Definition des christlichen Papstes, sich als Stellvertreter Gottes auf Erden. Der Umayyaden-Kalif Abd al-Malik (646–705) beherrschte sein Reich von Damaskus aus. Doch nicht alle erkannten sein Anrecht an, als Statthalter Muhammads das ständig wachsende Imperium der Muslime allein zu regieren.

Ein Widersacher Abd al-Maliks, Ibn Zubair (624–692), hatte sich in Mekka gegen Abd al-Maliks Vorgänger Yazid ibn Mu'awiya ibn Abi Sufyan (645–683) erhoben und die arabische Halbinsel mit den islamischen Wallfahrtsstätten Mekka und Medina unter seine Herrschaft gebracht. Manche Historiker glauben, dass Abd al-Malik den Felsendom errichtete und den Status Jerusalems nur deswegen erhöhte, um selber einen wichtigen Wallfahrtsort und die einträglichen Geschäfte, die man mit Pilgern machen kann, in seinem Herrschaftsgebiet zu behalten. Damit wiederholt sich anscheinend die Geschichte, stand der Tempel in Jerusalem doch schon zu Zeit Salomons in harter Konkurrenz zu anderen Wallfahrtsstätten.

Während die obige These heute umstritten ist, befürworten viele Historiker die Deutung ihres mittelalterlichen Kollegen al-Muqaddasi, Abd al-Malik habe den Felsendom errichtet, um mit dem Glanz der Grabeskirche zu konkurrieren und die «Ungläubigen», sprich Christen, durch die eindrucksvolle Architektur von der Überlegenheit des Islam zu überzeugen. Dafür spricht, dass die mit Hilfe byzantinischer Architekten errichtete Kuppel des Felsendoms mit 10 Metern Durchmesser genauso groß ist wie die der Grabeskirche. Mit der Errichtung des Felsendoms und der Einweihung der al-Aqsa-Moschee im Jahr 709 wollte man demonstrieren, dass der Islam der rechtmäßige Nachfolger des Judentums und des Christentums war. Für diese These sprechen die Koranzitate, die die Bauherren unter der Kuppel des Gebäudes verewigten, wie beispielsweise Sure IV, 171: «*O Leute der Schrift, übertreibt nicht in eurem Glauben und sagt von Allah nichts als die Wahrheit. Wahrlich, der Messias, Jesus, Sohn der Maria, ist nur der Gesandte Allahs und Sein Wort, das Er Maria entboten hat, und von Seinem Geist. Darum glaubt an Allah und Seine Gesandten, und sagt nicht: «Drei.» Lasset (davon) ab – (das) ist besser für euch. Allah ist nur ein einziger Gott. Es liegt Seiner Herrlichkeit fern, Ihm ein Kind zuzuschreiben.»*

Abd al-Malik ließ sich im Felsendom als Bauherr verewigen. Auf Kacheln im Innern hinterließ er folgende altarabische, kufische Inschrift: «*Dieser Dom wurde vom Diener des Herrn, Abd al-Malik ibn Marwan, dem Emir der Gläubigen, im Jahr 72* (laut islamischer Geschichtsschreibung ist dies das Jahr 691/692 – *Anm. d. Verf.) errichtet*». Ein späterer Herrscher, der Abbassidenkalif Abu Dscha'far al-Ma'mun ibn Harun (786–833), wollte ebenfalls als Bauherr des Felsendoms in die Geschichte eingehen. So tauschte er die Kacheln mit al-Maliks Namen aus und erklärte sich selbst zum Erbauer des Prachtwerks. Dabei vergaß er allerdings, das ursprüngliche Datum der Fertigstellung des Baus zu ändern. So soll er als einziger Herrscher in der Geschichte das Unmögliche vollbracht haben: Er errichtete sein wichtigstes Bauwerk rund 100 Jahre vor seiner Geburt. Der Umstand, dass die Kacheln mit al-Ma'muns Namen eine andere Farbe als die restliche Inschrift haben, erleichterte die Enthüllung des Betrugs.

Im islamischen Glauben selbst spielte Jerusalem zumindest anfangs nur eine untergeordnete Rolle. Überraschenderweise erscheint das Wort Jerusalem nicht einmal im Koran, auch das Heilige Land wird nur einmal im Zusammenhang mit Moses erwähnt. Nur mündliche Überlieferungen *(Hadith)* verbinden Muhammad mit der Stadt. In der 17. Sure heißt es im ersten Vers:

«Lob und Preis sei Allah, der seinen Diener bei Nacht vom geheiligten Ort der Anbetung (Masdschid al-Haram) zum weit entfernten Ort der Anbetung (Madschjid al-Aqsa) geführt hat. Diese Reise haben wir gesegnet, damit wir ihm unsere Zeichen zeigen. Allah hört und sieht alles.»

Es bestand anfangs große Verwirrung über den Platz dieses

Muhammad, der Gründer des Islam (570–632), ritt der Überlieferung nach auf seinem geflügelten Pferd Al Burak in der Nacht von Mekka nach Jerusalem, band das Mythentier an der Klagemauer an und stieg vom Tempelberg in den Himmel. Farbige Miniatur (wahrscheinlich des Malers Sultan Muhammad) zu einem Manuskript der Dichtung Khamza des Nizami, 1539–43.

«entfernten Orts». Während man sich schnell darauf einigte, dass der «geheiligte Ort» Mekka sein musste, wurden für das Ziel der Reise zahlreiche Interpretationen angeboten: Medina, ein Ort im Irak, gar der Himmel, lauteten nur einige Alternativen. Erst im achten Jahrhundert identifizierte die Mehrheit den «nahen Ort» mit Mekka und den «entfernten Ort» mit dem Tempelberg, genauer gesagt mit dem Felsen auf dem Tempelberg, der sich wahrscheinlich unter dem Allerheiligsten des jüdischen Tempels befunden hatte. Von dort aus stieg Muhammad der Legende nach in den Himmel auf. Gläubige Muslime zeigen noch heute auf den Fußabdruck, den Muhammad auf dem Felsen hinterlassen haben soll. Engel sollen dabei den Felsen zurückgehalten haben, damit er Muhammad nicht auf dem Weg in den Himmel folgte. (Christen haben übrigens auch ihren heiligen Fußabdruck in Jerusalem, und zwar in der Himmelfahrtskirche auf dem Ölberg, von wo aus Jesus in den Himmel aufgestiegen sein soll.) Im Himmel verhandelte Muhammad mit Gott über die Anzahl der Gebete, die Muslime jeden Tag entrichten müssen. Später betete er mit Jesus und Moses zusammen, wobei Muhammad natürlich die Rolle des Vorbeters einnahm.

In diesem Zusammenhang sollte bemerkt werden, dass der Felsendom selber diese Geschichtsdeutung nicht unterstützt: von den 240 Meter langen originalen Koranversen, die kunstvoll den Felsendom schmücken, befasst sich keiner mit der wundersamen nächtlichen Wanderung des Propheten oder Sure 17:1. Kacheln mit dieser Sure wurden erst im 11. Jahrhundert angebracht. Die originalen Schriftzüge bieten vielmehr, wie schon oben erwähnt, dem Christentum trotzig Kontra, indem sie die «Schahada», das Glaubensbekenntnis des Islam, verkünden: «Es gibt keinen Gott außer Allah, und Muhammad ist sein Gesandter».

So akzeptierten längst nicht alle Muslime die heutige Lesart von Jerusalem als heiligem Ort. Der islamische Religions- und Rechtsgelehrte *Ibn Taimiya* (1263–1328) echauffierte sich beispielsweise darüber, dass der Tempelberg *Haram asch-Scharif* genannt wurde. Seiner Meinung nach gebührte der Titel eines heiligen Ortes «*Haram*» lediglich Mekka und Medina. Als Kompromiss erhielt Jerusalem den wenig schmeichelhaften Titel «*Thalith al-Haramain*», «der dritte unter den zwei heiligen Orten». Der heutzutage weit verbreitete arabische Name Jerusalems «*Al Quds*» (die Heilige) erscheint erst im 10. Jahrhundert.

Die Pilgerfahrt nach Jerusalem heißt *Ziyara*, was soviel wie «Besuch» bedeutet. Dies unterscheidet sich vom *Haddsch*, der Pilgerfahrt nach Mekka und Medina, die man eher mit «Notwendigkeit» übersetzen kann und die für jeden Muslim obligatorisch ist. So soll der Status der heiligen Stätten unterschieden werden.

Um spätere Entwicklungen vorwegzunehmen: Geschichtsschreibung ist für das Verständnis der Rolle, die Jerusalem heute im Islam spielt, höchstens von akademischem Interesse. Jerusalem ist fest im Bewusstsein der Muslime in aller Welt als drittheiligster Ort verankert. So soll der *Haram asch-Sharif* der Platz sein, der dem Paradies am nächsten ist. In Anlehnung an griechisch-orthodoxe Überlieferungen soll ein Gebet hier 500 Mal effektiver sein als an jedem anderen Ort der Welt. Muslime übernahmen auch den jüdischen Brauch, bevorzugt in Jerusalem begraben werden zu wollen, da hier die Auferstehung beginne. Seit dem 12. Jahrhundert ist Jerusalem ein Wallfahrtsort, aber hauptsächlich für die Araber Palästinas.

Die Kreuzzüge als Ursprung heutiger Unterschiede zwischen Orient und Okzident

Die Araber im Hintertreffen

«Die arabische Welt ist der einzige Teil des Globus, den die Geschichte in den letzten 500 Jahren ausgelassen hat.» Mit diesen Worten fasst der amerikanische Leitartikler der New York Times, Thomas Friedman, die Problematik der Spannungen zwischen dem Westen und der muslimischen Welt zusammen. Spätestens seit den Attentaten in New York am 11. September 2001 ist viel die Rede vom Kampf der Kulturen. Sei es der Streit um Kopftücher in Schulen, die Karikaturendebatte oder der Wahlsieg von Islamisten bei demokratischen Wahlen überall in der arabischen Welt: Die christliche Welt scheint sich auf einem Kollisionskurs mit dem Islam zu befinden. Jerusalem spielt in dieser Auseinandersetzung eine entscheidende Rolle.

Bevor die Ursachen für diesen Konflikt und die Rolle Jerusalems untersucht werden können, sollte die kontroverse Behauptung Friedmans belegt werden. Der beste Ausgangspunkt dafür sind die «Arab Human Development Reports» (AHDR) der UNO. Diese Berichte wurden von arabischen Intellektuellen für die UNO verfasst und untersuchen vornehmlich die Frage, weshalb sich die arabische Welt gemessen an fast allen wirtschaftlichen und gesellschaftlichen Parametern «rückwärts» entwickelt. Während die meisten arabischen Staaten in den 50er Jahren denselben oder einen höheren Lebensstandard als die «Tigerstaaten» Südostasiens, wie Thailand, Südkorea oder Taiwan, aufwiesen, hinken sie heute hinterher. Diese Entwicklung haben selbst der Ölboom und Investitionen im Gesamtwert von etwa 2500 Milliarden US-Dollar nicht verhindern können.

Die Produktivität eines arabischen Arbeiters fiel im Vergleich zu seinem amerikanischen Kollegen in den letzten dreißig Jahren um ein Drittel. Die chinesische Industrie, einst das Armenhaus der Welt, überholte die gemeinsame Produktion aller arabischen Staaten im Jahr 1987 und erwirtschaftete im Jahr 2003 doppelt so viel, und dies, wo etwa 70% des pan-arabischen Bruttosozialprodukts aus Erdölexporten stammten. Ein Fünftel der Araber lebt von weniger als 2 US-Dollar am Tag.

Der Bildungsnotstand ist eklatant: Von 280 Millionen Arabern sind 43% der Erwachsenen Analphabeten, 10 Millionen Kinder gehen nicht zur Schule. In den letzten 1200 Jahren wurden etwa 10000 Bücher ins Arabische übersetzt, etwa so viel, wie Spanien mit seinen 40 Millionen Einwohnern jährlich ins Spanische überträgt. Im Vergleich zum Westen veröffentlichen arabische Universitäten nur 2% der wissenschaftlichen Artikel pro 1 Million Einwohner. Jedes Jahr gesellen sich zur kollabierenden Wirtschaft mit durchschnittlich 15% Arbeitslosigkeit 6 Millionen Arbeitsuchende hinzu.

Wenn auch die AHDRs im Falle Palästinas die israelische Besatzung für viele der Nöte der Palästinenser verantwortlich machen, nennen die UN-Berichte jedoch drei Mängel als Hauptursache für die Rückständigkeit der arabischen Welt: Mangel an Freiheit, Emanzipation und Bildung. Menschenrechtsorganisationen bezeichnen die arabische Welt als das größte zusammenhängende Gebiet außer China, in dem Menschenrechte missachtet werden. In allen arabischen Staaten herrscht strengste Zensur. Kritik an Herrschern wird oft mit dem Leben bezahlt. «*Die Einschüchterung der Medien geschieht allzu häufig unter dem Schutz*

des Gesetzes; Zeitungen werden willkürlich geschlossen [...] Jour-
nalisten ohne Anklage verhaftet [...], schwere Geldstrafen müs-
sen für die Veröffentlichung kritischer Artikel gezahlt werden.
Das Leben mancher Journalisten wird offen bedroht, sie werden
körperlich attackiert», stellt der AHDR 2003 fest.

Die mangelnde Emanzipation drückt sich in der Gesetzgebung aus. Oftmals erhalten Frauen nur einen Bruchteil des Fami-
lienerbes. Die arabische Welt hat den niedrigsten Anteil arbeiten-
der Frauen. Der extremste Ausdruck der Unterdrückung ist die
weibliche «Beschneidung», die genauer als Geschlechtsverstüm-
melung zu bezeichnen ist. Laut Schätzungen des US-Außenmi-
nisteriums werden 80–97% der ägyptischen Frauen beschnitten,
die Praktik ist in vielen Teilen der arabischen Welt, wie im Sudan,
Saudi Arabien und dem Jemen, weit verbreitet.

Der Konflikt zwischen dem Westen und der arabisch-islami-
schen Welt ist vor diesem Hintergrund nicht mehr ein Kampf
zwischen Neuem Testament und dem Koran: Er ist vielmehr die
Auflehnung einer großen Bevölkerung gegen Jahrzehnte andau-
ernde Unterdrückung, für deren Fortbestehen die westlichen
Verbündeten arabischer Potentaten mitverantwortlich gemacht
werden. Der Groll eines jungen Ägypters, dessen Staatspräsident
ihm keine Bildung, keine Gedanken- und Meinungsfreiheit und
keine beruflichen Aufstiegschancen bietet, wird von den Imamen geschickt gegen den Westen und die Zionisten gelenkt.

Doch wie hängt all dies mit Jerusalem zusammen? Die heutige
Rückständigkeit des Islam überrascht besonders vor dem Hintergrund der Überlegenheit, die das aufgeklärte Kalifat gegenüber dem mittelalterlichen Europa an den Tag legte. Klassisches
griechisches und römisches Wissen, bedeutende Erkenntnisse in
der Mathematik, Philosophie und Chemie wären niemals zurück
in den Westen gelangt, hätten islamische Gelehrte sie nicht während des Mittelalters bewahrt. Wie konnte ein derart fortschritt-
liches Reich dermaßen ins Hintertreffen geraten?

Die Kreuzzüge – Jerusalem wird
zu einem Zentrum des Islam

Die Eroberung Jerusalems durch die Kreuzritter im Jahr 1099 löste keinen Aufschrei in der islamischen Welt aus. Die Menschen dieser Zeit betrachteten den Verlust wahrscheinlich eher als Teil des anhaltenden Krieges gegen das christliche Byzanz. Jerusalem spielte als heiliger Ort *per se* eine untergeordnete Rolle. Der Krieg im «Heiligen Land» war nur eine von vielen Fronten zwischen der christlichen und muslimischen Welt. In Spanien, Sizilien und Anatolien lieferten sich Muslime und Christen seit Jahrhunderten Schlachten. Nicht selten paktierten sie miteinander gegen ihre eigenen Glaubensgenossen. So war die Religion wohl ein wichtiger, aber längst nicht der einzige Faktor, den regionale Herrscher bei ihren strategischen Überlegungen mit einbezogen.

Erst fünfzig Jahre nach der Eroberung durch die Kreuzritter wurde Jerusalem einmal mehr als politisches Schlagwort instrumentalisiert. Für die Herrscher Aleppos und Mossuls, den Atabeg Imad ad-Din Zengi (1087–1146) und seinen Sohn Nur ad-Din (1118–1174), deren Teilreiche in Ägypten und Syrien durch das Königreich der Kreuzritter in Palästina getrennt worden waren, wurde die Eroberung Jerusalems zu einer strategisch lebenswichtigen Frage. Um ihre Massen zu motivieren, schoben sie die religiöse Bedeutung Jerusalems in den Vordergrund. Sie stellten die Befreiung Jerusalems als Glaubenskrieg, *Dschihad,* dar. Plötzlich war Jerusalem wieder «Nabel der Welt», sagten die Muftis Nur ad-Dins. Verstärkt erschienen die *Fada'il al-Quds* – Loblieder Jerusalems, Hymnen, Gedichte und Lieder, die die heilige Stadt priesen.

Der Islam kehrt nach Jerusalem zurück

Der kurdische General Saladin (1137–1193, arabisch: *Salah ad-Din*), anfänglich in den Diensten Nur Ad-Dins, erntete im Jahr 1187 endlich die Früchte, die sein ehemaliger Dienstherr gesät hatte. In der Schlacht von Hittin schlug er die Kreuzfahrer 1187, am 2.10 desselben Jahres fiel ihm Jerusalem nach zweiwöchiger Belagerung in die Hände. Im Gegensatz zu den Kreuzfahrern rund hundert Jahre zuvor richtete Saladin kein Massaker in der Heiligen Stadt an, sondern ließ die Christen gegen ein Kopfgeld ziehen. Diejenigen, die nicht zahlen konnten, wurden in die Sklaverei verschleppt. Bis auf ein Intermezzo, in dem Kaiser Friedrich II. von 1229 bis 1244 die Herrschaft über die Stadt aushandeln konnte, sollten von nun an Muslime Jerusalem beherrschen.

Weittragende Konsequenzen der Kreuzzüge?

Die Lehren, die der Orient und der Okzident aus den Kreuzzügen gezogen haben, hätten nicht gegensätzlicher sein können. Die Niederlage gegen die «ungläubigen Muselmanen» und der Verlust Jerusalems führten in Europa in Glaubensfragen zur Ernüchterung. Während zur Jahrtausendwende noch messianische Hysterie vorherrschte, war nach dem endgültigen Verlust Jerusalems vielerorts der religiöse Eifer erloschen. Berechtigter Sarkasmus machte sich breit, als deutlich wurde, dass der Aufruf zum Feldzug für Gott oft nur politischen Interessen zynischer Machthaber diente. So ist die Entstehung der Renaissance in Europa zumindest teilweise auch auf die Niederlage in den Kreuzzügen zurückzuführen. Die anthropozentrische und wissenschaftliche Weltanschauung der Renaissance stand in klarem Kontrast zu der theozentrisch-mystischen Weltanschauung des Mittelalters, die ihren Höhepunkt in den Kreuzzügen fand.

Während also für Europa die Kreuzzüge in gewisser Weise einen historischen Tiefpunkt darstellen, wird bis zum heutigen Tag der legendäre Sieg Saladins zu einem der glorreichsten Augenblicke der islamischen Geschichte stilisiert. Kaum ein moderner arabischer Herrscher lässt sich nicht in Anlehnung an den kurdischen Feldherrn porträtieren. Obschon das islamische Reich seine größte Ausdehnung unter den Osmanen wenige hundert Jahre später erreichen sollte, erinnern Araber heute am liebsten an die goldenen Tage Saladins, dessen kurdische Wurzeln gern vergessen werden. Viele sehnen sich nach der damaligen Glorie. Es ist kein Zufall, dass die Satzungen der islamistischen Parteien, die momentan einen deutlichen Machtzuwachs erleben, sich oft auf den Sieg über die Kreuzritter berufen. «*Wir müssen die islamischen Völker ideologisch, erzieherisch und kulturell mobilisieren, damit sie ihre Rolle wie im Sieg über die Kreuzritter erfüllen und die Menschheit retten können*», heißt es beispielsweise in Artikel 29 der Satzung der Hamas, ein Akronym für «*Harakat al-Muqawama al-islamiya*», der islamischen Widerstandsbewegung Palästinas. Die Lösung der eskalierenden Probleme der arabischen Welt, so das Paradigma der Islamisten, liegt also nicht im Rationalismus, nicht im Hinterfragen der Religion und der hierarchischen Machtstrukturen, sondern in einer Rückkehr zu einem «puristischen», fundamentalistischen Islam, wie ihn angeblich Nur ad-Din und Saladin vor ihrem Sieg über die Kreuzritter praktizierten.

Für den Westen wie für den Islam markieren die Kreuzzüge einen Wendepunkt. Während der Westen aber auf Aufklärung, Individualismus und Rationalismus setzte, wähnt der Orient sein Heil in Religion und Mystik. Der Sieg des *Dschihad* des religiösen Saladin und die Niederlage Europas könnten auf diese Weise zumindest teilweise die Weichen für die Entwicklung beider Kulturen bis ins 21. Jahrhundert gestellt haben. Anstatt sich dem Fortschritt des Westens anzuschließen, schwimmen reaktionäre Islamisten, von ihrer Bevölkerung getragen, zu deren Leidwesen beständig gegen den Strom der Geschichte.

Jerusalem unter islamischer Herrschaft

Nach der Eroberung Jerusalems durch Saladin durften Christen und Juden den *Haram* unter Androhung der Todesstrafe nicht mehr betreten. Fremde Besucher wurden von empörten Muslimen geschlagen, wenn sie den Tempelberg auch nur von einer weit entfernten Terrasse betrachteten. Als im 19. Jahrhundert bei einem Unfall auf dem Tempelberg mehrere Kinder in einen Brunnen stürzten, wurde der jüdische Retter Huckepack und mit verbundenen Augen auf den *Haram* getragen, um den heiligen Ort nicht mit seinen Füßen zu entweihen.

Die Angst vor abstrakten religiösen Vorstellungen Andersgläubiger nahm konkrete Formen an. Das goldene Tor im Ostteil des Tempelbergs wurde von Muslimen oder in byzantinischer Zeit erbaut. Im Torgebäude finden sich übrigens Kreuzfahrerfresken. Laut jüdischer Tradition soll der Messias hier Einzug halten. Aus Angst vor seiner Rückkehr verschlossen die Muslime erst das Tor, dann errichteten sie im 13. Jahrhundert vor ihm einen Friedhof, um das Kommen des Messias zu verhindern. Sie hofften, dass der Erlöser von seiner Rückkehr Abstand nehmen würde, sollte er auf seinem Weg über fremde Gräber stolpern müssen.

Im Jahre 1244 fiel Jerusalem wieder in die Hände der Ayyubiden. Zwanzig Jahre später eroberten die Mamluken die Stadt, die jedoch politisch keine zentrale Rolle mehr im Reich spielte. Diese übernahmen wieder Kairo, Damaskus und Bagdad. Wie sehr die Stadt als Peripherie angesehen wurde, wird dadurch bezeugt, dass die Mamluken Offiziere, die in Ungnade gefallen waren, zur Strafe nach Jerusalem ins Exil verbannten. Für die Stadt war dies ein Glück, spendeten sie doch prächtige Bauten wie Koranschulen, Bäder und Moscheen.

Um eine erneute Teilung der Stadt, wie in den Jahren 1229–1244 nach dem Vertrag mit Friedrich II., zu verhindern, begannen die Mamluken groß angelegte Baumaßnahmen. Seit Herodes' Zeiten war der Tempelberg durch ein tiefes Tal, Tyropoeon (griechisch: Tal der Käsemacher), von der Stadt getrennt gewesen. Dies hatte es ermöglicht, die Stadt Friedrich zu überlassen, während die muslimische Herrschaft auf dem *Haram* unangetastet blieb. Die Mamluken schütteten das Tal entlang der Westmauer des *Haram* zu oder überbauten es, um den Berg in die Stadt zu integrieren. Nur die Grabungen entlang der heutigen Klagemauer, die als einziges Stück nicht überbaut wurde, zeugen heute noch von der wahren Größe des herodianischen Bauwerks. Die Mamluken vergoldeten 1317 die Kuppel des Felsendoms und umgaben den *Haram* mit Kolonnaden. Trotz der umfangreichen Bauaktivitäten sollte die Stadt jedoch nie zu einem einflussreichen Zentrum islamischen Lernens werden. Häufig wechselten die Machthaber. Vor dem Hintergrund der anhaltenden Kriege versank Jerusalem, das während dieser Periode nicht einmal eine Stadtmauer besaß, in die Bedeutungslosigkeit. Kaum noch 10 000 Einwohner ertrugen die ständigen Eroberungen. Trotzdem behielt Jerusalem seinen symbolischen Wert als religiöse Gebetsstätte, wie die *Fada'il al-Quds* (Lobhymnen Jerusalems) bezeugen.

Die Osmanen kommen nach Jerusalem

Am 28. Dezember 1516 zog Sultan Selim I. (1465–1520) nach einer Niederlage der Mamluken siegreich in Jerusalem ein. Bis auf kurze Ausnahmen sollten die Osmanen nun die Herrscher in Jerusalem bleiben. Sie machten die Stadt zur Bezirkshauptstadt, der Gouverneur Jerusalems blieb aber Damaskus untergeordnet. Einer der wichtigsten Beiträge der Osmanen zum heutigen Stadtbild war die Errichtung der Stadtmauer in den Jahren 1537–1541 durch Sinan, den Chefarchitekten Sulaimans des Prächtigen, *Sulaiman al-Qanuni* – Sulaiman der Gesetzgeber (1496–1566). Dies rettete ihn jedoch nicht vor einem schrecklichen Tod: Laut einer lokalen Überlieferung ließ Sulaiman die zwei wichtigsten Architekten der Stadtmauer köpfen, da sie den Zionsberg nicht eingefriedet hatten. Wenigstens gestattete er ihnen ein ehrenvolles Begräbnis: Ihre Gräber sind noch heute neben dem Jaffator zu sehen. Sulaiman sollte einer der großen Bauherren Jerusalems werden. Mit der Stadtmauer setzte er Grenzen, die für 400 Jahre Gültigkeit hatten. Er ließ neue Wasserleitungen aus Bethlehem legen, damit in der Stadt prächtige Brunnen sprudeln konnten. Er versah den Felsendom mit neuen Fenstern und den farbenfrohen Kacheln, die noch heute bestaunt werden können.

Die Mauer der Altstadt, bis heute eines der bekanntesten Wahrzeichen der Stadt, lief entlang der Linie der Stadtmauer der Kreuzritter. Sie sollte Jerusalem jedoch nicht mehr vor einer Eroberung bewahren, sondern diente der inneren Sicherheit. Sie schützte die Bürger vor Räubern, die öfters in die Stadt einfielen und bis ins 19. Jahrhundert von Reisenden Schutzgelder erpressten. Im Unabhängigkeitskrieg 1948 nutzten die Jordanier die Mauer zu ihrem Vorteil, um die Altstadt gegen israelische Angriffe zu verteidigen. David Ben Gurion wollte sie nach dem Sechs-Tage-Krieg mit der Begründung abreißen lassen, dass Mauern Menschen trennen, während er sich ein geeintes Jerusalem wünschte. Heute kann man die Mauern tagsüber begehen, einmalige Eindrücke vom Leben in der Altstadt gewinnen und Ausblicke auf die Stadt genießen. Vor kurzem entstand wieder eine Mauer in Jerusalem – wieder soll sie der inneren Sicherheit dienen. Doch diesmal ist sie bei weitem hässlicher als die Konstruktion Sulaimans.

Jerusalem gerät in Vergessenheit

Wegen der Korruption und der zunehmenden Inkompetenz der osmanischen Herrschaft verfiel Jerusalem, wie das gesamte Reich der Osmanen, langsam und geriet in der islamischen Welt wieder in Vergessenheit. Nur für die Einwohner des Gebietes, das später als Palästina bezeichnet werden sollte, behielt sie eine religiöse Bedeutung. Alljährlich trafen sich Muslime aus den drei *Sandschaks* (osmanischen Regierungsbezirken) Palästinas in Jerusalem, um von dort aus gemeinsam zum vermeintlichen Grab Moses' bei Jericho zu pilgern. Trotz der Bedeutung Jerusalems für die Bewohner der Umgebung diente der Landstrich in den Augen der Osmanen jedoch hauptsächlich als Korridor für den *Haddsch*, die Pilgerreise, von Damaskus nach Mekka und Medina. Unter ihrer Herrschaft verwandelte sich die Stadt in das verlassene, heruntergekommene Bergdorf, das viele europäische Besucher im 19. Jahrhundert mit Abscheu beschrieben. Der englische Arzt Thomas Chaplin beschrieb 1864 die Straßen Jerusalems: «*Ein Jerusalemer Bürger gräbt, nachdem sein Abtritt schon seit einigen Wochen übergelaufen ist, wenn er sich schließlich aufrafft, nur allzu häufig ein Loch in der Straße, leert den Inhalt der Latrine hinein, füllt es mit Erde und beglückwünscht sich zu seiner tatkräftigen Anteilnahme an Gesundheit und Sauberkeit...*

Alle möglichen Tiere und Pflanzenreste können in den Straßen herumliegen und verrotten... Es gibt kein Ende der Melonen, Traubenstiele, Dung, Federn, Knochen und Abfall jeglicher Art, die ihren Weg auf die Straße finden. Des Orientalen Vorstellung von einer Straße scheint zu sein, dass sie als Behälter für alles dient, was man nicht mehr braucht; und da es keine Straßenkehrer gibt und nur durch eine Beschwerde beim osmanischen Gouverneur jemand gezwungen werden kann, ein Ärgernis zu beseitigen, sind die öffentlichen Wege immer beschämend schmutzig. Widerlicher als alles andere ist für den Europäer der schamlose Mangel an Anstand, mit dem die Durchgangsstraßen in Bedürfnisanstalten verwandelt werden. Sieben Monate im Jahr fällt kein Regen, und in dieser langen Trockenzeit füllt sich die Luft mit dem ekelhaften Staub und Gestank, die aus so viel Unreinlichkeit erwachsen.»

Frischer Wind aus Ägypten

Palästina, und vor allem Jerusalem, verödete zunehmend, bis es zu Beginn des 19. Jahrhunderts lediglich 250000–300000 Menschen beherbergte. Wichtige Reformen erreichten Palästina nur auf Druck von außen, wie nach der Eroberung durch den Ägypter Muhammad Ali (1769–1848) im Jahr 1831. Die ägyptische Eroberung wird von vielen Forschern als Beginn der Modernisierung Palästinas betrachtet. So erhielten «Ungläubige» erstmals Bürgerrechte, «Andersgläubige» durften ihre Synagogen und Kirchen renovieren, in manchen Fällen gar neue errichten. Europäische Großmächte fassten in Jerusalem Fuß, da sie dank der ägyptischen Eroberer Konsulate in der Stadt eröffnen durften. Der Stadt wurde erstmals gestattet, sich mit Hilfe eines Stadtrats (*Madschlis asch-Shura*) selbst zu verwalten. Zur Empörung der Muslime waren sogar Juden und Christen Teil dieses Rats. Die zahlreichen Reformen führten im Jahr 1834 zu einem Bauernaufstand. Die Aufständischen konnten sich der Stadt für kurze Zeit bemächtigen. Während ihrer Herrschaft wurden viele Juden und Christen ermordet.

Nachdem die Osmanen dank britischer und österreichischer Kanonenboote 1839 die Stadt aus den Händen von Alis Stiefsohn Ibrahim Pascha (1789–1848) zurückerobert hatten, konnten sie die Reformen nicht wieder rückgängig machen. So wurde Jerusalem nach Istanbul wahrscheinlich zur zweiten Stadt im Osmanischen Reich, in der Vertreter verschiedener Bevölkerungsgruppen in einem gewählten Stadtrat vertreten waren. Die Stadt erlebte nun durch die Zuwanderung christlicher und jüdischer Pilger, die unter dem Schutz der Kapitulationen (siehe S. 83) einwanderten, einen Aufschwung. Die Stadtgrenzen dehnten sich immer weiter aus.

Nicht nur die Einwanderung aus Europa, auch osmanische Reformen, wie die Landreform von 1858, die erstmals Großgrundbesitz und somit einen steten Kapitalfluss ermöglichte, trugen in der zweiten Hälfte des 19. Jahrhunderts zur Entwicklung des Landes und der Stadt Jerusalem bei. Um landwirtschaftliche Güter besser in Europa absetzen zu können, wurde Palästina Ende der fünfziger Jahre des 19. Jahrhunderts erstmals an das Netz der Dampfschifffahrtsverbindungen angeschlossen. Im Jahr 1857 errichteten die Osmanen 17 Wachtürme auf der Bergstraße nach Jerusalem, um den Verkehr zur Hafenstadt Jaffa besser schützen zu können. Exemplare der kleinen Burgen sind heute noch unweit der Tankstelle in Bab el Wad auf dem Weg nach Jerusalem oder in Romema sichtbar.

Nach 1870 kamen jährlich an die 20 000 Pilger ins Land, hauptsächlich aus Russland. Um die Massen und Güter nach Jerusalem zu bringen, wurde 1868 die Bergstraße nach Jaffa, der Hafenstadt Jerusalems, befestigt; 1892 zischte erstmals eine Eisenbahn die gewundene Bergstrecke hinauf. Dies verkürzte die Reise von einem zweitägigen Ritt auf rund 4 Stunden mit der Bahn. Mit der Kutsche dauerte es Ende des 19. Jahrhunderts immerhin noch 7 Stunden, um von Jaffa nach Jerusalem zu gelangen. Heute nimmt dieselbe Strecke rund 45 Minuten in Anspruch. Trotz des langsamen Fortschritts, vor allem in der Landwirtschaft, empfanden viele europäische Einwohner ihren Besuch im dürren und erschreckend rückschrittlichen «Heiligen Land» als Trauma. So beschrieb ein Wanderer mit Schrecken die Todesstrafe, die vor dem Jaffator mit einem Schwerthieb ausgeführt wurde: Er berichtet von 16 Schwerthieben des Henkers, bevor dieser den Verurteilten umdrehte und dessen Hals durchschnitt, als schlachte er ein Schaf.

Die zweite Hälfte des 19. Jahrhunderts brachte einen rapiden Anstieg der Bevölkerung Palästinas, bis die Einwohnerzahl im Jahr 1880 rund 457000 erreichte. Vor dem Ausbruch des Ersten Weltkriegs 1914 zählte der osmanische Zensus für das gesamte Palästina sogar 722000 Einwohner, davon waren 83% Muslime, 11% Christen und 5% Juden. Ursache hierfür war neben einer Verbesserung der sanitären Verhältnisse und der Einwanderung von Christen und Juden die Umsiedlung zahlreicher Flüchtlinge aus allen Teilen des Osmanischen Reichs. Ägypter wurden von Muhammad Ali nach seiner Eroberung Palästinas in der Gegend von Jaffa und Gaza angesiedelt. Tscherkessen aus Bulgarien und Rumänien, Flüchtlinge aus Algerien, Armenier und Muslime aus dem Kaukasus wurden allesamt auf Anordnung der Hohen Pforte in Palästina beheimatet. So ist die heutige Argumentation vieler Palästinenser, ihr Volk sei ein einheitliches Gebilde und bewohne Palästina seit biblischen Zeiten, mit Skepsis zu betrachten. Viele Palästinenser sind die Nachkommen von Flüchtlingen, die kaum 40 Jahre vor der ersten Einwanderungswelle der Zionisten in Palästina eine neue Heimat fanden. In Jerusalem bildeten die Juden mit 45000 Bürgern im Jahr 1914 bereits seit Jahrzehnten die größte Bevölkerungsgruppe.

Anfänge des Nahostkonflikts

Jerusalem als palästinensisches Nationalsymbol

1920: Die Unruhen von Nabi Musa

Ähnlich wie schon zuvor bei der Reaktion auf die Eroberungen der Kreuzfahrer errang Jerusalem im islamischen Bewusstsein erst mit dem Erstarken der jüdischen Nationalbewegung neue Bedeutung. Auftakt zur Rolle, die Jerusalem im sich entfaltenden zionistisch-arabischen Konflikt spielen sollte, bildeten die Unruhen von 1920. Sie waren der Prototyp des Nahostkonflikts in seiner heutigen Form. Alle wichtigen Akteure und Positionen der nächsten 30 Jahre profilierten und formierten sich im Zuge dieses Ereignisses. Retrospektiv stellen sich die Handlungsweisen der Beteiligten als wegbereitend für späteres Verhalten dar.

Ungefähr 7 Kilometer südlich von Jericho befindet sich laut einer muslimischen Überlieferung das Grab Moses' (arabisch: *Nabi Musa*, Prophet Moses). Das Grab ist lediglich eines von vielen: Auf dem Nebo-Berg in Jordanien befindet sich ein anderer, von Muslimen, Christen wie Juden verehrter Wallfahrtsort, an dem Moses

Hadsch Amin el Husseini, Großmufti von Jerusalem (1893–1974), war ein persönlicher Bekannter Adolf Hitlers. Diese Porträtaufnahme wurde anlässlich seines Besuches bei Hitler in Berlin am 9. Dezember 1941 gemacht. Er gilt als einer der Begründer des modernen islamischen Antisemitismus.

angeblich begraben sein soll. Laut biblischer Überlieferung hat
Moses bekanntlich niemals den Jordan überschritten.

Alljährlich fand seit dem 12. Jahrhundert in Palästina das Pilgerfest von Nabi Musa statt. Muslime aus dem ganzen Land fanden sich im Frühjahr zum Gebet in der al-Aqsa-Moschee ein und
schritten danach gemeinsam in einer langen Prozession zum
Grab Moses'. Anfang des 19. Jahrhunderts war für die Muslime
Palästinas diese Wallfahrt wichtiger als die *Ziyara* nach Jerusalem. Das Pilgerfest von Nabi Musa war nicht nur ein religiöses,
sondern vielleicht sogar hauptsächlich ein gesellschaftliches Ereignis, das später die Grundlage für ein palästinensisches Kollek-
tivbewusstsein legte und im Laufe der Zeiten einen zunehmend
politischen Charakter annahm.

1920 fielen Ostern, das jüdische Pessach-Fest und Nabi Musa
zusammen. Etwa 65 000 Muslime strömten aus ganz Palästina
nach Jerusalem, «*um die christlichen Pilger zahlenmäßig zu über-
treffen*», wie ein Zeitzeuge festhielt. Die Osmanen hatten alljährlich eine Kanone am Löwentor aufgestellt und die Prozessionen
mit tausenden Soldaten begleitet, um die Ordnung zu bewahren.
Die Briten unterschätzten in diesem Jahr aber trotz zahlreicher
Warnungen die Gefahr, die von den Arabern ausging, deren Gemüter wegen der Balfour-Deklaration und Berichten über die
Verhandlungen in der Versailler Friedenskonferenz erhitzt waren. Nachdem Franzosen und Briten die arabischen Hoffnungen
auf ein «Groß-Syrien» enttäuscht hatten, herrschte zudem eine
aggressive Stimmung in der gesamten arabischen Welt. Dem britischen Stadtkommandanten Ronald Storrs standen an diesem
Tag jedoch lediglich 8 Offiziere und 188 hauptsächlich indische
Soldaten zur Verfügung.

In der al-Aqsa-Moschee versetzten Redner die muslimischen
Pilger in Rage und skandierten immerfort: «*Palästina ist unser
Land, die Juden sind unsere Hunde!*» und «*Die Religion Mu-
hammads wurde durch das Schwert gegründet!*». Schon in den
Morgenstunden randalierten Banden im jüdischen Altstadtvier-
tel. Federn aus zerrissenen Kissen und Decken tanzten durch die

engen Gassen des Viertels, Brandgeruch erfüllte die Luft. Die Juden waren nach Palästina gekommen, um den russischen Antisemiten zu entkommen. Nun erlebten sie in Jerusalem ihr erstes Pogrom. Drei Tage lang hielten die Ausschreitungen an. Juden wurden auf offener Straße verprügelt oder erstochen, Häuser ausgeraubt, Frauen vergewaltigt. Die Briten konnten die Lage nicht kontrollieren und zogen ihre Soldaten aus der Altstadt ab. Eine zionistische Selbstverteidigungsgruppe wurde von den Briten nicht in die Altstadt vorgelassen. Nur wenige, unter anderen Nehemia Rabin, der Vater des späteren Premiers Jitzchak Rabin, konnten sich ins Viertel schmuggeln und Juden zur Flucht verhelfen.

Bei den Unruhen wurden 5 Juden getötet und 216 verletzt. Ebenso kamen 4 Araber uns Leben, 23 wurden verletzt. Die Ereignisse stellten gleich für mehrere Entwicklungen die Weichen. So entlud sich ein Teil der Wut auf die britische Mandatsmacht, die Palästina den Juden versprochen hatte. Britische Soldaten gehörten folglich ebenso zu den Opfern wie Juden. In den großen Aufständen von 1929 und 1936–1939 sollten sich die Angriffe gegen die Briten wiederholen.

Die arabischen Nationalisten, die vor den Unruhen einen arabischen Staat in Form «Groß-Syriens» angestrebt hatten, wandten sich endgültig von Damaskus ab und konzentrierten sich auf Jerusalem. Wenn sie fortan von «unserer Hauptstadt» sprachen, meinten sie Jerusalem. Zugleich verquickten sich Religion und Politik. War *Nabi Musa* ursprünglich ein religiöses und gesellschaftliches Ereignis und hatten die Zusammenstöße zwischen Zionisten und Arabern bisher hauptsächlich vor dem Hintergrund wirtschaftlicher Interessen stattgefunden, wurde der Kampf um das «heilige Jerusalem» zunehmend politisiert. Er markiert den ersten Zusammenstoß beider Nationalbewegungen.

Die Zionisten sollten fortan dem britischen Mandat misstrauen. Sie gründeten in Folge der Ereignisse die Untergrundorganisation «*Haganah*» (hebräisch: Verteidigung), aus der später die israelische Armee hervorgehen sollte. Die Briten ihrerseits erwiesen sich während der Unruhen als machtlos. Widersprüchliche Absichten und Weltanschauungen innerhalb der Ministerien des Vereinigten Königreiches führten dazu, dass Großbritannien keine klare Politik formulieren und sich deswegen auch niemals durchsetzen konnte. Dies sollte letztlich mit dem kläglichen Scheitern des Mandats enden.

Der Mufti und *al-Buraq* – ein neuer Name für die Klagemauer

Eine führende Rolle während der Ausschreitungen spielte der spätere Großmufti von Jerusalem, Hadsch Amin al-Husseini (1895–1974). Der rothaarige und blauäugige ehemalige türkische Artillerieoffizier betrat die politische Bühne als Organisator der Demonstrationen gegen die Einwanderung von Juden. Wegen seiner Rolle bei den Unruhen von 1920 wurde der einflussreiche Sprössling einer Familie palästinensischer Notabeln *in absentia* zu zehn Jahren Haft verurteilt und flüchtete nach Syrien. Nur ein Jahr später wurde er vom ersten Oberkommissar für Palästina, Herbert Samuel, begnadigt und kehrte nach Jerusalem zurück. Samuel versuchte, Husseini durch die Ernennung zum Großmufti von Jerusalem – einem eigens kreierten Posten – zu mäßigen. Der Schritt sollte sich als fataler Fehler erweisen, der den Nahostkonflikt bis heute beeinflusst. Mit der Ernennung und dem Vorsitz über den Obersten Muslimischen Rat für Islamische Gesetzgebung (Supreme Muslim Sharia Council) wurde al-Husseini zum Oberhaupt der Muslime Palästinas und ihrer religiösen Stiftungen, *al-Aukaf*. Damit verfügte er über ein üppiges Budget, das er für den Ausbau seiner politischen Macht und Propaganda gegen die zionistische Bewegung einsetzte. Später finanzierte er mit seinen Mitteln den bewaffneten Widerstand.

Um sein Ansehen in der islamischen Welt zu heben, startete der Mufti eine groß angelegte Kampagne, um Jerusalem als heiligen Ort des Islam in Erinnerung zu rufen. Er brachte Spenden auf, mit deren Hilfe das Kupferdach des Felsendoms 1929 vergoldet wurde. Al-Husseini bediente sich einer alten Überlieferung, die er für seine Zwecke ummünzte: Die Klagemauer sei den Juden eigentlich überhaupt nicht heilig, sondern ein Heiligtum des Islam. Al-Husseini verbreitete die Hypothese, die Tradition der Klagemauer sei eine Kabale der Juden, um den heiligen Ort der Muslime zu stehlen. Er nannte die Mauer nur *al-Buraq*. Muhammad habe nach seiner wundersamen Nachtreise von Mekka nach Jerusalem sein geflügeltes Pferd al-Buraq genau an dieser Mauer angebunden, bevor er auf den Tempelberg stieg, so die Überlieferung. Es komme deswegen gar nicht in Frage, dass die Juden weiterhin an diesem Platz beteten, erklärte Husseini. Diese These war insofern neu, als die vermeintliche Stelle von *al-Buraq* sich in der muslimischen Tradition fortwährend geändert hatte. Der Mythos diente aber fortan einem neuen Ziel. Er war der Beginn des modernen islamischen Antisemitismus und Antizionismus, der jede Bindung der Juden an Jerusalem als Phantasie oder böswillige Erfindung verneint.

Propaganda zahlt sich aus – die *al-Buraq* Revolution 1929

Im September 1928 kam es nach 8 Jahren der Ruhe in Jerusalem wieder zum Eklat. Die Gemüter der Muslime waren aufgeheizt, nachdem Husseini begonnen hatte, seine internationale Werbetrommel für den *Haram* zu rühren. In Predigten sprach man allerorts von der Gefahr für die Moscheen, die von den Zionisten ausgehe. Postkarten, auf denen der Felsendom durch Zeichnungen eines dritten Tempels ersetzt wurde, gaben Anlass zu Gerüchten, die Juden planten die Zerstörung von al-Aqsa.

Zu Jom Kippur, ihrem höchsten Feiertag, hatten die Juden Bänke und Stühle für das Gebet vor der Klagemauer aufgestellt. Aufgrund des «Status quo» war Juden jede dauerhafte Veränderung in der drei Meter breiten Gasse vor der Klagemauer verboten. Die Araber fürchteten, dass kleine Veränderungen langfristig zu einem jüdischen Anspruch auf den ganzen *Haram* führen würden. In früheren Festen, bevor die Araber sich von den Juden bedroht fühlten, waren solche Hilfsgegenstände stets problemlos benutzt worden. Dieses Mal pochten die Muslime allerdings auf ihr Vorrecht an *al-Buraq*. Um Aufruhr zu verhindern, stürmten am nächsten Tag zehn britische Polizisten die «Davidgasse» an der Klagemauer. Sie unterbrachen brüsk das Morgengebet mehrerer älterer Menschen und entfernten unter einigem Gezeter eine behelfsmäßige Trennung, bestehend aus einem Holzrahmen und darauf genagelten Tüchern, die Männer und Frauen beim Gebet voneinander hatte abschirmen sollen. Der Zwischenfall heizte die Gemüter weiter an, auf beiden Seiten wurden Komitees zum «Schutz» der heiligen Stätten gegründet. Vor dem Hintergrund innerer politischer Konflikte versuchte jede Gruppierung, sich selbst mit Hilfe möglichst umfangreicher Forderungen als «patriotischer» darzustellen. Die Klagemauer, *al-Buraq*, erhielt Symbolstatus.

Die Muslime verstärkten ihre Bauaktivitäten auf dem *Haram* und positionierten einen Gebetsrufer oberhalb der Klagemauer, was die jüdischen Gebete erheblich störte. Immer wieder überfielen Araber Betende an der Klagemauer oder bewarfen sie mit Steinen. Nachdem es im Sommer 1929 wiederholt zu arabischen Übergriffen an der Klagemauer gekommen war und zudem in der Nähe Renovierungsarbeiten aufgenommen worden waren, versammelten sich dort am 15. August viele hunderte jüdische Demonstranten. Es war *Tischa Be Av*, der Gedenktag der Zerstörung beider Tempel. Doch diesmal handelte es sich nicht ausschließlich um Betende: Säkulare Teilnehmer wollten dem Gebet einen nationalistischen Charakter verleihen. Plötzlich wehten zionistische Fahnen neben dem *Haram*, die Menge intonierte die «*Hatikva*», später Israels Nationalhymne.

Als 2000 Muslime zwei Tage später nach dem Freitagsgebet die Moscheen auf dem *Haram* verließen, entlud sich die Spannung. Sie fielen über das jüdische Viertel her, verbrannten die Zettel in der Klagemauer, die gläubige Juden mit ihren Wünschen beschriftet und einer alten Tradition folgend dort hinein gesteckt hatten. Araber entheiligten Torarollen und pöbelten Menschen in den Straßen an. Die Weichen für einen tödlichen Zusammenstoß waren gestellt, als ein Araber einen jüdischen Jugendlichen erschlug, der in dessen Tomatenbeet im Stadtteil Lifta nach seinem Fußball gesucht hatte. Ein Araber wurde am Abend aus Rache in der Innenstadt niedergestochen.

Eine Woche später explodierte der aufgestaute Hass. Diesmal waren die Muslime bewaffnet zum Freitagsgebet auf den *Haram* gekommen. Von antisemitischen Reden des Muftis angeheizt, fielen sie nach dem Gebet mit Säbeln und Pistolen über die jüdischen Stadtviertel her und töteten dort 8 Menschen. Schnell breitete sich die Gewalt über das ganze Land aus. In den einwöchigen Unruhen wurden mindestens 133 Juden von Arabern getötet. Britische Polizisten töteten etwa 116 Araber. Die 800 Jahre alte jüdische Gemeinde von Hebron, eine der ältesten im Land, musste evakuiert werden und wurde so, wie Ben Gurion später zynisch schrieb, «judenrein». Nach den Unruhen, bei denen oft langjährige Nachbarn über ihre Mitmenschen hergefallen waren, lebten Juden und Araber nur noch getrennt voneinander. In gemischten Städten wie Jaffa und Haifa bezogen sie eigene Wohnviertel. Allein in Jerusalem blieben, zumindest für wenige Jahre, einzelne Stadtteile vermischt.

Der Mufti, dem die Unruhen 1929 panislamischen Ruhm einbrachten, «taufte» die Ereignisse später «*al-Buraq*-Revolution» und erklärte die getöteten Araber zu «Schuhada», Märtyrern. Mit Jerusalem als Schlagwort gelang es ihm zusehends, weltweit Unterstützung für seinen Kampf gegen die Zionisten zu erhalten. Bedeutende Glaubensführer aus dem Ausland ließen sich ab 1930 auf dem bis dahin ignorierten *Haram* begraben und verwandelten den Berg in ein «*panislamisches Pantheon*».

Der Mufti und Antisemitismus: die Unruhen von 1936–1939

Der Mufti sollte bis zum israelischen Unabhängigkeitskrieg 1948 als einer der einflussreichsten und beliebtesten arabischen Führer eine zentrale Rolle im Nahostkonflikt spielen. Den Vorschlag der Peel-Kommission 1937, Palästina in einen jüdischen und ei-

Hitler im Gespräch mit
dem Großmufti von
Jerusalem, Amin al
Husseini, in der Neuen
Reichskanzlei in Berlin,
9. Dezember 1941.
Husseini sollte für die
Nazis einen anti-
britischen Aufstand
anzetteln.

nen arabischen Staat zu teilen, beantworteten die Araber mit einem halbjährigen Generalstreik. Aus dieser Zeit stammen Husseinis Kontakte zum Dritten Reich, das sich vorher aus Angst
vor britischen Repressalien nicht im Nahen Osten eingemischt
hatte, nun aber anti-britische Aktivitäten finanzierte. Nach sechs
Monaten schlug der Streik in eine bewaffnete Revolte um. Husseini gelang es, sich mit Hilfe seiner auf 10 000 Mann geschätzten
Streitkraft als unangefochtener Führer der Araber Palästinas
durchzusetzen. Während er sich selbst mit sechs schwarzen Leib-
wächtern und einem gepanzerten Mercedes schützte, schaltete er
seine Opposition gewaltsam aus. Mehr als 2000 Araber fielen
diesen inneren Kämpfen zum Opfer, die die Palästinenser zu einer kritischen Zeit ihrer fähigsten Führer beraubten. Jeder, der
von der Möglichkeit eines Kompromisses mit den Juden sprach,
kam ins Visier des Muftis. In den Gebieten, die er aus seinem
Exil in Beirut für «befreit» erklärte, wurde eine strikte Kleider-
ordnung durchgesetzt. Männern, die sich weigerten, das palästinensische Kopftuch zu tragen, drohte die Todesstrafe.

Im Zweiten Weltkrieg verbündete Husseini sich mit den Nationalsozialisten und wurde Adolf Hitlers Gast. Er versuchte,
arabische Revolten gegen das britische Mandat zu organisieren
und jüdische Einwanderungswellen zu stoppen. Eine wichtige

Rolle spielte er in der Entwicklung des islamischen Antisemitismus, der in der modernen arabischen Haltung zu Israel immer mehr Raum einnimmt. Bereits 1937 legte Husseini mit seiner Schrift «Islam und Judentum» eine Grundlage für Judenhass unter Muslimen. Im Jahr 1941 wurde Husseini mit den NS-Kurzwellensendern in Athen, Rom und Zeesen, einer Kleinstadt südlich von Berlin, eine wirkungsvolle Propagandamaschine zur Verfügung gestellt. Der Sender beschäftigte mehr als 80 Personen und genoss Vorrang unter den fremdsprachigen Programmen. In täglichen Sendungen wurde hier NS-Ideologie auf Arabisch, Türkisch und Persisch ausgestrahlt, um den Orient zum Aufstand gegen die Briten zu bewegen.

Die Einbindung eines modernen europäischen Antisemitismus in den extremistischen Islamismus war dabei alles andere als trivial. Der europäische Antisemitismus hat seinen Ursprung in dem Glauben, Juden seien für die Kreuzigung des Gottes-

Die Briten schlugen die bewaffneten arabischen Aufstände gegen die jüdische Einwanderung 1936–39 mit brutaler Gewalt nieder. Britisches Militär mit festgenommenen Palästinensern in Jerusalem, 25. Oktober 1938.

sohns Jesus verantwortlich. Juden erschienen deswegen als all-
mächtige und tödliche Bedrohung. Dem Islam unter Muhammad gelang es hingegen, die Juden zu besiegen. Hier fürchtete man sich nicht vor jüdischen Intrigen, sondern betrachtete
sie mit toleranter Herablassung. Erst die Konfrontation mit
dem Zionismus erzeugte neue Ängste. Vor diesem Hintergrund
errichtete der Mufti das Konzept des islamistischen Antisemitismus. Er porträtierte Juden als «die ältesten Feinde der Gläubigen».

Husseini begnügte sich nicht mit Propaganda. Gemeinsam mit
seinen deutschen Gastgebern unternahm er den Versuch, arabische Kampfeinheiten wie die «arabische Brigade» oder die
«deutsch-arabische Lehrabteilung» im Balkan aufzustellen. In
einem Brief an das Dritte Reich bat er, dass die Deutschen, wenn
sie den Nahen Osten erreichten, es den Arabern erlauben sollten,
*«das Judenproblem in Palästina und den anderen arabischen
Ländern nach Ansicht der Araber zu lösen, und zwar mit denselben Methoden, wie sie in den Achsenmächten angewandt wurden.»* Er torpedierte die Ausreise von 4000 jüdischen Kindern
aus Bulgarien nach Palästina und den Austausch deutscher
Kriegsgefangener gegen 5000 jüdische Kinder, die dann nach The-
resienstadt deportiert wurden. Damit war ihr Schicksal besiegelt:
Von den insgesamt 140 000 Häftlingen des «Vorzeigelagers» sollten nur 19 000 überleben.

Nach dem Krieg wollten die Alliierten Husseini vor das
Kriegsgericht in Nürnberg stellen. Es gelang ihm jedoch, aus einer luxuriösen Haft in Paris zu fliehen. Später vermutete man,
dass Husseini von seinen französischen «Gastgebern» Hilfe bei
der Flucht erhalten habe, nachdem er versprochen hatte, französische Interessen in Nordafrika zu unterstützen. Als die Nachricht seiner Flucht Palästina erreichte, schmückten die Menschen
ihre Häuser mit Girlanden und Blumen. Bis zum Unabhängigkeitskrieg 1948 blieb Husseini einer der bekanntesten und beliebtesten arabischen Politiker in Nahost. Er sollte die öffentliche
Meinung und den Verlauf des Kriegs maßgeblich mit beeinflus-

sen. Der Judenhass, den er bedeutend mitprägte, ist heute zu einem festen Bestandteil der Ideologie islamistischer Bewegungen im gesamten Nahen Osten geworden.

Ursachen der Niederlage oder eine Universität, die es niemals geben sollte

Der Unabhängigkeitskrieg Israels mit der Niederlage sieben arabischer Armeen und der Vertreibung hunderttausender Palästinenser ist unter den Arabern als *an-Nakba*, «die Katastrophe», bekannt. Spätestens seit der *Nakba* beherrscht das Palästinenserproblem wie kein anderes Thema den politischen Diskurs in der arabischen Welt, kein arabischer Staatsmann, der nicht ein Lippenbekenntnis für seine arabischen Brüder aus Palästina ablegt. Manche haben «Jerusalembrigaden» gegründet, die eines Tages Palästina im Kampf befreien sollen, andere Staaten versprechen Gelder, die die palästinensische Zivilbevölkerung aber nur selten tatsächlich erreichen. Die verbale Hilfe, die Muslime weltweit den Palästinensern zusagen,wurde jedoch selten in Taten umgemünzt. Rivalitäten überschatteten zumeist die panarabischen Bekenntnisse. Dies wurde im israelischen Unabhängigkeitskrieg 1948 offensichtlich.

Die arabischen Führer verkündeten zwar, ihren Brüdern in Palästina zu Hilfe kommen zu wollen, tatsächlich ging es ihnen aber um ihre eigenen dynastischen Interessen. König Abdullah von Jordanien versprach den Zionisten in Geheimgesprächen mit Golda Meir, nur den arabischen Teil Palästinas zu erobern, um ihn seinem Reich einverleiben zu können. Ägyptischen und syrischen Truppen ging es hauptsächlich darum, jordanische Landgewinne zu verhindern. Irak und Jemen entsandten unbedeutende Truppenverbände, hauptsächlich, um in den Augen der eigenen Bevölkerung Legitimation zu erhalten. Das Sammelsurium überwiegend unzureichend ausgebildeter arabischer Verbände (die Ägypter besaßen wenige Wochen vor ihrer Invasion nicht einmal eine Straßenkarte Palästinas und mussten mehrere Exemplare von den Briten stehlen) verfolgte keine gemeinsame

Strategie. So unterlagen sie letztendlich den einheitlich geführ-
ten, gut trainierten und hoch motivierten israelischen Streitkräf-
ten. Auch, oder vielleicht gerade, in al-Quds gibt es Beispiele
zuhauf, die die verhängnisvollen inneren Zerwürfnisse der arabischen Welt demonstrieren. So kann man in diesem Zusammenhang exemplarisch ein Gebäude herausgreifen, das niemals errichtet werden sollte: die Islamische Universität zu Jerusalem.

Zum Abschluss der ersten «Allgemeinen Islamischen Konfe-
renz», die der Mufti 1931 in Jerusalem veranstaltete, verkündeten die 145 Teilnehmer ihre Absicht, in Jerusalem eine renom-
mierte Institution höherer Bildung zu errichten. Die Universität
sollte als Gegengewicht zur hebräischen Universität auf dem
Skopus-Berg fungieren und den arabischen Anspruch auf Jerusalem verdeutlichen. Im Jahr 1931 wurde der ägyptische Architekt Ibrahim Fausi vom Obersten Rat der Muslime (Supreme
Muslim Council – SMC) damit beauftragt, die Islamische Universität in Jerusalem zu entwerfen.

Nach seinen Plänen sollte sich der Campus direkt in der Stadtmitte, dort, wo sich heute der Unabhängigkeitspark und ein muslimischer Friedhof befinden, über eine Fläche von 70 000 Quadratmetern erstrecken. Um das Mammutprojekt zu finanzieren,
richtete der SMC ein spezielles Komitee ein, das in der gesamten
arabischen Welt Spenden sammeln sollte. Als jedoch das Ausmaß
des geplanten Projektes an der al-Azhar-Universität in Kairo bekannt wurde, bekamen die Ägypter angesichts der drohenden
Konkurrenz kalte Füße und begannen, den Plan Husseinis zu sa-
botieren. Schon bald blieben die Spendengelder aus, Palästina
sollte noch jahrelang ohne eine arabische Universität bleiben.

Ein Jahr bevor Husseini die Idee einer arabischen Universität
formuliert hatte, hatte er an der Stelle des zukünftigen Campus
bereits 1930 gemeinsam mit Baruch Katinka, einem jüdischen
Partner, das damals feudalste Hotel in Jerusalem errichtet. Den
Großmufti störte es nicht, dass er seine arabischen Brüder zu einem Boykott gegen die Juden aufgerufen hatte. Viel sollte ihm
das «Palace Hotel» aber nicht einbringen. Es machte 1933 nach

der Eröffnung des nur wenige Meter entfernten King David Hotels Konkurs. In dem beeindruckenden Gebäude sitzt heute das israelische Zollamt.

Das Areal des heutigen Unabhängigkeitsparks und des muslimischen Friedhofs im Stadtzentrum Jerusalems blieb jahrzehntelang leer, bis die Simon Wiesenthal Stiftung sich in den neunziger Jahren entschloss, auf dem Gebiet ein «Museum der Toleranz» zu errichten. Wie bei jedem großen Bauvorhaben in Jerusalem entwickelte sich auch hier bald ein Streit, denn israelische Araber beklagten sich, im Namen der «Toleranz» sollten nun Gräber von Muslimen überbaut und so geschändet werden. Dass palästinensische Muftis nur wenige Jahrzehnte zuvor wiederholt dasselbe Gebiet für den Bau einer Universität freigegeben und dem Friedhof den Status einer heiligen Stätte aberkannt hatten, interessierte niemand mehr. Man sprach den Imamen von damals einfach die Fachkompetenz ab.

Klagemauer oder al-Buraq? – Mikrokosmos aller Kriege

Die 40 Meter hohe, 4,7 Meter tiefe und 57 Meter lange Klagemauer ist der einzig frei sichtbare Teil der 488 Meter langen westlichen Stützmauer, die Herodes errichten ließ, um den Vorhof des zweiten Tempels aufzuschütten. Für Juden ist die Mauer seit der Zerstörung des zweiten Tempels vor rund 2000 Jahren die heiligste Stätte auf Erden. Wer das beeindruckende Bauwerk besucht, kann sieben Reihen massiver herodianischer Steine sehen, 17 Reihen befinden sich unter der Erde.

Eine kurze Statistik der Klagemauer:
Erbaut Von Herodes (37–4 v. Chr.)
Länge   57 Meter
Höhe   40 Meter
Tiefe   4,7 Meter
Ausmaße des größten Steins der Mauer
13,6 Meter lang, 3,5–4,5 Meter tief, 3,5 Meter hoch
Gewicht des schwersten Steins 570 Tonnen

Die unteren Reihen sind teilweise in einem Tunnel sichtbar, der nur Gruppen mit Voranmeldung offen steht. Laut einem alten jüdischen Brauch soll Gott Wünsche, die auf Zetteln in die Ritzen des Bauwerks gesteckt werden, mit besonderem Wohlwollen betrachten. Die israelische Telefongesellschaft hat für Juden aus aller Welt sogar einen besonderen Dienst eingerichtet, der es ihnen erlaubt, ihre Wünsche per Fax in die heilige Stadt zu senden. Die Wunschzettel in den Ritzen der unteren Steinreihen werden einmal in der Woche von Mitarbeitern der Stadt herausgenommmen und in geweihter Erde begraben.

Seit der Zerstörung des zweiten Tempels waren Juden an diesem Ort stets nur Gäste. Die Osmanen errichteten das Mughrabi Wohnviertel, dessen Häuser fast bis an die Mauer reichten und nur eine drei Meter enge Gasse übrig ließen, in der Juden beten durften. Oft machten arabische Viehhirten sich einen Spaß daraus, ihre Tiere zur Zeit des Gebets durch die Massen zu treiben und vor Ort koten zu lassen. Juden war es nicht erlaubt, den Ort zu verändern. Kein Nagel durfte an der Wand angebracht werden, die Muslime erreichten sogar, dass nicht einmal Bänke für ältere Betende aufgestellt werden durften. (siehe S. 135-137)

Während der Ort für religiöse Juden das Zentrum der Welt darstellt, widerte der Kult um die Steinmauer viele säkulare Juden an. Sigmund Freud drückte in einem Brief an Albert Einstein 1930 seine Gefühle aus: «*Ich kann keine Sympathie für die fehlgeleitete Frömmigkeit finden, die aus einem Stück Mauer aus Herodes' Zeiten eine Nationalreligion macht und ihretwillen die Gefühle der Eingeborenen verletzt.*» Im säkularen Staat Israel galt selbst nach dem Unabhängigkeitskrieg 1948 die Aufmerksamkeit mehr der abgetrennten Universität auf dem Skopus-Berg als dem Jahrtausende alten Heiligtum der Juden. Dennoch war der Missmut über die Jordanier groß, als sie sich weigerten, Artikel VII des Waffenstillstandsvertrages umzusetzen, demzufolge Juden freien Zugang zu ihren heiligen Stätten haben sollten. Die Klagemauer blieb verwaist und wurde von Arabern zu einer Müllhalde umfunktioniert.

Juden stand nur eine drei Meter breite Gasse zur Verfügung, um an ihrem höchsten Heiligtum, der Klagemauer, zu beten. Hirten machten sich öfter einen Spaß daraus, ihr Vieh durch die Menge zu treiben. Hier eine Versammlung anlässlich des Versöhnungstages Jom Kippur an der Klagemauer, um 1920/1933.

Die Klagemauer demonstriert wie wohl kein anderer Ort in Jerusalem die Beziehungen zwischen den Religionen und zwischen ihren verschiedenen Strömungen.

In den Augen der Muslime ist die heutige Oberhoheit der Israelis an der Klagemauer ein Sakrileg und stellt eine Bedrohung ihres Anspruches auf den *Haram* dar. In den dreißiger Jahren setzte der Mufti mit einer Kampagne für al-Aqsa und al-Buraq einen Trend, der bis zum heutigen Tag anhält und sich seit dem Sechs-Tage-Krieg 1967 noch weiter verschärft. Dabei werden die Aussagen des Waqf fortwährend extremer. So behauptet der amtierende Mufti Jerusalems, bei der Klagemauer handele es sich gar nicht um ein herodianisches Bauwerk, sondern um kanaanitische und somit in seinen Augen arabische Baukunst. Sie habe deswegen nichts mit den Juden zu tun. In der islamischen Welt erscheinen Bücher, die die Geschichte der Klagemauer als weltweite jüdische Verschwörung «entlarven». Man kann sie in denselben Büchergeschäften erstehen, in denen auch die «Protokolle der Weisen von Zion» verkauft werden. Die Protokolle sind eine Fälschung des zaristischen Geheimdienstes Okhranka, die nach der Ermordung des Zaren Alexander II. in Umlauf gebracht wurden, um liberale Widerstandsgruppen zu diskreditieren. Sie sprechen von einer internationalen jüdischen Verschwörung, durch die die Weltherrschaft errungen werden soll.

In der westlichen Welt sind solche Bücher inzwischen verboten. Im ägyptischen Nationalmuseum in Kairo wurden die Protokolle neben Torarollen als authentische jüdische Dokumente ausgestellt. Juden hätten in der Vergangenheit Jerusalem höchstens 50–60 Jahre lang beherrscht, behaupten führende Geistliche des Islam heute, und zielen so darauf ab, alle jüdischen Ansprüche auf Jerusalem zu negieren. Einen jüdischen Tempel habe es niemals gegeben, König Salomon hätte höchstens einen kleinen Gebetsraum errichtet, der sich auch gar nicht auf dem Tempelberg, sondern neben dem Jaffa-Tor befunden hätte, argumentieren manche. Die «Mythologie» der Klagemauer, die nichts anderes als die Stützmauer von al-Aqsa sei, hätten die Zionisten für ihre politischen Zwecke vor hundert Jahren frei erfunden. Hinzu kommen neue Auslegungen des Korans durch fragwürdige Historiker, nach denen entweder Adam (der erste Mensch) oder Abraham gemeinsam mit seinem Sohn Ismael die al-Aqsa Moschee 40 Jahre nach der Errichtung der Kaaba in Mekka gebaut haben sollen. Dabei schrecken die Autoren auch vor schlichten Fälschungen nicht zurück, um ihren Lesern vorzutäuschen, dass der Tempelberg als Standort des ursprünglichen Tempels bei Archäologen umstritten sei. Während der Friedensgespräche in Camp David im Jahr 2000 überraschte der verstorbene Palästinenserführer Jassir Arafat seine israelischen Verhandlungspartner mit der Behauptung, der jüdische Tempel habe sich in Nablus befunden. Tatsächlich befinden sich dort die Überreste eines persischen Tempels. Arafat sah keine Notwendigkeit dafür, Israel auf dem Tempelberg Zugeständnisse zu machen.

Es geht hier um mehr als lediglich den Kampf um Souveränität über eine Steinmauer. Es handelt sich vielmehr um das Symbol nationaler Identität schlechthin. Die Klagemauer mit ihren historischen Wurzeln symbolisiert die Daseinsberechtigung des jüdischen Volkes: Wenn es den Tempel niemals gab, hätten die Juden in Jerusalem wahrlich nichts zu suchen. So ist die Verdrehung der Vergangenheit zu einem Instrument des heutigen Kampfes um Palästina geworden.

Dieses Mittel wurde erst notwendig, nachdem die zionistische Bewegung zu einer Gefahr für die Palästinenser geworden war. Die islamische Tradition selbst spricht gegen die Verschwörungstheorien der Extremisten. Ein früher arabischer Name Jerusalems ist «*Bait al-Maqdis*», was übersetzt Tempel heißt. Ein offizieller Touristenführer des *Waqf* aus dem Jahr 1914, also vor der Kampagne des Mufti, erklärt die Heiligkeit des *Haram* damit, dass früher auf dem Berg der jüdische Tempel gestanden habe. Dieser Umstand sei «*über alle Zweifel erhaben*», so der Fremdenführer. Weiterhin ist bemerkenswert, dass die Klagemauer zu keiner Zeit ein Gebetsort von Muslimen war, auch nicht in den Jahren 1948–1967, als die Jordanier die Altstadt beherrschten und Juden keinen Zutritt hatten.

Kampf um den Haram – die Ängste des *Waqf*

Spätestens seitdem sich der Mufti 1929 den Kampf um al-Buraq auf seine Fahnen geschrieben hatte, befürchten die Muslime, dass das Endziel des Zionismus die Zerstörung der Moscheen auf dem Haram und die Errichtung eines dritten Tempels seien. «*Ebenso wie die Israelis die Palästinenser aus ihrem Land vertrieben haben, wollen sie auch den Tempelberg wieder an sich reißen*», sagt der Direktor des *Waqf* Adnan Hussein. (Ein *Waqf* ist eigentlich eine allgemeine Bezeichnung für eine religiöse Stiftung – in diesem Buch wird es aber als Synonym für die muslimische Verwaltung des *Haram* benutzt.) Es gibt keine üble Tat, die Juden nicht zugetraut wird. Ein gutes Beispiel für diese Paranoia ist ein Artikel vom März 1979 aus der pakistanischen Zeitung

«Dawn». Demnach plante die israelische Regierung, die gesamte Jerusalemer Altstadt für 33 Millionen britische Pfund in ein Küstengebiet nördlich von Tel Aviv verlegen zu lassen, um sie so den Arabern zu entwenden.

Unter den Israelis existieren in der Tat extremistische Zirkel, die sich den Wiederaufbau des Tempels herbeiwünschen. Jedes Jahr verklagen die «Getreuen des Tempelbergs» den Staat mit der Forderung, auf dem Tempelberg Gebete abhalten zu dürfen. Sie haben Priestergewänder nach biblischen Vorgaben gewebt und Geräte für den Gebrauch im Tempel angefertigt. Seit 1982 wurden mehr als 20 religiöse Fanatiker festgenommen, die planten, auf dem Tempelberg eine Straftat zu begehen. Manche hatten schon Sprengstoff in ihren Besitz gebracht. Durch die Zerstörung der Moscheen auf dem Tempelberg hatten sie das Kommen des Messias beschleunigen wollen.

Die überwiegende Mehrheit der Israelis beschäftigt sich jedoch nicht mit dem Thema. Für die meisten religiösen Juden sind die Aktivitäten der «Tempelgetreuen» ein Affront. Sie glauben, dass allein der Messias den Tempel errichten darf. Gläubigen Juden ist es laut der Anordnung von Maimonides, einem der wichtigsten Rabbiner, verboten, das Areal des *Haram* zu betreten. Nach dem Sechs-Tage-Krieg führten drei Beweggründe die bedeutendsten Rabbiner dazu, den Zugang zum Tempelberg zu untersagen. Erstens leitete sie der Gedanke, dass Menschenleben und öffentliche Ruhe wichtigere Werte darstellen als ein Besuch des Tempelbergs. Zweitens ist die exakte Lage des Allerheiligsten nicht festzustellen. Drittens durften die Israeliten zu biblischen Zeiten in gewissen Situationen selbst die äußeren Gebiete des Tempels nur dann betreten, wenn sie sich in Regenwasser gewaschen hatten, in dem sich die Asche einer roten Kuh befand. Die Gebote der «roten Kuh» sind die rätselhaftesten der Bibel. Eine Kuh, die nur rote Haare besitzt, hat dort einen besonders heiligen Status, der eine zentrale Rolle in vielen Ritualen spielt. Seit den Zeiten des zweiten Tempels wurde aber eine solche Kuh, trotz großer Anstrengungen religiöser Bauern, nie wieder gezüchtet. Also bleibe es Juden verboten, auf den Tempelberg zu gehen, sagen orthodoxe Rabbiner.

Der frühere israelische Verteidigungsminister Mosche Dayan (1915–1981) setzte einen wichtigen Präzedenzfall für alle künftigen israelischen Regierungen: Nach der Eroberung Jerusalems 1967 hatten übereifrige israelische Soldaten ihre Flagge auf dem Felsendom gehisst. Dayan ließ sie sofort wieder einholen. Versuche messianischer jüdischer Kreise, auf dem Tempelberg einen neuen *Status quo* einzuführen und dort regelmäßig zu beten, wurden von ihm sofort unterbunden. Die Verwaltung der Stätte überließ er weiterhin dem *Waqf*. Der Staat hat konsequent die Forderungen extremistischer religiöser Kreise abgelehnt, auf dem Tempelberg beten zu dürfen. Während also manche Zirkel in Israel sich wünschen, einen Teil des Tempelbergs unter jüdische Kontrolle zu bringen, haben alle israelischen Regierungen, wenn sie auch die politische Souveränität über den *Haram* für sich beanspruchten, die Stätte konsequent als islamisches Heiligtum anerkannt und respektiert.

Zu viel Heiligkeit – das Jerusalem-Syndrom

Jerusalem ist gerade wegen der religiösen Bedeutung für viele Gläubige aus aller Welt ein beliebtes Reiseziel. Manche werden von den Eindrücken überflutet und beginnen, am «Jerusalem-Syndrom» zu leiden. Eine ganze Abteilung im Kfar Schaul Krankenhaus für Psychiatrie ist diesen Patienten gewidmet. So manch einer wurde bereits in Hotelbettlaken gekleidet in der Wüste Judäas in dem Glauben aufgelesen, er sei Johannes der Täufer. Andere versuchten, in der Grabeskirche Jesus zu gebären.

Viele beginnen damit, dass sie sich vor dem Besuch der heiligen Stätten reinigen, alle Haare von ihrem Körper entfernen und Bibelverse singen. In den Jahren 1980–1993 wurden 1200 Patienten mit dem Syndrom nach Kfar Schaul zur Untersuchung gebracht, 470 von ihnen wurden dabehalten. Eine große Mehrheit, 97%, sind Protestanten. Männer bevorzugen, sich als Johannes den Täufer zu sehen, während Frauen am liebsten die Jungfrau

Maria «sind». Die meisten sind völlig harmlos. Eine der bekanntesten Patientinnen war eine englische Lady, die in den zwanziger Jahren jeden Samstag den Ölberg mit frischen Blumen und einer Tasse Tee auf einem silbernen Tablett bestieg, um den Messias zu empfangen. Manchmal werden sie sich selbst gefährlich: Ein Patient sprang von einem Glockenturm, da ihm im Traum versprochen worden war, er würde sofort in den Himmel fliegen. Der bisher gefährlichste Kranke war der australische Schafhirte Michael Rohan, der 1969 versuchte, die al-Aqsa Moschee in Brand zu stecken, und mit seiner Tat Unruhen in der gesamten islamischen Welt auslöste. Rohans Feuer fiel der *Minbar*, die Predigerkanzel, der al-Aqsa Moschee zum Opfer. Der *Minbar* war ein Geschenk Saladins, ein besonders wertvolles Stück islamischer Schreinerkunst, das gänzlich aus mit Elfenbein geschmücktem Mahagoni bestand und ohne einen einzigen Nagel zusammengefügt worden war. Die Überreste dieses Meisterwerks sind heute noch im Museum auf dem *Haram* zu sehen.

Jerusalem und der Nahostkonflikt heute

Jerusalem als geteilte Stadt – 1948 bis 1967

Im israelischen Unabhängigkeitskrieg wurde Jerusalem in einen israelischen Westteil und einen jordanischen Ostteil getrennt. Indem Israel und Jordanien die Stadt unter sich aufteilten, machten sie den Vorschlag der UN, das Gebiet um Jerusalem zu einem *corpus separatum* zu erklären, irrelevant. Beide hatten schwere Opfer gebracht, um die «Perle Palästinas» zu beherrschen: 1976 der mehr als 6000 israelischen Todesopfer waren in Jerusalem zu beklagen, 40% der Gefallenen der jordanischen Armee starben in der Stadt. Die Zahl der Opfer unter der palästinensischen Zivilbevölkerung ist unbekannt. Das israelische Westjerusalem erstreckte sich über ein Gebiet von 38 Quadratkilometern, war je-

Der Unabhängigkeitskrieg teilte Jerusalem in zwei Städte: Straßenbarrikaden in Jerusalem während des israelischen Unabhängigkeitskriegs.

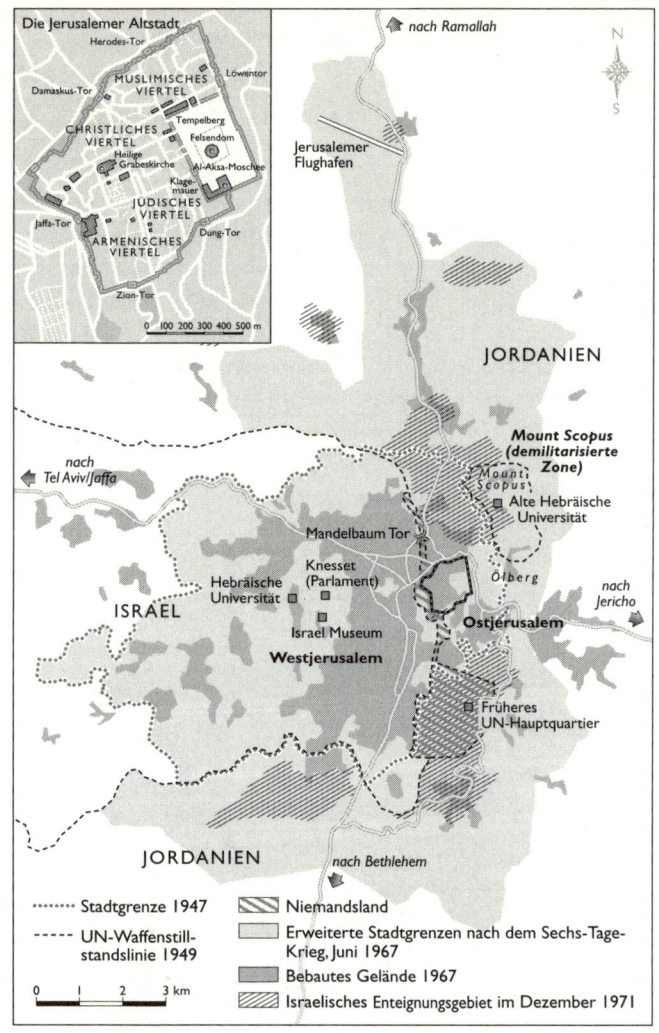

Die Jerusalemer Altstadt

Herodes-Tor

Löwentor

Damaskus-Tor

MUSLIMISCHES VIERTEL

Tempelberg

CHRISTLICHES VIERTEL

Felsendom

Heilige Grabeskirche

Al-Aksa-Moschee

Klagemauer

JÜDISCHES VIERTEL

Jaffa-Tor

Dung-Tor

ARMENISCHES VIERTEL

Zion-Tor

0   100 200 300 400 500 m

nach Ramallah

N

S

Jerusalemer Flughafen

JORDANIEN

Mount Scopus (demilitarisierte Zone)

nach Tel Aviv/Jaffa

Mount Scopus

Alte Hebräische Universität

Mandelbaum Tor

Knesset (Parlament)

Ölberg

nach Jericho

Hebräische Universität

ISRAEL

Ostjerusalem

Israel Museum

Westjerusalem

Früheres UN-Hauptquartier

JORDANIEN

nach Bethlehem

.... Stadtgrenze 1947

---- UN-Waffenstillstandslinie 1949

0   1   2   3 km

Niemandsland

Erweiterte Stadtgrenzen nach dem Sechs-Tage-Krieg, Juni 1967

Bebautes Gelände 1967

Israelisches Enteignungsgebiet im Dezember 1971

doch außer im Westen von drei Seiten von arabischen Gebieten umgeben. So bildete die Hauptstadt Israels das Ende einer Sackgasse, die sich nur entlang eines dünnen Korridors entfalten konnte. Obschon der Westteil der Stadt sich unter israelischer Herrschaft rasant entwickelte, blieb er doch im Vergleich zu Tel Aviv immer etwas zurück (siehe S. 61).

Auf jordanischer Seite sollte Jerusalem im haschemitischen Königreich bewusst nur eine Nebenrolle spielen. Die Stadt erstreckte sich über lediglich 6 Quadratkilometer. Zwar ließ König Abdullah sich im November 1948 vom koptischen Bischof zum König Jerusalems krönen, die erste derartige Zeremonie in Jerusalem, seit der exkommunizierte Friedrich II. sich 1229 hier selber die Krone aufgesetzt hatte. Die palästinensischen Bewohner beschwerten sich jedoch, dass Abdullah die Stadt vernachlässige. Sogar die allwöchentlichen Freitagsgebete ließen die Jordanier im Radio aus einer Moschee in ihrer Hauptstadt Amman übertragen, nicht aus der *al-Aqsa*.

Der Krieg trennte beide Bevölkerungen vollends voneinander: Im jüdischen Westteil verblieben 1950 insgesamt 1930 Nichtjuden, die meisten davon Ausländer. In Ost-Jerusalem lebten lediglich zwei Jüdinnen, die Araber geheiratet hatten. Das einstige Geschäftszentrum Jerusalems, das Mamila-Viertel, verkam zum Slum. Vor dem Unabhängigkeitskrieg konnte man hier maßgeschneiderte Schuhe kaufen, für die Kunden sogar aus Kairo anreisten. Araber sprachen mit ihren Geschäftspartnern leidliches Jiddisch, während orthodoxe Juden auf Arabisch handelten. Nach der Teilung gab es hier jedoch nur noch bizarre Formen des Zusammenlebens. So baten die Kinder, deren mittellose Eltern sich oft kein Radio leisten konnten, die jordanischen Soldaten auf den Stadtmauern, die Lautstärke an ihren Transistoren hochzudrehen, um selber besser mithören zu können. Öfter fürchteten sie sich jedoch vor den jordanischen Scharfschützen. Touristen wurden an den Aussichtspunkten im israelischen Teil davor gewarnt, mit ausgestrecktem Finger gen Osten zu zeigen, damit jordanische Soldaten den Finger nicht mit einer Waffe ver-

wechseln und daraufhin schießen könnten. Bald zog sich eine
hohe Betonmauer durch das Mamila-Viertel im Herzen der Stadt
(das heutige «Davidsviertel»), um Zivilisten, die nahe den Grenzen wohnten, vor jordanischen Angriffen zu schützen. Nur Touristen und Diplomaten konnten am Mandelbaumtor den jeweils
anderen Teil der Stadt besuchen. Für die Israelis hätte der Osten
Jerusalems ebenso gut auf dem Mond liegen können, so unerreichbar war er.

Obwohl die Teilung beide Seiten nicht zufrieden stellte, wurde
sie dennoch von Israel und Jordanien als Endstatus akzeptiert.
Beide behielten lieber einen kleinen Teil des Ganzen, anstatt alles
an die UNO zu verlieren. In geheimen Friedensgesprächen einigte
man sich sogar darauf, das jüdische Viertel in der Altstadt gegen
verlassene arabische Viertel im Westen einzutauschen und die heiligen Stätten unter UN-Aufsicht zu stellen. Der Vertrag war schon
zur Unterschrift bereit, als die Gespräche vorzeitig eingestellt
werden mussten. Jede Hoffnung auf einen Ausgleich wurde zerstört, als ein palästinensischer Extremist, ein Familienmitglied der
Husseinis, König Abdullah I. am 20.7.1951 durch drei Schüsse auf
dem Tempelberg ermordete. Der Extremist wollte einen separaten
Frieden zwischen Abdullah und Israel verhindern.

Wer sagt, die UNO habe keine Zähne?

Wer heutzutage an der ehemaligen Trennlinie inmitten der Stadt
entlang schreitet, kann noch immer an den pockennarbigen Fassaden der Gebäude die Spuren der damaligen Kämpfe erkennen.
Keiner wagte sich an die Trennlinie, an der der Tod sicher war.
Eine Nonne des Notre Dame-Klosters gegenüber dem Neuen
Tor hegte jedoch keine solchen Ängste. Sie stürzte eines Tages
aus Versehen ein Glas von ihrem Fenstersims ins darunter liegende Niemandsland. Den Verlust des Glases hätte sie verkraf-
ten können, den ihrer darin befindlichen dritten Zähne weniger.
Ein UN-Trupp wurde daraufhin in Begleitung israelischer und
jordanischer Verbindungsoffiziere ins Niemandsland entsandt,
um das Gebiss der Nonne zu bergen. Die Mission hatte ein

glückliches Ende: Die Nonne erhielt ihren Besitz ohne bissigen Kommentar zurück.

Die Knesset

Der Staat Israel ist eine Neuschöpfung des 20. Jahrhunderts, das jüdische Volk aber eines der ältesten Kulturvölker der Welt. Neu und Alt werden in diesem Land oft miteinander vermischt, Übergänge bewusst bis zur Unkenntlichkeit verwischt, denn die Legitimation für die Errichtung des jüdischen Staates entspringt in israelischen Augen der geschichtlichen Kontinuität von biblischen Zeiten an bis zum heutigen Tag. Historische Begebenheiten oder Sagen des Altertums wurden von der Gründergeneration zu einem festen Bestandteil des modernen Alltags gemacht.

Der Name des israelischen Parlaments, «*Knesset Israel*», ist ein Beispiel dafür, wie die Institutionen des jungen jüdischen Staats auf einer jahrtausendealten Tradition aufbauen. Der Name Knesset, wörtlich übersetzt «Versammlung», wurde nach dem babylonischen Exil geprägt. Zwischen dem 6. und dem 3. Jahrhundert v. Chr. regierten die 120 Mitglieder dieses Ältestenrats das Land autonom als jüdische Theokratie, wenn auch immer unter persischer oder griechischer Fremdherrschaft. Diese Knesset fand mit der jüdischen Revolte im Jahr 166 v. Chr. ihr Ende.

Erst 1920, zweitausend Jahre später, sollten Juden in Palästina mit dem Nationalrat, «*Havaad Haleumi*», während des britischen Mandats wieder eine demokratisch gewählte Vertretung besitzen. Eine Versammlung der Volksvertreter wählte aus ihren Reihen den Nationalrat, der die Exekutive des *Jischuv* bildete. Nach der Unabhängigkeitserklärung 1948 fand die erste Tagung der «Gründerversammlung» drei Wochen nach den ersten Parlamentswahlen am 14.2.1949 unter dem Vorsitz des ersten Präsidenten Dr. Chaim Weizmann in einer temporären Residenz in Jerusalem statt. In dieser Sitzung einigte man sich darauf, das israelische Parlament künftig Knesset zu nennen. Anderthalb Jahre lang tagte die Knesset nur in Kinosälen, Hotelhallen und

Museen in Tel Aviv, bevor sie in das Froumine-Haus auf der König George-Straße in der Jerusalemer Innenstadt zog. Hier bestand das Büro des ersten Premiers David Ben Gurion aus einer Blechhütte auf dem Dach des Gebäudes, in der man im Winter bitterlich fror und im Sommer erbärmlich schwitzte. Man praktizierte wahrlich volksnahe Demokratie: Die hitzigen Debatten, die in dem kleinen Haus in der Innenstadt im Sommer bei offenem Fenster geführt wurden, ließen die Nachbarn oft bis spät in die Nacht nicht schlafen.

Erst zu Beginn der sechziger Jahre konnte sich die Knesset nach einer großzügigen Spende der Familie Rothschild den Bau ihres permanenten Domizils leisten. Dabei hat es Symbolcharakter für den israelisch-palästinensischen Konflikt, dass das Gebäude der israelischen Demokratie sich auf dem Gebiet des zerstörten palästinensischen Dorfes Scheich Badr befindet. Man stelle sich vor, die Nachkommen der Flüchtlinge verlangten, gemäß eines Friedensvertrages zum Ort ihrer Häuser zurückzukehren: Die Knesset müsste dann für ihren eigenen Abriss stimmen!

Die zehn Säulen an jeder Seite des von Joseph Klarwin entworfenen Gebäudes sollen an Athen, den Ursprung der Demokratie, erinnern. Ähnlich wie andere öffentliche Gebäude in Jerusalem, beispielsweise die Hebräische Universität auf dem Skopus-Berg, ist die Knesset wohl eines der wenigen Parlamente in der Welt, die nach strategischen Gesichtspunkten geplant wurden. Sie ist nicht auf einem der höchsten Hügel der Stadt angesiedelt, um nicht aus der Ferne sichtbar zu sein. Ihr Eingang ist gen Norden gerichtet und damit Hügeln zugewandt, die sich auch vor dem Sechs-Tage-Krieg 1967 in israelischer Hand befanden. Auf diese Weise wollte man verhindern, dass jordanische Späher aus der Umgebung ausmachen konnten, wer gerade das Gebäude betrat. Das Betondach soll besonders befestigt sein, um auch Mörserattacken standhalten zu können.

Das Innere der Knesset ist zwar reich an Symbolik, wurde von den spartanischen, idealistischen Staatsgründern aber bewusst schlicht gehalten. Die Baumaterialien stammten aus dem kargen

Land. Erst mit dem wirtschaftlichen Aufschwung der neunziger Jahre und dem Aufstieg einer neuen Generation von Berufspolitikern begannen die Abgeordneten, zunehmend auf hohe Bauqualität und eigene Bequemlichkeit Wert zu legen. Importierte Möbel und Marmor fanden daraufhin ihren Weg in den Bau.

Überall findet man Symbole, die die Bindung des jüdischen Volkes an ihr Heimatland versinnbildlichen. In der großen Halle versuchen die von Marc Chagall entworfenen Gobelins, die moderne Staatsgründung als Kontinuum oder zumindest Wiederholung biblischer Geschichte darzustellen. Im großen Wandteppich in der Mitte werden der Auszug aus Ägypten und die Eroberung des Heiligen Landes mit dem Holocaust, der Vertreibung der Juden aus den arabischen Staaten und der Staatsgründung 1948 gleichgestellt. In der Empfangshalle findet man außerdem ein von Chagall entworfenes Mosaik, das den von Boney M. unsterblich gemachten Psalm 137,1: *«An den Flüssen von Babylon saßen wir und weinten, als wir uns deiner erinnerten, oh Zion»* in Bilder umsetzt. Zur Eröffnung der Knesset am 31.8.1966 hatten diese Sätze für Israelis eine besondere Bedeutung. Jerusalem war eine geteilte Stadt, die Altstadt befand sich fest in jordanischer Hand. Juden war ein Besuch an der Klagemauer, Zentrum und Herz des jüdischen Glaubens, verboten. Vor allem die gläubigen Juden befanden sich selbst im eigenen Staat noch im Exil, war ihr höchstes Heiligtum doch unerreichbar. Ein Kreis an der Steinwand hinter dem Parlamentsvorsitzenden, von dem ein Viertel abgetrennt ist, sollte auch im Plenarsaal stets an die Teilung Jerusalems erinnern. Niemand ahnte damals, dass knapp ein Jahr später ganz Jerusalem sich wieder unter israelischer Herrschaft befinden sollte.

Im Jahr 2000 hielt Bundespräsident Johannes Rau hier erstmals eine Rede auf Deutsch, was unter den Parlamentariern, die ihre Angehörigen im Holocaust verloren haben, heiß umstritten war. Die bisher berühmteste Ansprache am Rednerpult hielt der ägyptische Präsidenten Anwar as-Sadat am 20.11.1977. Mit seinem Besuch durchbrach Sadat psychologische Barrieren, handelte den Frieden mit Israel aus und erhielt im Gegenzug dafür die gesamte Sinai-Halbinsel zurück, die Israel 1967 erobert hatte. Der Friedensvertrag zwischen Israel und Ägypten, der 1979 unterzeichnet wurde, brachte Sadat und dem israelischen Premierminister Menachem Begin den Friedensnobelpreis ein. In seiner Festrede in Stockholm prägte der ehedem von der britischen Mandatsmacht als Terrorist gesuchte Begin den berühmten Satz: «*No more wars, no more bloodshed*!» (Keine Kriege und kein Blutvergießen mehr!), der später zum Leitspruch vieler Friedensbewegungen werden sollte.

Jerusalem nach 1967 – Grundlagen der heutigen Politik

Der Sechs-Tage-Krieg 1967 – ein neues Jerusalem

1967 befand sich der Nahe Osten in einer tiefen Krise. Die Grenzen zwischen Israel und den arabischen Nachbarn wurden ständig von palästinensischen Freischärlern verletzt. Israel beantwortete die Attentate mit immer härteren Vergeltungsmaßnahmen. Ägypten und Syrien hatten bereits 1966 einen Verteidigungspakt geschlossen und Israel in die Zange genommen. Im Mai 1967 fühlte Israel sich offen bedroht: Ägypten entsandte Truppen in den entmilitarisierten Sinai. Später sperrte Kairo die Wasserstraße von Tiran nach Eilat für die israelische Schifffahrt. In den arabischen Staaten eskalierte die anti-israelische Rhetorik. Während die Massen in den Städten die Vernichtung Israels verlangten, mobilisierten die arabischen Staaten ihre Truppen. Israel entschloss sich, den bevorstehenden Angriff nicht abzuwarten und führte einen Präventivschlag. In sechs Tagen wurden die Araber vernichtend geschlagen und große Gebiete erobert. Jerusalem war für die Israelis dabei eine der emotional wichtigsten Fronten.

Im Vorfeld des Sechs-Tage-Krieges hofften die Israelis, dass die Jordanier sich wie während der Suez-Kampagne 1956 aus den

Von links: Jitzchak Rabin, Mosche Dayan, und Uzi Narkiss marschieren nach der Eroberung der Altstadt zur Klagemauer. Die 2000 Jahre alte Mauer sollte zum Kern einer neuen Staatsreligion werden.

Feindseligkeiten heraushalten würden. Premierminister Levi Eschkol hatte den Jordaniern sogar das Versprechen übermitteln lassen, dass Israel sich an der gemeinsamen Grenze ruhig verhalten würde, wenn die Jordanier sich ebenfalls an die Waffenruhe hielten. Das Versprechen endete mit der Warnung, dass König Hussein für die Konsequenzen einer Beteiligung am Krieg zur Verantwortung gezogen werden würde.

Die Jordanier deuteten die Warnung als Herausforderung. Vom ägyptischen Präsidenten Gamal Abd an-Nasser in die Irre geführt, gab König Hussein seinen Truppen am 5. Juni den Feuerbefehl. Der israelische Geheimdienst zeichnete das Telefongespräch auf: Als die gesamte ägyptische Luftwaffe bereits zerstört war, erfand Nasser erste militärische Erfolge, um Hussein zur Eröffnung einer neuen Front zu überreden. Jordanische Truppen besetzten das Government House, den UNO-Sitz im Süden der Stadt; Artillerie beschoss Tel Aviv und Westjerusalem. Als Antwort auf die jordanischen Angriffe attackierte die israelische Armee nach einigem Zögern die Westbank und Jerusalem. Mosche Dayan hatte damals weder die Golanhöhen noch die Westbank erobern wollen: «*Wofür brauchen wir diesen Vatikan?*», fragte er die Militärs verächtlich, als sie auf die Eroberung der Jerusalemer Altstadt drängten. Letztlich gab die Regierung jedoch dem Drängen des Oberrabbiners Schlomo Goren nach, der davor warnte, «eine historische Gelegenheit» zu verpassen.

Die Israelis hatten sich gut auf die Eroberung Jerusalems vorbereitet: Seit den frühen sechziger Jahren lagen Pläne in den Schubladen der Militärs bereit, um die gesamte Westbank unter israelische Kontrolle zu bringen. Man hatte auf die Eventualität vorbereitet sein wollen, dass das instabile Regime König Husseins zusammenbrechen und ein feindliches, palästinensisches Regime in Amman die Herrschaft übernehmen würde. So wurden innerhalb weniger Tage nach der Eroberung alle Hindernisse in der Stadt, die Minenfelder, Betonmauern und Stacheldrahtzäune geräumt. Nur 10 Tage nach der Eroberung beschloss die Knesset, das israelische Zivilrecht fortan auch auf Ostjerusalem auszudehnen.

Die Klagemauer nach dem Sechs-Tage-Krieg – eine neue Staatsreligion

Spielte die Klagemauer vor dem Sechs-Tage-Krieg im israelischen Alltag nur eine Nebenrolle, erfolgte 1967 ein tiefer Wandel. Am 7.6.1967 eroberten israelische Truppen Ostjerusalem. Der Verteidigungsminister Mosche Dayan ging mit den anderen Siegern, Generalstabschef Jitzchak Rabin (1922–1995) und dem lokalen Befehlshaber Motta Gur zur Klagemauer und erklärte feierlich: *«Jerusalem ist befreit. Wir haben Jerusalem, die geteilte Hauptstadt Israels, vereint. Wir sind an unsere heiligen Plätze zurückgekehrt, um uns niemals wieder von ihnen zu trennen.»* In Israel brach eine begeisterte Stimmung aus. Die Dauer des Kriegs wurde der biblischen Erschaffung der Welt gleichgestellt. Gläubige Juden sahen in dem erfolgreichen Feldzug ein Zeichen Gottes.

Nicht alle Israelis labten sich an dem berauschenden Sieg. Eine Anekdote besagt, dass der israelische Premier Levy Eschkol kurz nach der Eroberung Ostjerusalems von seinen Beratern zur Klagemauer gebracht wurde. Euphorisch betrat er die Altstadt. Doch auf seinem Weg zum jüdischen Heiligtum verdüsterte sich sein Gesichtsausdruck. Hunderte schweigende Araber säumten seinen Weg und betrachteten die israelischen Eroberer mit einer Mischung aus Angst und Hass. An der Klagemauer angekommen, begrüßten ihn die Israelis mit stürmischem Beifall. Eschkol erhob seine linke Hand und machte mit zwei Fingern das «V»-Zeichen. Sein Berater fragte ihn: *«Ist das ein V für «victory»? (englisch: Sieg)»* «Nein», flüsterte Eschkol in Jiddisch zurück: *«Das ist für: ‹Wie kriechen wir hier wieder raus?›*. So hatte Eschkol, der wie fast alle Akteure des Sechs-Tage-Krieges gegen seinen Willen auf Grund einer Reihe von Fehlern in den Krieg hineingezogen worden war, schon kurz danach trotz der hysterischen Euphorie um ihn herum den militärischen Sieg als politische Niederlage erkannt. Mit den eroberten Gebieten hatte Israel das Palästinenserproblem «geschluckt»: Anstatt an ihren Grenzen befanden sich die Araber nun inmitten des jüdischen Staates.

Eschkol war mit seinen Zweifeln nicht allein. Viele erkannten schon damals die Problematik, die die Herrschaft in Jerusalem und an der Klagemauer mit sich brachte. Der Schriftsteller Amos Oz schrieb schon wenige Tage nach dem Krieg über die Problematik der gemischten Stadt und die Unterwürfigkeit der Araber, von der sich die Israelis nur allzu gern täuschen ließen. Der Rabbiner und Philosoph Jeschajahu Leibovitz, ein genialer Querdenker, verachtete die Massenhysterie, die die Eroberung der Klagemauer auslöste und bezeichnete sie als «Diskothel» – *ha-kotel ha-ma'aravi* ist die hebräische Bezeichnung der Klagemauer.

Doch die Mehrheit reagierte ekstatisch auf die «Befreiung» ganz Jerusalems. Schon wenige Stunden nach der Eroberung ließ der neu gewählte Bürgermeister Teddy Kollek das Mughrabi-Viertel vor der Klagemauer planieren. Insgesamt 135 arabische Häuser wurden dem Erdboden gleichgemacht, 650 Palästinenser zwangsweise umgesiedelt.

Vor der Klagemauer entstand der große Platz, an dem sich heute tausende zum Gebet einfinden können. Anders als vor hundert Jahren dürfen sich Juden heute endlich hinsetzen, Muslime treiben nicht mehr ihr Vieh durch die betenden Reihen. Tora-Rollen werden, im Gegensatz zum Verbot zur Zeit des britischen Mandats, vor die Mauer gebracht.

Die Stadtgrenzen Jerusalems 1947–2000

1967 – Israel legt den Grundstein für die heutige Situation

Nach dem militärischen Sieg im Sechs-Tage-Krieg 1967 wollte Israel sich auf künftige Verhandlungen oder Kriegshandlungen optimal vorbereiten und versuchte deswegen, die Lehren des letzten Krieges umzusetzen. In der Suez-Kampagne 1956 hatte Israel die Sinaihalbinsel und den Gazastreifen erobert. Ben Gurion hatte damals stolz die Gründung des «dritten Königreiches» verkündet und versprochen, nie wieder zu den ursprünglichen Grenzen zurückzukehren. Internationaler Druck, vor allem aus den USA, zwang ihn aber, schon nach wenigen Monaten das gesamte Territorium aufzugeben. Im Gegenzug erhielt der Staat Sicherheitsgarantien. Diese wurden aber 1967 von den Arabern nicht respektiert und von der internationalen Staatengemeinschaft nicht durchgesetzt. So sah sich Israel im Sechs-Tage-Krieg zum Präventivschlag gezwungen.

Israel war von der Totalität des Sieges über die arabischen Staaten überrascht. Man war sich einig, einen Großteil der eroberten Gebiete im Gegenzug für Frieden zurückgeben zu wollen. Auf ihrem Gipfeltreffen im sudanesischen Khartum legte die arabische Liga aber drei Prinzipien fest, die einen Austausch von Gebiet für Frieden unmöglich machten. Sie lauteten: keine Anerkennung Israels, keine Verhandlungen mit Israel, kein Friede mit Israel.

Hinsichtlich Jerusalems jedoch hatte Israel von Anfang an andere Pläne. Der Ostteil der Stadt sollte nicht mehr zurückgegeben werden. In Windeseile wurden Kommissionen einberufen, die für Jerusalem neue, «logische» Grenzen ziehen sollten. Den Richtlinien, die sich die Mitglieder des Komitees während ihrer Arbeit setzten, lagen strategische, keine städtebaulichen Gedanken zugrunde. Künftig sollte die Verteidigung der Stadt gesichert werden. Im Rückblick auf den schweren Artilleriebeschuss, dem

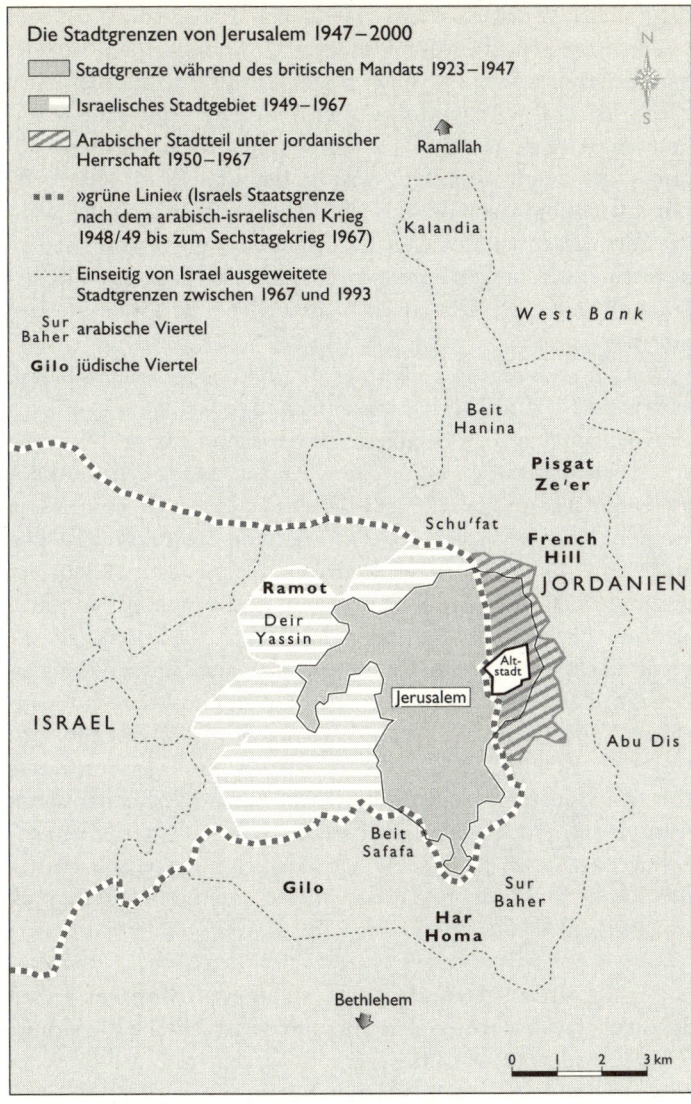

Die Stadtgrenzen von Jerusalem 1947–2000

Stadtgrenze während des britischen Mandats 1923–1947

Israelisches Stadtgebiet 1949–1967

Arabischer Stadtteil unter jordanischer Herrschaft 1950–1967

■ ■ ■ »grüne Linie« (Israels Staatsgrenze nach dem arabisch-israelischen Krieg 1948/49 bis zum Sechstagekrieg 1967)

------ Einseitig von Israel ausgeweitete Stadtgrenzen zwischen 1967 und 1993

Sur Baher arabische Viertel

Gilo jüdische Viertel

N

Ramallah

Kalandia

West Bank

Beit Hanina

Pisgat Ze'er

Schu'fat

French Hill

JORDANIEN

Ramot

Deir Yassin

Alt-stadt

Jerusalem

ISRAEL

Abu Dis

Beit Safafa

Gilo

Sur Baher

Har Homa

Bethlehem

0   1   2   3 km

das jüdische Jerusalem 1948–1949 und 1967 ausgesetzt war, sollten sich die Hügel in unmittelbarer Umgebung innerhalb der Stadtgrenzen und somit unter israelischer Kontrolle befinden. Zusätzlich sollte Raum für möglichst viele neue jüdische Immigranten geschaffen werden, um eine erneute Teilung der Stadt unmöglich zu machen. Als Lehre aus der arabischen Belagerung Jerusalems und dem Beispiel der «Rosinenbomber», die während der russischen Blockade Berlin aus der Luft versorgt hatten, dachten die damaligen Strategen, dass der internationale Flughafen von Atarot im Norden der Stadt auch eingemeindet werden müsse.

Was die arabische Bevölkerung im Umkreis Jerusalems betraf, lautete die Maxime, so viele wie nötig und so wenige wie möglich einzugemeinden. Die Grenzen wurden schon am 27. Juni 1967 von der Knesset immens erweitert: Anstatt der 44 Quadratkilometer, die das jordanische und israelische Jerusalem gemeinsam vor dem Krieg ausmachte, erstreckte sich die Stadt nunmehr über ein Areal von 113 Quadratkilometern. Gebiete von 28 Dörfern und der Nachbarstädte Ramallah und Bethlehem wurden kurzerhand eingemeindet. Jerusalem hatte über Nacht seine Fläche verdreifacht und war von einem verschlafenen Nest am Ende eines von allen Seiten bedrohten Korridors zur größten Stadt Israels geworden. Die Bevölkerung wuchs rapide auf 267000 Einwohner, von denen 71000, also rund ein Viertel, Araber waren. Kurze Zeit später löste der Militärkommandant den jordanischen Stadtrat auf. Doch noch bestritten die Israelis, Ostjerusalem annektiert zu haben. Es handele sich lediglich um eine administrative Rationalisierung, erklärte man, um internationalem Druck zu entgehen.

Israel baut Jerusalem auf – strategisch Wohnen

Schon ein Jahr nach dem Krieg begann die israelische Regierung, Palästinenser im Ostteil der Stadt zu enteignen. Ein Drittel des annektierten und eingemeindeten Territoriums, ein großer Teil davon arabischer Privatgrundbesitz, wurde konfisziert und in

Staatshand überführt. Der Staat nutzte das Land, um neue jüdische Wohnviertel auf den Hügeln um die Stadt zu bauen. Bis zum Jahr 2001 wurden auf den enteigneten Landflächen in Ostjerusalem 46 978 Wohneinheiten für Juden gebaut. Dabei wurde strategisch gedacht: Jüdische Neubauten befinden sich stets auf den Hügelkuppen und sind wie ein Ring um die Stadt gezogen, um eine neue Teilung der «ewigen Hauptstadt Israels» unmöglich zu machen. Der Bau von Wohnvierteln wie Gilo im Süden, Ramot und der Französische Hügel im Norden verfolgte weiterhin das Ziel, den territorialen Zusammenhang zwischen dem arabischen Ostteil der Stadt und den Trabantenstädten Ramallah und Bethlehem zu unterbrechen. Diese Absicht wurde in einem Jerusalemer Städtebauplan des Bezirksplanungs- und Baukomitees 1978 schriftlich explizit festgehalten: *«Jedes Gebiet in der Stadt, das nicht von Juden bewohnt wird, befindet sich in Gefahr, von Israel abgetrennt zu werden und so unter arabische Kontrolle zu gelangen. Deswegen muss die administrative Richtlinie innerhalb der Stadtgrenzen umgesetzt werden, indem man in allen Teilen Wohnorte errichtet, beginnend mit den am weitesten entfernten Gebieten.»*

Ungleichheit als System – Unterschiede zwischen Westen und Osten

Der Bauboom auf der jüdischen Seite ging mit drastischen Einschränkungen für den Bau arabischer Wohnviertel Hand in Hand. Die alten jordanischen Flächennutzungspläne wurden umgehend annulliert. Im Jahr 2005 waren 7 der insgesamt 32 Flächennutzungspläne immer noch nicht erstellt. Die vorgesehene Baudichte im arabischen Ostteil ist erheblich niedriger (maximal 75 %) als im Westen (maximal 120 %). Hinzu kommt, dass israelische Behörden Baudelikte im Osten weitaus härter ahnden als im Westen der Stadt. Allein in den Jahren 2004 und 2005 wurden so in Ostjerusalem 152 Häuser mit der Begründung abgerissen, sie seien illegal errichtet worden, 535 Menschen wurden dabei obdachlos.

Statistik zum Abriss von Häusern, Vergleich:

	2004 West	2004 Ost	2005 West	2005 Ost
Bauvergehen	5583	1386	5653	1529
Eingebrachte Klagen	980	780	1272	857
Abrisserlässe	50	216	~40	~80
Ausgeführte Abrisserlässe	13	114	26	76

Zusätzlich muss festgehalten werden, dass es sich bei den er-
zwungenen Abrissen im Westen nur um Gebäudeteile, wie Bal-
kone oder kleine Anbauten, handelt, während man im Ostteil
der Stadt nicht davor zurückschreckt, selbst siebenstöckige Häuser abzureißen. Für Araber entstanden auf den enteigneten
Landstrichen entgegen zahlreicher Versprechen keine Wohnungen.

In Ostjerusalem verschärfte sich deswegen die Wohnungs-
knappheit. In den bereits fertiggestellten Bauplänen sind 23%
des unbebauten Landes als «offene Landstriche» gekennzeich-
net, auf denen jedes Bauvorhaben verboten bleibt, 30% sind
nicht als Bauzonen vorgesehen. Seit 1967 wurden etwa 34% be-
schlagnahmt, so bleiben den Arabern nur 12,8% im Ostteil der
Stadt übrig, auf denen sie bauen dürfen. Während im Zeitraum
von 1967–1995 innerhalb der Stadtgrenzen 64 880 Wohneinheiten für Juden entstanden, wurden für die arabische Bevölkerung
nur 8 890 Baugenehmigungen erteilt, obwohl die arabische Bevölkerung doppelt so schnell wuchs wie die jüdische. Private
Bauinitiativen werden im arabischen Sektor durch lästiges Pro-
zedere weiterhin erschwert: Während große Bauunternehmen im
Westen die Formalitäten durch Anwaltskanzleien gebündelt regeln lassen, bauen die Araber im Osten ihre Häuser meist selbst.
Dies wird zum Teil natürlich auch durch die niedrige Baudichte
verursacht, die den Palästinensern dort zugestanden wird. Es
lohnt sich für Bauunternehmer einfach nicht, in Ostjerusalem zu

bauen. Meist verfügen private Bauherren aber nicht über die finanziellen Reserven, um den gesamten Bau auf einmal durchzuführen. So bauen sie ihr Haus in Etappen, entsprechend ihrer finanziellen Situation. Baugenehmigungen sind eine teure Angelegenheit: ein durchschnittliches Privathaus von 200 qm auf einem 500 qm großen Grundstück verschlingt mehr als 19 000 €, noch ehe der erste Stein gelegt wird. Oft sind die Ausgaben für die Genehmigungen höher als die Baukosten. Das schreckt viele davon ab, in Jerusalem zu bauen. Weiterhin sind die bereits erteilten Baugenehmigungen stets nur für ein Jahr gültig. So müssen Araber mit ihrer Etappenbauweise ständig neue und kostspielige Anträge stellen. Viele lassen es deswegen lieber und errichten Wohnungen einfach illegal ohne Genehmigung, laut Schätzungen der Stadtverwaltung etwa 40%, also rund 15 000 der 40 600 Häuser Ostjerusalems. Diese Häuser werden oft abgerissen. Laut palästinensischen Angaben fehlten im Jahr 2005 im Ostteil der Stadt 25 000 Wohneinheiten. So ist die Bevölkerungsdichte im arabischen Teil doppelt so hoch wie im Westteil der Stadt: 23,8 Personen pro Quadratmeter im Vergleich zu 11,9 im Westen.

Die Militärbehörde in der Westbank östlich von Jerusalem verhielt sich gegenüber Baugenehmigungen für die Araber sehr liberal. Hier, außerhalb der Stadtgrenzen, konnten Araber Grundstücke günstig erwerben und fast unbehindert bauen. Die Stadtverwaltung errichtete hier auch Wohnprojekte für Araber, die innerhalb Jerusalems keine Bleibe fanden, was eine «Bevölkerungswanderung» in Gang setzen und die Demografie Jerusalems zu israelischen Gunsten verschieben sollte. Diese Politik führte zu einem unkontrollierten Bauboom östlich der Stadt, die von einem Ring arabischer Siedlungen umgeben wurde, der sich um den inneren Ring jüdischer Siedlungen zog. Von diesem Prozess profitierten aber nicht nur auswandernde Jerusalemer, sondern auch viele Palästinenser von der Westbank, die in die Nähe der israelischen Hauptstadt zogen, um dort Arbeit zu finden. Juden und Araber verstricken sich so in immer komplexeren Formen miteinander.

Der als liberal geltende Bürgermeister Teddy Kollek führte eine diskriminierende Form der Stadtentwicklung in Jerusalem ein. Die Folgen der unterschiedlichen Entwicklung des Ost- und Westteils Jerusalems werden aus folgender Tabelle ersichtlich:

Städtische Einrichtungen 2003:

Einrichtung	Westteil	Ostteil
Öffentliche Schwimmbäder	36	0
Parks	1079	45
Bibliotheken	26	2
Sportplätze	531	33
Bewohner/km Bürgersteig	690	2917
Bewohner pro Müllabfuhrwagen	185	4489
Bewohner pro Mülleimer	39	5641
Sozialfälle pro Sozialarbeiter	100	250
Städtische Ausgaben pro Kopf (2003 – geschätzt)	1065 €	234 €

Nur im jüdischen Westteil der Stadt wird die Infrastruktur weiter ausgebaut: 90% der Abwasserrohre, Bürgersteige und Straßen befinden sich in jüdischen Vierteln, 50% der arabischen Häuser sind noch immer nicht an das Abwassernetz der Stadt angeschlossen. Die Tendenz der Ungleichheit nimmt weiter zu. Obschon es keine offiziellen Angaben gibt, mit deren Hilfe man staatliche Investitionen in Ost- und Westjerusalem vergleichen könnte, schätzen Experten, dass die Stadtverwaltung 1992 pro Kopf 700 € im Westen, aber nur 116 € im Ostteil der Stadt ausgab. Nur 6% des Budgets ging an die Araber, obwohl sie 28% der Bevölkerung ausmachten. Im Jahr 2003 war ihr Anteil am städtischen Haushalt nur auf 8,5–11,75% gestiegen, während sie rund 26% des Budgets entrichteten. Der Anteil armer Familien ist mit 67% unter den Arabern mehr als doppelt so hoch wie in der jüdischen Bevölkerung (29%), trotzdem erhalten sie lediglich 12% der städtischen Sozialhilfe, 15% der Erziehungsgelder und 8% der Gelder für Infrastruktur. Im kulturellen Bereich ist die Diskriminierung besonders offensichtlich: Der arabische Sektor erhält lediglich 1,2% des Haushalts für Kunst und Kultur.

Tragen die Araber eine Mitschuld an ihrem Schicksal?

Ein Reflex, mit dem Israelis diese Zahlen kontern, ist die Behauptung, dass die Araber Ostjerusalems ihre städtischen Steuern nicht entrichten. Im Kernland gibt es jedoch bestenfalls Indizien dafür, dass Araber mit israelischer Staatsbürgerschaft überdurchschnittlich oft Steuern hinterziehen und Sozialhilfe kassieren. Die Bürger Ostjerusalems, die keine Staatsbürger sind, können sich diesen Luxus nicht leisten. Sie sind rechtliche Zwitterwesen. Als die Israelis 1967 den Ostteil der Stadt eroberten, boten sie allen Einwohnern die israelische Staatsbürgerschaft an. Nur 2700–5000 Ostjerusalemer nahmen sie an, die meisten entschieden sich für einen speziellen Status: Ihre blauen Identitätskarten sind de facto eine Residenzerlaubnis. Sie gewährt ihnen im Gegensatz zu den orangenen Ausweisen der Einwohner der Westbank Bewegungsfreiheit und das Recht, an Lokalwahlen teilzunehmen. Bei Parlamentswahlen bleiben Ostjerusalemer allerdings außen vor. Die Pässe der Ostjerusalemer werden in der Regel von Jordanien, der palästinensischen Autonomiebehörde oder der UNO ausgestellt. Rechtliche Angelegenheiten müssen sie vor israelischen Gerichten abwickeln. Anwohner haben Anspruch auf Sozialhilfe und die staatliche Krankenversicherung. In den Augen der Araber Ostjerusalems sind diese sozialen Rechte im Vergleich zum Status der Bewohner der Westbank ein deutlicher Bonus. In manchen Fällen wird das Dokument lebenswichtig: Ohne den blauen Ausweis übernimmt der Staat nicht die Behandlungskosten in den modernen israelischen Krankenhäusern.

Die begehrten blauen Karten können den Bewohnern Ostjerusalems aber jederzeit entzogen werden, wenn die Behörden der

Meinung sind, dass sie das Zentrum ihres Lebens aus Jerusalem verlegt haben. Seit 1967 wurden so mindestens 6396 Ostjerusalemer ausgebürgert, die meisten, weil sie ins Ausland abwanderten. Weiterhin müssen sie stets nachweisen können, die städtischen Steuern bezahlt zu haben. Ohne diesen Nachweis, zu dem auch die Entrichtung der Fernsehgebühren zählt, wird der Ausweis nicht erneuert. So droht einem Palästinenser Ostjerusalems, der nicht alle seine Steuern pünktlich zahlt, der Status als Stadtbewohner entzogen zu werden. Aus diesem Grund war traditionell der Anteil derer, die in Ostjerusalem ihre Steuern zahlen, im Vergleich zum Westteil äußerst hoch. Mit der wirtschaftlichen Krise, die seit Beginn der zweiten Intifada 2000 insbesondere die Bürger Ostjerusalems betroffen hat, ist die Zahlungsmoral dort allerdings erheblich gesunken. So war bereits im Jahr 2000 der Anteil derjenigen, die ihre städtischen Steuern entrichteten, im Osten erheblich niedriger (~84%) als im Westen (96,5%). Im Jahr 2003 zahlten die Araber lediglich 40% der ihnen auferlegten Steuern, arabische Gewerbebetriebe bezahlten sogar nur 9% ihrer Schulden an die Stadt und bestritten so etwa 10,5% des städtischen Budgets. Diesem Argument lässt sich allerdings entgegenhalten, dass laut israelischem Gesetz städtische und staatliche Dienstleistungen nicht bedingt sind, auch nicht durch die Entrichtung von Steuern.

Wenige Fakten mildern den Vorwurf gegen die Israelis: So gab es bereits vor der Eroberung 1967 große Unterschiede zwischen West- und Ostjerusalem. Israel investierte in der Stadt in den Jahren 1948–1967 durchschnittlich fünfmal so viel pro Kopf wie die Jordanier, die alles in ihre neue Hauptstadt Amman steckten. In der Altstadt hatten 1967 nur 10% der Häuser fließendes Wasser. Die niedrige Baudichte und das Terrain im arabischen Teil treiben die Entwicklungskosten in die Höhe. Araber weigern sich oft, ihren traditionellen Baustil gegen moderne Hochhäuser einzutauschen.

Die Araber im Ostteil der Stadt erkannten die Souveränität Israels niemals an. Konsequent boykottieren sie die Wahlen zum

Stadtrat. Wie aus der folgenden Liste hervorgeht, war die Wahlbeteiligung im Ostteil der Stadt stets sehr gering:

Wahlbeteiligung arabischer Bewohner Jerusalems

Jahr	1969	1973	1978	1983	1989	1993
Wahl-beteiligung	21,5%	7,3%	14,4%	18,4%	2,75%	7%

Zum einen versuchten sie so, dem Rat einer durch Militärmacht
«vereinten» Stadt die Legitimation zu entziehen. Zum anderen
nahmen sie sich jedoch selbst jede Möglichkeit, die Budgetzu-
ordnung in der Stadt zu beeinflussen. Hätten die Araber den demokratischen Prozess für ihre Interessen genutzt, hätten sie
allein durch ihre Zahlen (heute machen sie 33% der Einwohner
aus) die Stadtverwaltung dazu zwingen können, ihre Bedürfnisse
zu befriedigen. Stattdessen wurden sie zu den ersten und bisher
einzigen Opfern ihres politischen Boykotts. Nur zweimal ließen
arabische Kandidaten sich zur Wahl in den Stadtrat aufstellen.
Aktivisten palästinensischer Widerstandsorganisationen schreck-
ten aber selbst vor Gewalt nicht zurück, um die Kandidaten und
ihre Wähler einzuschüchtern. So wurden 1987 die Privatfahrzeuge Hanna Sinioras in Brand gesteckt. Danach zog er seine
Kandidatur zurück. Im Jahr 1998 versuchte eine unabhängige Liste unter Mussa Alayan in den Stadtrat zu gelangen, errang aber
lediglich 2977 Stimmen. Alayan beschuldigte Fatah-Aktivisten
später, seine Anhänger bedrängt und eingeschüchtert zu haben.
Sie würden als «Verräter der palästinensischen Sache» mit «eiser-
ner Faust» bestraft werden, sollen mancherorts maskierte Fatah-
Kader am Wahltag potentielle Wähler am Eingang zu den Wahl-
urnen bedroht haben.

   Israelische Sprecher versuchen, die Unterschiede auch mit kulturellen Argumenten zu erklären: Vor allem im eingemeindeten
Südwesten der Stadt, in dem viele Beduinen sich am Beginn eines
komplexen Urbanisierungsprozesses befinden, sei noch kein ur-
banes Bewusstsein entstanden. Dort wäre es schwer, öffentliche

Institutionen einzurichten oder auf die Kooperation der Bewohner in gemeinsamen Projekten zu setzen. Besitzverhältnisse basierten zudem auf jahrzehntealten, mündlichen Vereinbarungen. Dies erschwere bürokratische Prozesse ungemein. Auch wenn diese Begründungen teilweise logisch erscheinen, bleibt letztlich die Frage offen, weshalb diese Probleme nach fast 40 Jahren deklarierter israelischer Souveränität ungelöst sind.

Ein Schuss ins eigene Bein

Im Juli 1980 erließ die Knesset mit einer Mehrheit von 62 zu 12 Stimmen das «Jerusalem-Gesetz», nach dem *«Jerusalem, komplett und vereinigt, die Hauptstadt Israels ist.»* Das Gesetz war dem Premier Menachem Begin nach der Unterzeichnung des Friedensvertrags mit Ägypten und dem Rückzug aus dem Sinai von rechten Parlamentsabgeordneten aufgezwungen worden. Begin, ehemaliger Vertreter der Groß-Israel-Ideologie, konnte nach seiner politischen Kehrtwende und den großen territorialen Kompromissen gegenüber Kairo nicht gegen ein Gesetz stimmen, das den Status Jerusalems gesetzlich verankern sollte. Jitzchak Rabin blieb der Abstimmung absichtlich fern, Mosche Dayan nannte das Gesetz «überflüssig», bevor er seine Stimme notgedrungen dafür abgab.

Das Gesetz erntete internationale Ablehnung. Selbst die USA, Schutzengel Israels im Sicherheitsrat der UN, enthielten sich dort einer Abstimmung, die Israel wegen des Gesetzes verurteilte. Dreizehn Botschaften, die bis dahin in Jerusalem ausgehalten hatten, zogen empört nach Tel Aviv um, darunter die Vertretung der Niederlande, des einzigen europäischen Staates, der in Jerusalem seine Botschaft eingerichtet hatte. Lediglich zwei lateinamerikanische Staaten, Costa Rica und El Salvador, unterhielten bis zum Jahr 2006 eine Vertretung in Jerusalem. Sie zogen nach dem zweiten Libanonkrieg ebenfalls nach Tel Aviv um. So war der Schuss nach hinten losgegangen: Anstatt Jerusalems Status als Hauptstadt zu bestärken, wurde die internationale Ablehnung der israelischen Ansprüche nur noch deutlicher hervorgehoben.

Jerusalem bleibt eine geteilte Stadt

Trotz aller israelischer Deklarationen, Jerusalem sei die ewige und vereinte Hauptstadt Israels, blieb die Stadt in vielen Aspekten des öffentlichen Lebens eine geteilte Stadt. Fast alle Wohnviertel sind «säuberlich» entlang ethnischer Linien getrennt. Die Bürger Ost- und Westjerusalems haben nur wenige Berührungspunkte. Sie sehen unterschiedliche Fernsehprogramme, besuchen verschiedene Restaurants, Kinos und Diskotheken. Die öffentlichen Verkehrsmittel verbinden nicht die jüdischen mit den arabischen Wohnvierteln. Lediglich bei der Arbeit können sie sich treffen, da rund 40% der Ostjerusalemer vor dem Ausbruch der ersten Intifada 1987 ihren Lebensunterhalt im reicheren Westen verdienten. Ähnlich kläglich wie die Versuche einer politischen Annexion der Bevölkerung Ostjerusalems scheiterte auch der israelische Versuch, die Schulen im Ostteil der Stadt unter die Fittiche des israelischen Erziehungsministeriums zu bringen. Lehrerstreiks und Schülerboykotte führten letztlich 1975 zu einer Kompromisslösung, nach der die arabischen Schulen wählen können, ob sie nach jordanischem, bzw. seit den Oslo-Verträgen palästinensischem, oder israelischem Schulplan lehren möchten. Ohne Ausnahme entschieden sich die Schulen für den arabischen Lehrplan. Das Abiturzeugnis wird von der palästinensischen Autonomiebehörde ausgehändigt.

Trennlinien im Stromkasten

Die anhaltende *de facto*-Teilung Jerusalems kann an vielen Beispielen festgemacht werden. Araber und Juden verkehren fast überhaupt nicht mehr miteinander. Im Gegensatz zu anderen «gemischten» Städten in Israel, wie beispielsweise Haifa, vermengen sich die Bevölkerungen in Jerusalem nicht mehr. Die Angst hat scharfe Trennlinien gezogen, die kaum jemand mehr übertritt.

Eines der besten Beispiele dafür, dass ein «vereintes und unteilbares Jerusalem» bestenfalls eine Illusion ist, lieferte die israe-

lische Regierung im Dezember 1987 selber. In Israel wird Strom
von einer staatlichen Monopolgesellschaft geliefert. Nur in Jerusalem gibt es eine Ausnahme: Noch zur Zeit der osmanischen
Herrschaft gelang es dem Griechen Euripides Mavromatis, eine
Sondergenehmigung zu erhalten, im Umkreis von 20 Kilometern
um die Kuppel der Grabeskirche Strom zu liefern. Dieses Son-
derrecht wurde 1927 von den Briten für 60 Jahre verlängert und
später von den Jordaniern aufrechterhalten. Nach der israelischen Eroberung 1967 war es auf diese Weise die palästinensische
Stromgesellschaft «Jerusalem District Electric Company», die
die neuen jüdischen Wohnviertel im Ostteil der Stadt mit Strom
versorgte. Am 31.12.1987 wollte die israelische Stromgesellschaft,
und mit ihr die Regierung, dem palästinensischen Unternehmen
den Garaus machen und verlängerte deswegen die Sondergenehmigung nicht mehr. Nur noch arabische Wohnviertel sollten
fortan mit «palästinensischem» Strom versorgt werden. Die Entscheidung hatte zwar schwer wiegende Konsequenzen für die
«District Electric Company», sie musste die Hälfte ihrer Beleg-
schaft entlassen. Von einem nationalen Standpunkt aus betrachtet, kam der Entschluss aber einem palästinensischen Punktsieg
gleich: Seit 1987 ist die Stadt zumindest elektrisch entlang ethnischer Linien getrennt, es gibt keine Stromverbindung mehr
zwischen arabischen und jüdischen Vierteln in Jerusalem. Selbst
die Trennungen innerhalb der jüdischen Bevölkerung lassen sich
am Strom festmachen. Der «nationaljüdische» Strom trifft nämlich bei den orthodoxen Juden auf Widerstand. Am Freitagabend
schalten die Jeschivot, die Tora-Schulen, in denen orthodoxe Juden die Bibel studieren, auf ihr eigenes Stromnetz um: Sie ver-
wenden Generatoren, um keinen «unheiligen» Strom zu benutzen, der am heiligen Freitag wider die Glaubensgesetze von Juden
erzeugt wurde, die in der nationalen Stromgesellschaft arbeiten.

Die erste Intifada macht die Trennung offenkundig
Mit dem Ausbruch der ersten Intifada im Dezember 1987 wurde
die *de facto*-Teilung Jerusalems für alle Beteiligten offensichtlich.

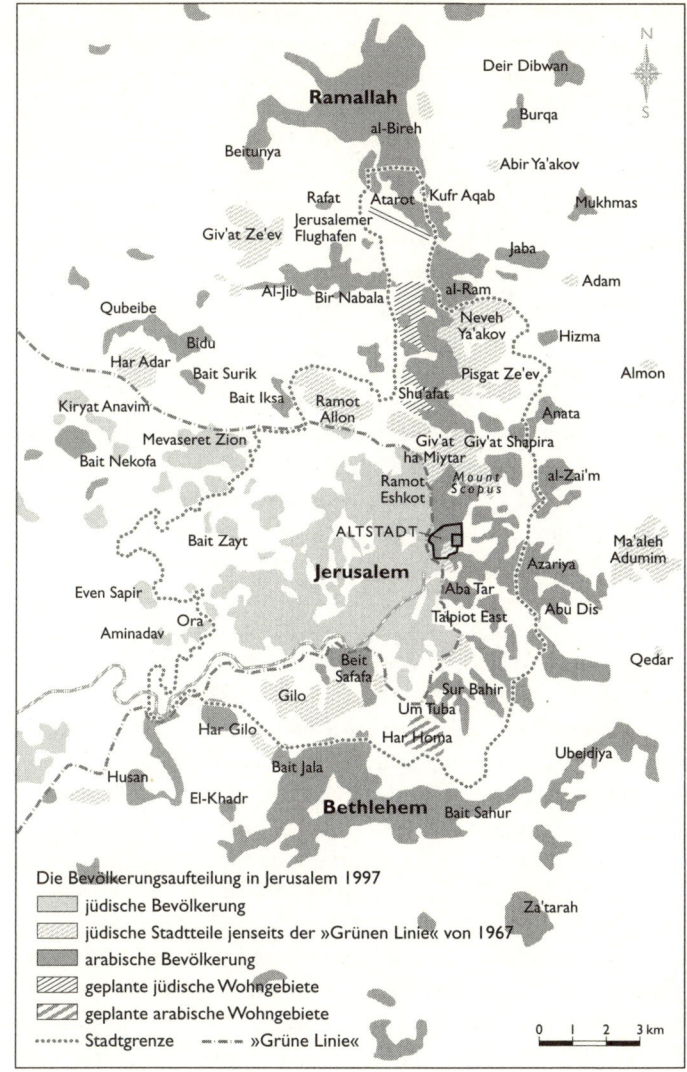

Die Bevölkerungsaufteilung in Jerusalem 1997

jüdische Bevölkerung

jüdische Stadtteile jenseits der »Grünen Linie« von 1967

arabische Bevölkerung

geplante jüdische Wohngebiete

geplante arabische Wohngebiete

········· Stadtgrenze   —·—·— »Grüne Linie«

0   1   2   3 km

Die anhaltenden Unruhen – Araber warfen Brandsätze und Steine auf israelische Fahrzeuge – beantwortete die israelische Regierung mit harten Maßnahmen. So mussten erstmals auch Hardliner auf der israelischen Seite die Realität einer geteilten Stadt anerkennen. In manchen Stadtteilen wurden Ausgangssperren verhängt, Zeitungen von der israelischen Zensur geschlossen und Straßensperren errichtet. Die Gewalt auf dem Tempelberg, die PLO-Fahnen im Ostteil der Stadt, Generalstreiks und anhaltende Unruhen, bei denen palästinensische Extremisten auch nicht vor Mord an minderjährigen Israelis zurückschreckten, ließen die jüdische Bevölkerung die Altstadt und den Ostteil meiden. Taxifahrer weigerten sich, Fahrgäste in den Osten zu bringen. Die Massen kauffreudiger israelischer Wochenendtouristen, die an den arbeitsfreien Samstagen die Altstadt, Bethlehem und Ramallah überflutet hatten, blieben fern. Dieser Umstand hat sich bis heute nicht wesentlich verändert: Für eine Mehrheit der Israelis bleibt Ostjerusalem und das muslimische Viertel in der Altstadt *terra incognita*.

Heute gibt es bereits viele junge Palästinenser, die Westjerusalem noch nie besucht und keinerlei Kontakt zur anderen Seite mehr haben. Vorsichtige Versuche, nach den Oslo-Friedensverträgen wieder zu einer Annäherung zwischen Israelis und Palästinensern zu finden, wurden von der zweiten Intifada im Jahr 2000 erstickt. Weder jüdische noch arabische Kinder kennen heute einander persönlich. Das Gegenüber des Nachbarvolkes wird zu einem angefeindeten Stereotyp. Innerhalb der Stadt werden Umgehungsstraßen gebaut, die jüdischen Fahrern den Weg durch arabische Wohnviertel ersparen sollen.

Der heutzutage auf Grund des Rückzuges aus dem Gazastreifen so bekannte israelische Premier Ariel Scharon spielte in den achtziger und neunziger Jahren eine wichtige Rolle, als er als Bauminister und Oppositionspolitiker die Wut der Palästinenser schürte. Er bezog 1987 eine Wohnung im muslimischen Viertel der Altstadt. Erst wenige Jahre vorher war es Arabern vom höchsten Gerichtshof verwehrt worden, ihr altes Haus im jüdischen

Viertel wieder aufzubauen. Homogene Stadtviertel seien schon immer ein integraler Bestandteil Jerusalems gewesen, argumentierten die Richter, die später Scharons Umzug genehmigten. Es blieb aber nur bei einer Demonstration israelischer Macht. Außer den Wächtern und den israelischen Flaggen hielt sich über Jahre niemand in Scharons Haus auf. Scharon ermutigte überzeugte Nationalisten dazu, sich inmitten arabischer Wohnviertel niederzulassen. Im Mai 1992 erklärte er: «*Wir werden in jedem arabischen Wohnviertel in Ostjerusalem eine jüdische Präsenz kreieren, nicht ein Viertel wird mehr ohne Juden sein, nicht eines!*»

Israelis in Ostjerusalem – ein aktuelles Bild

Außer den rund 200 000 Israelis, die östlich der grünen Linie in ausschließlich jüdischen Wohnvierteln leben, hat auch die Anzahl der Juden inmitten arabischer Wohnviertel in den letzten Jahren stark zugenommen. In den christlichen und muslimischen Vierteln der Altstadt, die Israel in den Friedensverhandlungen von Camp David im Jahr 2000 den Palästinensern abtreten wollte, haben jüdische Stiftungen mit religiös-nationalistischer Orientierung seit den achtziger Jahren mehr als 80 Gebäude erstanden, die zum Teil bereits bewohnt sind.

In der Davidsstadt, bei den Arabern als das Dorf Silwan bekannt, südlich der Altstadt gelegen und eigentlicher Standort des biblischen Jerusalem, besaßen diese Stiftungen im Jahr 2006 bereits rund 55% der Grundstücke. Etwa 27 jüdische Familien lebten hier inmitten der Araber. Laut der Argumentation der Organisationen, die insgeheim von israelischen Ministerien unterstützt werden, rücken sie nur ein historisches Unrecht wieder gerade. Der jüdische Gönner Edmond de Rothschild, selbst ein Bibelfan, hatte 1911 den damals weitgehend unbewohnten Berg gekauft, um dort das wahre Grab König Davids zu entdecken. Die zumeist jüdischen Bewohner, die sich später dort ansiedelten, wurden nach den Unruhen 1929 von den Arabern vertrieben. Die Grundstücke wurden später von den Jordaniern als «Feindbesitz» verwaltet.

Arabische Grundstücke und Häuser werden heutzutage von arabischen «Strohmännern» gekauft, die für ihre Kooperation reichlich entlohnt werden und danach meistens ins Ausland fliehen müssen. Im Mai 2006 wurde wieder ein Bewohner von Abu Tor tot in Jericho aufgefunden. Palästinenser hatten ihn ermordet, nachdem er sein Haus an Juden verkauft hatte. Die Palästinenser betrachten dies als Hochverrat. Die Siedler, die sich durch Spenden aus den USA finanzieren, suchen gezielt nach Menschen in Geldnot, um ihnen ihre Häuser abzukaufen. In anderen Fällen bieten sie den arabischen Großfamilien, denen die ursprünglichen Häuser zu klein geworden sind und die keine Baugenehmigung für den Ausbau ihrer Wohnungen erhalten können, alternative, geräumige Wohngelegenheiten im Ostteil der Stadt in einem Tauschgeschäft an. In anderen Fällen arbeiten sie eng mit der Stadtverwaltung zusammen. Wenn erst deren Planierraupen auffahren, um einen gerichtlich angeordneten Hausabriss durchzuführen, werden die meisten Palästinenser verhandlungsbereit. Sobald sie ihre Häuser an die Siedler verkaufen, verläuft der gerichtliche Prozess im Sand der Bürokratie. Die Abrissorder wird nicht mehr ausgeführt. Heute leben in Ostjerusalem etwa 2000 Israelis in arabischen Wohnvierteln. Ihre Häuser sind mit hohen Mauern umgeben, die Eingänge werden rund um die Uhr von bewaffneten Wachen mit Maschinenpistolen geschützt. Die Realität jüdischer Wohnviertel im Ostteil Jerusalems ist keine statische Situation, sondern eine Entwicklung, die fortwährend neue Fakten schafft. Je länger eine Friedenslösung auf sich warten lässt, desto mehr werden beide Bevölkerungsgruppen miteinander vermischt.

Die jordanische Wende

Auf dem Höhepunkt der Intifada, am 31.7.1988, verzichtete der jordanische König Hussein auf alle seine Ansprüche an der Westbank und an Jerusalem und übergab die Stadt gänzlich der Verantwortung der PLO (Palestinian Liberation Organisation – palästinensische Befreiungsorganisation). Dabei hatten die Israelis ständig insgeheim gehofft, mit dem pragmatischen Monarchen eine bequeme Lösung finden zu können, anstatt mit den schwierigeren Palästinensern verhandeln zu müssen.

Dies sollte vor allem in späteren Verhandlungen über den Tempelberg eine zentrale Rolle spielen. Betrachteten sich die Jordanier ehemals als die eigentlichen Hüter des *Haram* (so finanzierte Jordanien einen großen Teil der Restaurierung des Felsendoms und seiner goldenen Kuppel; König Hussein steuerte sogar Geld aus seiner Privatschatulle bei), beanspruchen nun die Palästinenser die Oberhoheit am islamischen Heiligtum.

Von der Hoffnung zum Hass – Der Weg zur Mauer

Oslo – die palästinensische Autonomiebehörde fasst Fuß
Im Jahr 1993 machte die israelische Politik gegenüber den Palästinensern eine Kehrtwende. Premierminister Jitzchak Rabin hatte eingesehen, dass er den Volksaufstand der Palästinenser militärisch nicht beenden konnte. Gemeinsam mit seinem Außenminister Schimon Peres setzte er auf Verhandlungen mit der PLO. In Israel glaubte man, dass die Zeit für einen Vertrag mit dem PLO-Vorsitzenden Jassir Arafat günstig sei. Die arabische Welt war nach dem Golfkrieg und dem Zerfall ihres wichtigsten Verbündeten, der Sowjetunion, geschwächt. Israels Stärke nahm angesichts seines Status als wichtigster Verbündeter der Supermacht USA und der Einwanderungswelle von letztlich 1,2 Millionen Russen zu. Diesen israelischen Vorteil wollte Rabin in einem Friedensvertrag festhalten.

Für die Palästinenser wie für ganz Jerusalem brachte der Friedensprozess einen kräftigen Schub nach vorn. Der Tourismus erreichte Rekordzahlen, der Handel in der Stadt blühte. Im Einvernehmen mit Israel infiltrierten die Sicherheitsdienste der palästinensischen Autonomiebehörde (PA) die arabischen Stadtteile und etablierten sich dort als Polizeimacht. Das Orient-

Jitzchak Rabin und Jassir Arafat unterschreiben im Weißen Haus vor US-Präsident Bill Clinton die Osloer Friedensverträge am 13. September 1993. Palästinenser warfen anfangs Blumen auf Soldaten, doch für beide Völker kam später ein böses Erwachen.

Haus, ein Familienbesitz der Husseini-Familie, wurde unter dem prominenten Faisal Abd al-Kader al-Husseini zu einer Zweigstelle des palästinensischen Außenministeriums, dem Diplomaten aus aller Welt Besuche abstatteten.

Auf dem Weg zur Katastrophe – laute Waffenruhe
Die Spannungen zwischen Israelis und Palästinensern blieben trotz des beginnenden Friedensprozesses weiterhin bestehen. Ungeachtet der teilweisen Rückzüge der Israelis tauten die Beziehungen niemals richtig auf. Zu keinem Zeitpunkt zeigte sich die israelische Regierung bereit, den Siedlungsbau einzufrieren. Dies ist bis zum heutigen Tag in den Augen der Palästinenser Sinnbild für die israelische «Friedensheuchelei»: Langwierige Verhandlungen machen keinen Sinn, wenn ihr Ergebnis gleichzeitig einseitig durch das stete Schaffen neuer Fakten vorweggenommen wird. Sie empfinden dies als ein Diktat, das ihnen ihre menschliche Würde nimmt. Israel zeigt seinerseits keine Toleranz gegenüber der Passivität der Palästinenser, was den Kampf gegen den Terrorismus betrifft. Es ist verständlich, dass die Bereitschaft zu Zugeständnissen in einer gewalttätigen Atmosphäre, in der wöchentlich Israelis erstochen, erschossen oder zerbombt werden, maßgeblich abnimmt.

Beide Seiten befanden sich selbst in den Glanztagen Oslos, und bis zum heutigen Tag, in einem ständigen Teufelskreis, in dem jede Seite auf den ersten Schritt des Gegenübers wartete. Letztlich kehren beide zum altbekannten Verhaltensmuster von Rache und Vergeltung zurück. Für die Israelis, denen es hauptsächlich um Ruhe ging, waren die Ergebnisse der Oslo-Verträge enttäuschend: In den 7 Jahren nach der Unterzeichnung starben doppelt so viele Israelis (256) wie in den 15 Jahren davor. Schimon Peres nannte sie «die Opfer des Friedens». Solch einem Frieden zogen die Israelis den vorherigen Kriegszustand vor. Den Palästinensern erging es ähnlich: 405 Palästinenser wurden von den Israelis getötet. In der Westbank setzte unter Rabin ein Bauboom ein. Aufgrund der vielen Attentate verhängte Israel immer häufiger Ausgangssperren, Palästinenser wurden arbeitslos und Armut breitete sich aus. Wenn dies das Ergebnis von Verhandlungen war, so die Palästinenser, dann lieber Krieg. Israelis und Palästinenser verhandelten während der Jahre von Oslo zwar unaufhörlich miteinander, doch das Thema «Jerusalem» blieb lange ein Tabu. Die Führungen beider Seiten wussten, dass die öffentliche Meinung ihrer Völker im Klima des anhaltenden Misstrauens Zugeständnisse in der heiligen Stadt als Kapitulation betrachten und nicht hinnehmen würde. Die Hoffnung der «Architekten» des Osloer Abkommens war es, eine konstruktive Atmosphäre durch langsame Annäherung zu schaffen. Einer der ersten Versuche von Israelis und Palästinensern, gemeinsam auch für Jerusalem eine Kompromisslösung zu finden, waren die Verhandlungen, denen der damalige stellvertretende israelische Außenminister Jossi Beilin und der heutige Palästinenserpräsident Machmud Abbas vorstanden. Der «Co-Architekt» der Oslo-Verträge Abbas fungierte zu der Zeit als Berater und langjähriger Weggefährte Jassir Arafats. Während einer Periode von fast zwei Jahren, vom Herbst 1993 bis zum Frühling 1995, arbeiteten die beiden in mehr als 20 geheimen Treffen eine «praktikable Lösung» des Nahostkonflikts aus.

Das Dokument wurde niemals unterschrieben. Bevor Beilin die Zustimmung des damaligen Premiers Jizchak Rabin erhalten konnte, wurde dieser am 4.11.1995 von einem jüdischen Extremisten ermordet. Abbas stritt später ab, ein derartiges Abkommen verfasst zu haben. Nichtsdestotrotz legte es wichtige Grundprinzipien fest, auf die sich folgende Lösungsvorschläge stützen sollten, obschon das Abkommen viele Fragen weiterer Verhandlungen überließ. Es sah einen unabhängigen, entwaffneten Palästinenserstaat auf 94% der Westbank und des Gazastreifens vor, die durch eine Landbrücke verbunden sein sollten. Erstmals sollte Israel die «Leiden des palästinensischen Volkes» anerkennen, die durch den Unabhängigkeitskrieg 1947–1949 verursacht worden waren. Flüchtlinge sollten ein Rückkehrrecht in den Palästinenserstaat erhalten.

Zusammenfassung des «Beilin-Abbas non-paper»
In Bezug auf Jerusalem einigten sich beide Seiten wie folgt:

1.) Jerusalem soll eine «*ungeteilte und offene Stadt für Menschen aller Religionen und Nationalitäten bleiben.*»
2.) Mehrere Gebiete in unmittelbarer Umgebung der Stadt, wie das arabische Abu Dis, al-Azaria und ar-Ram, aber auch jüdische Siedlungen wie Maaleh Adumim, Givat Zeev und Givon sollten eingemeindet werden.
3.) Dieses vergrößerte Jerusalem sollte dann in arabische und jüdische Stadtteile aufgeteilt werden, die alle lokal regiert werden, aber weiterhin einer gemeinsamen Dachverwaltung unterstehen sollten. Jede Handlung der Stadtbehörden in jüdischen Teilen sollte künftig der Zustimmung Israels, jeder Eingriff in arabischen der Zustimmung der palästinensischen Autonomiebehörde bedürfen.
4.) Der Westteil sollte fortan «*Yeruschalayim*», die anerkannte Hauptstadt Israels sein, während der Ostteil als «*al-Quds*» Hauptstadt Palästinas werden sollte.
5.) Die Altstadt sollte einen Sonderstatus erhalten, nach dem Palästinenser von der PA, Juden von Israel verwaltet werden sollten.
6.) Die Grabeskirche sollte extraterritoriales Gebiet werden.

Der Frühling 1996 brachte das Ende des Oslovertrags. Eine beispiellose Terrorkampagne der Hamas, bei der fast zweimal täglich israelische Busse in die Luft gesprengt wurden, beendete die Amtszeit des Friedensnobelpreisträgers Schimon Peres, der in Wahlen seinem rechten Widersacher Benjamin Netanjahu knapp unterlag. Dieser sorgte dafür, dass die Gespräche mit den Palästinensern zum Stillstand kamen. Auch wenn Netanjahu letztlich die Armee aus Teilen Hebrons zurückzog (Peres hatte diesen Schritt nicht gewagt: In den Augen religiöser Juden ist Hebron eine der vier heiligen Städte Israels), war seine Amtsperiode doch von einer rapiden Verschlechterung der israelisch-palästinensischen Beziehungen geprägt – nicht zuletzt, weil Netanjahu den *Status quo* in Jerusalem konsequent ignorierte. So trieb er den Bau des jüdischen Stadtviertels Har Homa im Südosten voran und bestand trotz der Warnungen der Sicherheitsdienste 1996 darauf, den Ausgang eines Tunnels unter dem Tempelberg zu öffnen. Die Palästinenser reagierten mit Unruhen, bei denen 12 Israelis und an die 100 Palästinenser starben. Drei Jahre lang kamen alle Gespräche zum Stillstand. Dann wurde Ehud Barak von der Arbeiterpartei 1999 mit überwältigender Mehrheit ins Amt gewählt.

Der *Waqf* untergräbt jüdische Geschichte

Für die Israelis hatten die Tunnelunruhen vor allem eine negative Auswirkung: Der islamische *Waqf* stellte jegliche Zusammenarbeit mit der israelischen Archäologiebehörde auf dem *Haram* ein. Fortan war Juden das Betreten des Tempelbergs für mehrere Jahre verboten. Ohne Aufsicht der staatlichen Archäologen verletzte der *Waqf* den *Status quo* auf dem Berg und begann, weitere Moscheen im Inneren des Berges in den alten Herodianischen Gewölben zu bauen. An die 20 000 Tonnen Geröll wurden in ein Wadi nahe dem Tempelberg geschüttet, ohne dass Archäologen den Bauschutt aus dem Herzen einer der interessantesten Stätten der Menschheitsgeschichte untersuchen konnten. Der israelische Archäologe Gabi Barkai hat in dem Bauschutt bereits mehr als 1000 historisch wertvolle Kleinfunde entdeckt. Bekannt ist, dass der *Waqf* bei seinen Ausgrabungen sorgfältig darauf achtete, keine Überbleibsel antiker jüdischer Präsenz auf dem *Haram* zu entdecken. So entstanden unter der al-Aqsa Moschee zwei riesige Moscheen, von denen die von den Kreuzfahrern irrtümlich «Salomons Ställe» genannten Gewölbe mit rund 4000 Quadratmetern und einem Fassungsvermögen für 10 000 Gläubige die größte Moschee in Israel geworden ist. Später hob der *Waqf* ein 13 Meter tiefes Loch mit einer Fläche von 1670 Quadratmetern aus, von dem er behauptet, es sei lediglich ein Notausgang für die Moschee.

Ehud Barak und das Ende der israelischen Linken

Hoffnungsvoller Anfang und viele Fettnäpfchen

Der Wahlsieg Ehud Baraks wurde von Hoffnungen des israelischen Friedenslagers begleitet. Kaum einer besaß wie er, der am höchsten dekorierte israelische Soldat, das Ansehen und den Mut sowie das nötige Verständnis, um den gordischen Knoten des Nahostkonflikts zu durchschlagen. So hofften viele zumindest. Anfänglich schien Barak seinen Mut unter Beweis zu stellen: Entgegen dem jahrzehntealten Dogma zog er sich im Jahr 2000 einseitig und bedingungslos aus dem Südlibanon zurück. Mit ähnlicher Entschlossenheit machte er sich anfangs an die Friedensgespräche mit Syrien, vernachlässigte dabei aber die palästinensische Front. Arafat fühlte sich zurückgesetzt und schmollte in Ramallah. Als aber der Preis eines Friedensvertrages mit Syrien klar wurde, nämlich ein voller Rückzug von den strategisch wichtigen Golanhöhen, wandte Barak sich vom syrischen Präsidenten Hafez Al-Assad ab und den Verhandlungen mit den Palästinensern zu.

Barak sollte die Verwandlung vom General zum Staatsmann nicht gelingen. Anhaltende Koalitionskrisen charakterisierten

Das erste Treffen von Ehud Barak und Jassir Arafat am 11. Juli 1999. Sie kamen nie miteinander aus, das Scheitern ihrer Verhandlungen mündete schließlich in die zweite Intifada.

seine Amtsperiode. Seine Koalition zwang ihn zu einem politischen Slalomkurs, der den Palästinensern suspekt war. Anfangs versprach er, gemäß dem «Beilin-Abbas-non-paper», den Ostjerusalemer Vorort Abu Dis der PA zu übergeben. Palästinensische Bauarbeiter hatten dort bereits begonnen, ein Gebäude als zukünftigen Sitz des palästinensischen Parlaments zu renovieren. Doch im letzten Augenblick machte Barak einen Rückzieher. Ähnliche Enttäuschungen erlebten die Palästinenser in anderen Fragen wie der Entlassung in Israel inhaftierter Landsleute. Anstatt der versprochenen Massenentlassungen wurden letztendlich nur alte Häftlinge in lächerlich geringen Zahlen freigelassen.

Der Friedensprozess kam ins Stocken. Die Regierungszeit des US-Präsidenten Bill Clinton und von Baraks Koalition näherten sich ihrem Ende. Barak entschied sich für ein Vabanquespiel. Er setzte alles darauf, bei einem Gipfeltreffen mit Jassir Arafat den israelisch-palästinensischen Konflikt endgültig zu lösen. Auf israelischen Druck hin und wider palästinensischen Willen, luden die USA im Sommer 2000 zum Gipfel in Camp David, der trotz großer Hoffnungen zum Fiasko werden sollte.

Camp David 2000

Bei dem gescheiterten Friedensgipfel in Camp David im Sommer 2000, an dem der israelische Premier Ehud Barak und Palästinenserpräsident Jassir Arafat als Gäste des US-Präsidenten Bill Clinton teilnahmen, erwies Jerusalem sich als größter Stolperstein. Als Israelis und Palästinenser auch nach 7 Verhandlungstagen zu keiner Einigung kommen konnten, legten die Amerikaner ihre eigenen Lösungsvorschläge vor. Diese wurden später als die Clinton-Parameter beiden Seiten als Ultimatum präsentiert. Prinzipiell waren die Parameter des Clinton-Vorschlages dem Beilin-Abbas-Abkommen ähnlich.

Die Hauptpunkte bezüglich Jerusalem waren:

Clinton – Parameter für Jerusalem

1.) Die Altstadt sollte geteilt werden: Das jüdische und das armenische Viertel sollten Israel zugeteilt werden.

2.) Die Stadt sollte nach dem Prinzip geteilt werden: *«Was arabisch ist, den Palästinensern, was jüdisch, den Israelis.»* Die Befürworter dieses Plans sprachen bereits von abenteuerlichen Bauprojekten, die über ein kompliziertes Netz von Brücken- und Tunneln den ethnischen Flickenteppich Jerusalems miteinander verbinden und voneinander trennen sollten.

3.) Die palästinensische Hauptstadt sollte ihren Sitz im Vorort Abu Dis erhalten.

4.) Erstmals seit rund 2000 Jahren sollte es Juden gestattet sein, auf dem Tempelberg zu beten.

Wie nur in Jerusalem möglich, wurden hier originelle Konzepte für eine unlösbare Frage präsentiert, denn die Souveränität auf dem Tempelberg blieb ein vertracktes Problem. Beide Seiten beanspruchten den heiligen Ort für sich. So schlugen die Amerikaner das Konzept einer «vertikalen Souveränität» vor, d.h. alles, was sich oberhalb des Bodens des *Haram* befindet, sollte der PA gehören. Über den Moscheen sollte die palästinensische Flagge wehen, der Ort sollte vom *Waqf* verwaltet werden. Die Israelis sollten hingegen die Souveränität unterhalb des Bodens erhalten. Nichts hätte die Palästinenser mehr verängstigen können. Sie sahen in dem Vorschlag einen Plan der Israelis, unterhalb des *Haram* archäologische Ausgrabungen zu beginnen und letztlich die Moscheen zum Einsturz zu bringen. Arafat lehnte nicht nur alle Vorschläge ab, er begann sogar, das historische Anrecht der Juden auf den Tempelberg zu negieren. Der jüdische Tempel habe sich in Nablus befunden, erklärte er seinen überraschten Zuhörern. Arafat legte seinerseits aber keine eigenen Ideen vor. Vor dem Hintergrund der schlechten Vorbereitungen und der Unnachgiebigkeit Arafats scheiterte der Gipfel nach zwei Wochen kläglich und mündete später in die zweite Intifada. Clinton schrieb dem Vorsitzenden der PA später die Hauptschuld für das Scheitern zu und bezeichnete den Gipfel verärgert als einen *«Zahnarztbesuch, bei dem man vergessen hat, das Zahnfleisch zu betäuben.»*

Die amerikanischen Verbündeten Ägypten und Saudi-Arabien spielten in den Verhandlungen in Camp David hinsichtlich Jerusalem eine zentrale und negative Rolle. Clinton hatte Ägyptens Präsident Hosni Mubarak und den König Saudi-Arabiens eingeschaltet, um Druck auf Arafat auszuüben und ihn nachgiebiger zu machen. Doch der Anruf erwies sich als kontraproduktiv. Die arabischen Staatsoberhäupter rieten Arafat davon ab, Kompromisse in der Stadt einzugehen. In der gesamten arabischen Welt erweckten die Verhandlungen Aufruhr. Iran und Syrien warnten Arafat davor, den *Haram* zu «verschachern». Jahre nachdem die PLO sich als alleiniger Repräsentant der Palästinenser etabliert hatte, wurde ihr so wieder die Möglichkeit genommen, unabhängig über das Schicksal ihres Volkes zu entscheiden. Jerusalem hatte sich vielmehr von einem palästinensischen in ein panislamisches Problem verwandelt.

Auch auf israelischer Seite war die Empörung groß. Die Koalition Baraks zerbröckelte, als bekannt wurde, dass Verhandlungen über Jerusalem stattfanden. Wie bereits zuvor nahm Barak seine Zugeständnisse wieder zurück, als deutlich wurde, dass Arafat sie ablehnen und Barak durch ihr Bekanntwerden politisch geschwächt würde.

Ausbruch der al-Aqsa Intifada und Verhandlungen in Taba

Camp David endete in einer Katastrophe. Im September 2000 besuchte der Oppositionsführer Ariel Scharon den *Haram*, unter anderem als Reaktion auf die Verhandlungen in Camp David. Er wollte demonstrieren, dass keine Kompromisse hinsichtlich der israelischen Souveränität auf dem Tempelberg möglich seien. Am Tag danach begannen Unruhen auf dem Tempelberg, bei denen mehrere Palästinenser von israelischen Polizisten erschossen wurden. Die Unruhen weiteten sich wie ein Buschfeuer aus und waren der Beginn der zweiten Intifada, die auch al-Aqsa-Intifada genannt wird. Die Gewalt eskalierte fortwährend. Die israelische Armee verbrauchte im ersten Monat der Intifada 1,3 Millionen Schuss Munition. Ein palästinensischer Mob lynchte zwei Reservisten in einer Polizeistation in Ramallah, Israel reagierte mit Luftangriffen. Trotzdem versuchte Barak, die Verhandlungen zu einem erfolgreichen Abschluss zu bringen. Sein politisches Überleben hing davon ab, dass er seinem Volk einen akzeptablen Vertrag mit den Palästinensern lieferte. Also lud Clinton in einem letzten verzweifelten Versuch zu einem Gipfel im ägyptischen Taba ein. Hier sollten beide Seiten die bisher größten Zugeständnisse bezüglich Jerusalems machen.

Die EU fasst Taba zusammen:
Die Europäische Union brachte eine inoffizielle Zusammenfassung der Gespräche zu Papier. Aus den Notizen des Gesandten Miguel Angel Moratinos geht Folgendes hervor:
1.) Die Palästinenser unterbreiteten erstmals ihre eigenen Karten. Sie sollten ihr Verständnis israelischer Interessen illustrieren.
2.) Die Israelis wollten 6% der Westbank annektieren, die Palästinenser boten ihnen 3% im Gegenzug für einen Landaustausch 1:1.
Bezüglich Jerusalems:
1.) Beide Seiten akzeptierten jetzt die Clinton-Parameter einer Teilung der Stadt entlang ethnischer Linien. Die Stadt sollte jedoch offen bleiben.
2.) Zum ersten Mal wurde der Begriff «heiliges Becken» geprägt. Er bezeichnet ein etwa 2 Quadratkilometer großes Gebiet, das die Altstadt, den Zionsberg und den Ölberg einschließt. Hier befinden sich die wichtigsten heiligen Orte und damit die Touristenattraktionen. Beide Seiten waren sich einig darüber, dass für dieses Gebiet besondere Lösungen gefunden werden müssen, wie beispielsweise ein internationales Regime.

3.) Die Palästinenser waren bereit, die Frage israelischer Souveränität an der Klagemauer zu besprechen.

4.) Der *Haram*/Tempelberg erwies sich wieder als Knackpunkt. Beide Seiten waren sich einig, dass diese Frage nicht gelöst wurde.

Trotz der bedeutenden Annäherung kam es zu keiner Einigung. Dabei erwiesen sich die Diskussionen über den Tempelberg als das schwierigste Thema. Dieses kleine Areal, das nur 0,0075 % des Mandatsgebiets Palästinas, also Israels und der besetzten Gebiete, ausmacht, verhinderte letztlich eine Einigung, nachdem ein Konsens über viel größere Landstriche bereits erreicht worden war. Damit kamen die Verhandlungen endgültig zum Stillstand. Baraks Zeit lief ab. Im Februar 2001 wurde er abgewählt und Scharon übernahm die Macht. Von nun an sollte Israel keine ernsthaften Verhandlungen mit den Palästinensern mehr führen. Die israelische Linke hat sich vom Scheitern der Verhandlungen in Camp David und Taba nie erholt: Hier herrscht seitdem die Meinung, dass eine Einigung mit den Palästinensern unmöglich ist. Scharon setzte fortan auf einseitige Schritte, um die Interessen Israels zu sichern.

Jerusalem unter Scharon

Terror ebnet den Weg zur Mauer

Während der al-Aqsa-Intifada spitzte sich die Sicherheitslage in Jerusalem weiter zu. Allein in den Jahren 2000–2002 stürmte die israelische Polizei den Tempelberg 13 Mal wegen Unruhen, die vor Ort ausgebrochen waren. Sie wollte vor allem die Massen daran hindern, wie im September 2000 vom *Haram* aus Steine auf jüdische Gläubige an der Klagemauer zu werfen. Wieder wurden israelische Privatfahrzeuge zum Ziel Steine werfender palästinensischer Jugendlicher. Selbst Juden, die bisher den Ostteil der Stadt nicht gemieden hatten, blieben ihm von nun an fern. Die Altstadt, normalerweise mit ausländischen und israelischen Touristen gefüllt, leerte sich vollends. Ein Geschäft nach dem anderen musste Konkurs anmelden. Selbst der moderne Stadtkern glich nachts einer Geisterstadt.

Jerusalem war das Hauptziel palästinensischer Terroristen. In der Zeit zwischen September 2000 und Januar 2006 wurden in der Stadt 635 Anschläge, davon 131 Selbstmordattentate, verübt. Dabei wurden mehr als 250 Israelis getötet und an die 2200 verletzt. Das sind 20% aller israelischen Verluste. Diejenigen, die trotz ihrer Angst noch die vielen gemütlichen Kaffeehäuser der Stadt aufsuchten, beschrieben ein Gefühl, als nähmen sie an einem russischen Roulette teil. Bewaffnete Wachen stehen bis heute an den Eingängen von Kaffees, Banken und Supermärkten. Einfache Busfahrten auf dem Schulweg der Kinder wurden für Eltern zur Zerreißprobe, da sie nicht sicher sein konnten, ob sie lebend heimkehren würden.

Obwohl die Araber Ostjerusalems sich mit überwältigender Mehrheit ruhig verhielten, war doch in der al-Aqsa-Intifada eine größere Anzahl von ihnen in terroristische Aktivitäten involviert als während der ersten Intifada. In der Zeit von September 2000 bis Ende 2005 hat die israelische Polizei 50 Bewohner Ostjerusalems verhaftet, die bei Anschlägen mitgewirkt oder solche geplant hatten. Das zunehmende Engagement Ostjerusalemer Palästinenser für den Terrorismus wird von den israelischen Sicherheitsdiensten als besonders gefährlich eingestuft. Sie genießen wegen ihres speziellen rechtlichen Status völlige Bewegungsfreiheit. Ihr meist höherer Bildungsstand ermöglicht es ihnen, komplexere und gefährlichere Angriffe zu planen, die eine weitreichende Wirkung zeitigen sollen. So plante eine Terrorzelle, den Hubschrauber des Premiers Ariel Scharon mit einer Flugabwehrrakete über der Knesset abzuschießen. Eine andere Gruppe hatte vor, die Gäste des beliebten «Rimon»-Kaffeehauses zu vergiften. Eine weitere Gruppe flog im letzten Augenblick auf, ehe sie ihren Plan ausführen konnte, einen israelischen Krankenwagen zu entführen, mit Sprengstoff zu beladen und damit die Notaufnahme des Hadassah-Krankenhauses in die Luft zu sprengen.

Für Scharon waren die Aktionen der Palästinenser und die Passivität der PA in ihrer Terrorbekämpfung Anlass, alle Aktivitäten der PA in Ostjerusalem einzustellen. Im Gegensatz zu seinen Vorgängern, deren Forderungen nach einer Schließung des Orient-Hauses und der alleinigen israelischen Herrschaft über ganz Jerusalem mehr Lippenbekenntnisse als politisches Programm waren, machte Scharon Ernst mit seiner Drohung, die PA aus Jerusalem zu vertreiben. Sein Sicherheitsminister Uzi Landau schloss das Orient-Haus im Jahr 2001 und vergrößerte den jordanischen Einfluss auf den *Waqf* auf Kosten von Arafats Macht. Doch Scharon begnügte sich nicht mit medienwirksamen Gesten. Er schloss den palästinensischen Tourismusrat und die palästinensische Handelskammer; Mitglieder der Sicherheitsdienste der PA, die bis dahin unbehelligt in Jerusalem operieren konnten und manchmal ihre Aktionen mit der israelischen Polizei koordiniert hatten, wurden nun vertrieben oder verhaftet.

Angesichts des anhaltenden Terrors wuchs der Druck der öffentlichen Meinung, der eine schnelle und effektive Lösung verlangte. Die Israelis suchten dabei ihr Heil in den Grenzanlagen, die sie Anti-Terror-Zaun und die Palästinenser Apartheidsmauer nennen. Am 1.10.2003 bewilligte die israelische Regierung den Bau der ersten Teile einer Mauer in Jerusalem.

Scharon – erbitterter Gegner und Bauherr der Mauer

Die Amtszeit des Premiers Ariel Scharon wird wohl wegen zweier Dinge in die Geschichte eingehen: Des Rückzugs aus dem Gazastreifen und der Errichtung der Grenzanlagen in der Westbank. Dabei lag ihm zu Beginn seiner Amtszeit wohl nichts ferner als diese beiden Vorhaben. Seit dem Sechs-Tage-Krieg 1967 haben alle israelischen Regierungen konsequent die Trennlinien zwischen dem Kernland Israels und dem Westjordanland verwischt. Nur wenige Israelis wussten vor Beginn der Intifadas, wo ihr Land endete. Kein Grenzschild markierte den Übergang.

Inmitten von Jerusalem entsteht eine Grenzmauer, die einen normalen palästinensischen Alltag unmöglich macht. Unwiderlegbar ist allerdings, dass zeitgleich mit dem Mauerbau der palästinensische Terror merklich nachgelassen hat.

Straßen, Stromnetz und Wasserversorgung wurden so geplant, als gäbe es zwischen hier und dort keinen Unterschied. Aus einem Großteil der Schulbücher war die grüne Linie, bis 1967 die Grenze zum Westjordanland, verschwunden. Diese Unklarheit war beabsichtigt, denn die Israelis wollten keine endgültige Grenze festlegen. Sie fühlten sich wohl mit dem *Status quo*, gab er ihnen doch die Möglichkeit, Teile des Westjordanlandes stillschweigend zu annektieren. Scharon war der politische Ziehvater und Schutzherr der Siedlerbewegung. Als Bauminister war er persönlich für die Errichtung vieler Siedlungen verantwortlich. Noch kurz vor seinem Amtsantritt hatte er die Siedler dazu aufgefordert, *«jeden Hügel zu besetzen, bevor es zu spät ist.»* Ein Grenzzaun war also wider seine Groß-Israel-Ideologie, würde dieser doch endgültig die Ausmaße des Siedlungsvorhabens bestimmen. Konsequent sprach Scharon sich gegen die Idee aus, das Westjordanland physisch von Israel zu trennen. Doch nach jedem Attentat kehrte die Frage mit doppelter Vehemenz wieder: *«Wenn wir die Palästinenser nicht kon-*

trollieren können, müssen wir uns von ihnen trennen. Warum bauen wir keinen Zaun?», insistierten die Medien, die damit die Idee des abgewählten Premiers Ehud Barak aufgriffen.

Nur der innenpolitische Druck zwang Scharon, letztlich die Grenzanlagen zu errichten. Im Juli 2001 übernahm sein Kabinett die Idee des Zauns. Die Trennzonenverwaltung wurde aber erst nach mehreren schweren Terrorangriffen im April 2002 gegründet. Vier Monate später, im August, wurde die erste Phase des Baus von 123 Kilometern Grenzanlagen in der Westbank und 19,5 Kilometern in Jerusalem verabschiedet. Das langsame Vorankommen der Bauarbeiten zeugte davon, dass Scharon noch lange darauf hoffte, dass ein militärischer Sieg über die Palästinenser letztendlich den Bau überflüssig machen und der Plan in Vergessenheit geraten würde.

Inzwischen ist der Bau des Grenzzaunes zu einem Grundstein israelischer Strategie geworden. Die These, dass der Zaun die Sicherheitslage der Bürger Israels verbessert, scheint sich zu bewahrheiten, selbst wenn es schwierig ist festzulegen, welchen Anteil die Barriere an der Beruhigung hat. Sicherlich spielen mehrere Faktoren eine Rolle. Die aggressiven israelischen Taktiken wie die Rückeroberung palästinensischer Städte im Westjordanland oder die von PA-Präsident Machmud Abbas 2005 ausgehandelte Waffenruhe haben ebenfalls Anteil am Rückgang der Attentate. Fest steht, dass nach der Errichtung der Barriere im Norden die Anzahl der Anschläge dort stark zurückging.

Anfangs beschrieben offizielle israelische Sprecher die Barriere lediglich als «Sicherheitsmaßnahme». Nachdem Ehud Olmert jedoch Scharon an der Staatsspitze abgelöst hatte, wurde immer deutlicher, dass der Verlauf der immensen Grenzanlagen maßgeblich die Verhandlungen über eine endgültige Lösung des Nahostkonflikts beeinflussen wird. Gleichzeitig hat er katastrophale Folgen für die palästinensische Zivilgesellschaft, vor allem in Jerusalem.

Der Terror und die Mauer
Folgen für Stadt und Umgebung

Nicht nur die Israelis waren die Leidtragenden des palästinensischen Aufstands. Auch Ostjerusalem hat schwer unter der al-Aqsa-Intifada gelitten. Ein Großteil der Arbeitsplätze war vom Tourismus abhängig, viele Menschen wurden arbeitslos. Die Armut nahm zu, immer mehr Menschen wurden abhängig von wohltätigen Organisationen, die eine militante islamische Ideologie verbreiten. Nur für 60% der rund 64 000 palästinensischen Schüler Ostjerusalems gibt es genug Platz im öffentlichen Schulsystem. Seit 1975 genießen die arabischen Schulen Jerusalems, die sich nicht dem israelischen Erziehungsministerium unterordnen wollten, ein gewisses Maß an Autonomie. Sie legen ihre eigenen Schulpläne fest, die Israelis überwachen sie nicht. Doch die Freiheit hat ihren Preis. Das Schulsystem ist hoffnungslos unterfinanziert. Die Klassen sind überfüllt, in den Jahren 2001–2005 hat Israel nur 14 neue Klassenzimmer gebaut, obgleich der höchste Gerichtshof den Staat angewiesen hat, mindestens 245 neue Räume zu bauen. Schon 2001 fehlte es an Platz, seitdem wächst die Schülerschaft um 6% jährlich. Also weichen die Schüler auf die islamischen oder privaten Schulen aus, deren Lehrplan niemand überwacht. Viele geben auf und wandern in die Westbank ab, wo die Schulen leichter erreichbar und weniger überfüllt sind. Die palästinensische Gesellschaft durchlebt nicht zuletzt deswegen eine Islamisierung. Die Ergebnisse sind auf den Straßen sichtbar: Kleideten palästinensische Frauen sich früher in farbenfrohe, traditionelle Gewänder, sieht man heute nur dunkelbraune oder schwarze Kleider, die der Islam nach Meinung der Extremisten vorschreibt. Gleichzeitig haben Drogenhandel und inner-palästinensische Gewalt zugenommen. Zeitungsberichte sprechen davon, dass Familien verstärkt minderjährige Töchter verheiraten, um die finanzielle Last ihrer Ernährung zu lindern.

Israelische Vergeltungsmaßnahmen und intensivierte Sicherheitsvorkehrungen haben Ostjerusalem *de facto* von den Trabantenstädten Bethlehem und Ramallah abgetrennt. Die Palästinenser betrachten Ostjerusalem, Ramallah und Bethlehem als eine Großmetropole, die laut eigenen Angaben 30–40% des palästinensischen Bruttosozialproduktes (BSP) erwirtschaftet. Der Bau der Trennmauer entlang der geplanten Trasse innerhalb Jerusalems – hier ist nur ein kleiner Teil ein Grenzzaun – hat deshalb für die palästinensische Wirtschaft und das soziale Gewebe der Bewohner katastrophale Folgen.

Die Jericho-Straße war noch vor zwei Jahren ein belebtes Geschäftszentrum im Osten Jerusalems. Die Jordanier führten ihre Trasse in den 50er Jahren über einen jüdischen Friedhof und zerstörten dabei 50 000 Gräber, deren Grabsteine sie zum Pflastern ihrer Latrinen benutzten. Heute mündet die breite Straße unverhofft in eine graue Betonwand, die auch in den Köpfen der Menschen immer mehr zu einer permanenten Grenze inmitten ihrer Stadt wird. Die Geschäfte hinter der Mauer sind fast alle geschlossen. Der Hummus kostet hier ein Fünftel dessen, was man im Westen der Stadt dafür bezahlt. Selbst die kleinen Löcher in der Mauer, durch die sich früher noch Menschen zwängen konnten, sind inzwischen verschlossen. So wird die Teilung der Stadt unerbittlich zu einer unwiderruflichen Realität.

Die Demographie:
Zeitbombe für israelische Souveränität

Ein leitendes Prinzip israelischer Politik ist die Aufrechterhaltung einer jüdischen Mehrheit. Nur wenn die Juden im Staatsgebiet eine überwältigende Mehrheit bilden, kann Israel gleichzeitig jüdisch und demokratisch bleiben. Bei der Festlegung der Stadtgrenzen 1967 befanden sich 22% Araber innerhalb der neuen Metropole. Die israelische Strategie, wie sie 1973 explizit von der Gafni-Kommission festgelegt wurde, zielt darauf ab, dass Araber nicht mehr als 27% der Stadtbewohner ausmachen. Deswegen wurden die Stadtgrenzen fortwährend nach Westen

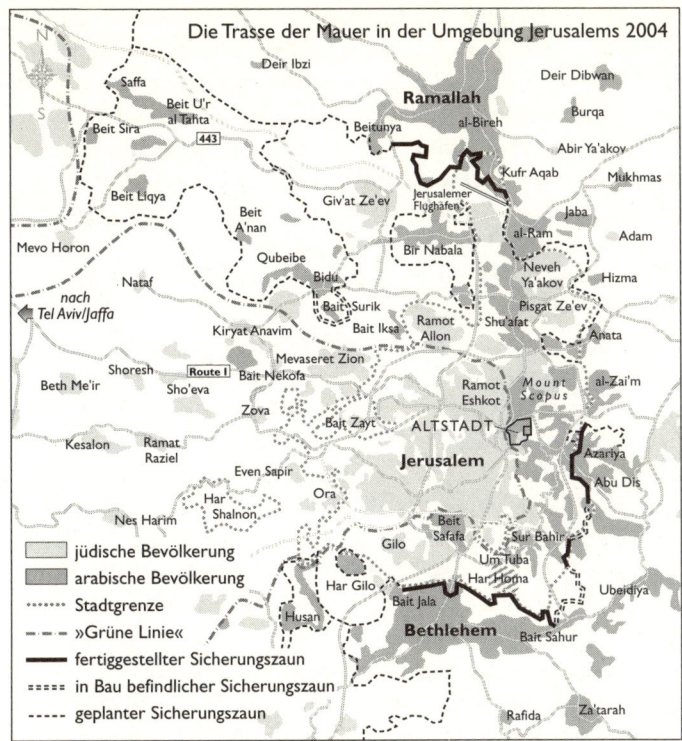

Die Trasse der Mauer in der Umgebung Jerusalems 2004

jüdische Bevölkerung
arabische Bevölkerung
······· Stadtgrenze
– – – »Grüne Linie«
——— fertiggestellter Sicherungszaun
===== in Bau befindlicher Sicherungszaun
- - - - geplanter Sicherungszaun

verschoben, um mehr jüdische Wohnorte einzugemeinden. Hinter der diskriminierenden Politik der Stadtverwaltung und des israelischen Staates, die den Bewohnern des Ostteils munizipale Dienstleistungen und Baugenehmigungen konsequent verweigert, kann man die Absicht, die Araber aus der Hauptstadt «herausekeln» zu wollen, zumindest vermuten.

Die israelische Strategie ist aber fehlgeschlagen. Schon im Jahr 2006 waren rund 33% der 720000 Jerusalemer Palästinenser. Die Zukunft birgt für die Israelis in dieser Hinsicht keine Hoffnung: 42% der Kinder bis zum 10. Lebensjahr waren Araber. Der wirtschaftliche Aufschwung, den der Bau der neuen Siedlungsblöcke

und die Entwicklung des jüdischen Westjerusalem brachten,
lockte viele Palästinenser aus der Westbank in das Gebiet der
Metropole. Tausende von Einwohnern des nahen Hebron beispielsweise bauten die südlichen jüdischen Vororte und siedelten
sich vor Ort an. So wuchs der arabische Teil der Bevölkerung
Jerusalems nicht nur aufgrund der höheren Geburtenrate sondern auch wegen des wirtschaftlichen Aufschwungs doppelt so
schnell wie der jüdische.

Der Mauerbau bewirkt genau das Gegenteil des von Israel er-
wünschten demographischen Effekts. Die Mauer setzt eine neue
Bewegung in Gang. Arme und mittelständische Palästinenser ziehen nach Jerusalem, um sich westlich der Mauer und diesseits
der entstehenden Grenzübergänge aufzuhalten. Die Wohnungs-
dichte im Ostteil der Stadt ist bereits doppelt so hoch wie im
Westen (1,9 Personen pro Zimmer im Gegensatz zu 1 Person im
Westen). Die Mieten, die sich im Ostteil in den letzten Jahren
mehr als verdoppelt haben, sind vor allem in Hinsicht auf die
niedrigen Löhne der Araber horrend hoch. Ein weiterer Effekt
der «Völkerwanderung» ist ein rapider Preisverfall östlich der
Mauer. Hier sind die Mieten um bis zu 50% gesunken, was dazu
führt, dass noch mehr «Westbankler» in den Großraum Jerusalem übersiedeln. So wächst der arabische Anteil der Bewohner
Jerusalems weiterhin mit hohem Tempo. Laut israelischen Hoch-
rechnungen wird er im Jahr 2020 bereits 43% betragen, im Jahr
2030 werden die Araber die Hälfte der Stadtbürger stellen. Zu
diesen «Pull»-Faktoren gesellen sich «Push»-Faktoren, wie der
Zusammenbruch der palästinensischen Zivilgesellschaft und das
dortige Chaos, das die Menschen ebenfalls in den Großraum Jerusalem treibt.

Welche Absicht steht hinter dem Mauerbau?
Es ist schwer erkennbar, welche Prinzipien den Verlauf der
Mauer diktiert haben. Die einfachste Maxime, die Mauer entlang
der heutigen Stadtgrenzen zu bauen, lag der Planung offensichtlich nicht zu Grunde. Nur 4 Kilometer der insgesamt 130 Kilo-

meter langen Mauer befinden sich auf den heutigen Stadtgrenzen, 12 stehen in wenigen hundert Metern Entfernung, 114 dehnen sich bis tief in die Westbank aus; 55 000 ehemalige Jerusalemer Palästinenser werden sich bei der Fertigstellung der Mauer auf ihrer Ostseite außerhalb der Stadt wiederfinden.

Das Bollwerk verläuft auch nicht entlang ethnischer Trennlinien: An die 200 000 Palästinenser werden durch den Mauerbau in die Stadt integriert. So legt Israel sich eine neue «demographische Zeitbombe» ins eigene Nest. Vor dem Hintergrund der Befürchtungen israelischer Sicherheitsdienste, dass die Einwohner Ostjerusalems sich zunehmend an Terroranschlägen beteiligen könnten, kann die Trasse offensichtlich nicht mit Sicherheitsinteressen begründet werden. Wären sie ausschlaggebend, hätte man die arabischen Wohnviertel außen vor lassen müssen.

Eine der offiziellen Absichten des Mauerbaus ist es, die Reibung zwischen der israelischen und palästinensischen Bevölkerung auf ein Minimum zu reduzieren. Doch auch diese Absicht ist in Jerusalem nicht erkennbar. Ganz im Gegenteil: Die Reibung wird nur noch zunehmen. Da östlich der Mauer keine neue Infrastruktur geschaffen wird, werden Menschen zwangsweise weiterhin nach Jerusalem pendeln müssen, um ihrem Alltag nachzugehen. Zu diesem Zweck sollen 22 überwachte Grenzübergänge geschaffen werden. Diese Übergänge sollen dann täglich von rund 60 000 Menschen mindestens zweimal am Tag genutzt werden, was also mindestens 120 000 Grenzübergänge pro Tag bedeutet. Zum Vergleich sollte man sich vor Augen halten, dass während der Intifada rund 7000 palästinensische Arbeiter einen wichtigen Grenzübergang im Norden des Gazastreifens, Eres, täglich durchqueren mussten. Ununterbrochen kam es dort zu jämmerlichen Szenen: Alte Männer wurden im Gedränge zu Tode gedrückt, Arbeiter mussten sich in der Nacht stundenlang unter unmenschlichen Bedingungen anstellen, um einen guten Platz in den langen Schlangen zu ergattern.

Sollten die Bedingungen an den Jerusalemer Grenzübergängen dem auch nur ähnlich werden, und sie könnten gar schlimmer werden, kann von einer «*Verminderung der Reibung und des Gewaltpotentials*» keine Rede sein. Der nächste Volksaufstand frustrierter palästinensischer Arbeiter scheint fast unabwendbar. Hier stellt sich die Frage, wie die israelischen Behörden mit solchen Unruhen umgehen wollen. Es ist anzunehmen, dass die Palästinenser mit Vollendung des Mauerbaus die Grenze zu einem neuen Krisenherd machen werden, an dem es zu Protesten kommen wird. Es ist weiterhin nicht auszuschließen, dass bei diesen Demonstrationen einzelne Palästinenser versuchen werden, die Mauer zu zerstören. Sollten die Israelis hier mit Gewalt durchgreifen und Menschen getötet werden, wäre auch dies Anlass für weitere Unruhen. So birgt die Mauer mindestens ebenso viel Gewaltpotential in sich wie sie als Bollwerk gegen den Terror verhindern soll.

Zwei Prinzipien wurden zumindest größtenteils verwirklicht: Der Mauerbau ist ein Versuch ausgedehnter Landnahme und begräbt jede Hoffnung auf eine Zweistaatenlösung. Während beispielsweise die bebaute Fläche von Maale Adumim 7 Quadratkilometer beträgt, soll die Mauer 53 Quadratkilometer unbebautes Land im Umkreis der Stadt eingemeinden. Die neue «Jerusalem-Hülle» erstreckt sich über 4.1 % der Fläche der Westbank: Dies ist fast die Hälfte des Territoriums, das Israel mit den Grenzanlagen *de facto* annektieren will. Auf diesem Gebiet leben 80 % der Bevölkerung, die Israel zwischen der grünen Linie und der Mauer einzwängt. Ein großer Siedlungsblock, E1 genannt, soll zwischen Maale Adumim und Jerusalem entstehen, um die Städte untrennbar miteinander zu verbinden. In E1 sollen 3500 Wohnungen, Einkaufszentren und öffentliche Gebäude für 20000 Menschen entstehen. Auf der Höhe von Maale Adumim ist die Westbank 30 Kilometer breit. Sollte Maale Adumim durch E1 mit Jerusalem verbunden werden, blieben noch 17 Kilometer übrig. Dies ist für die Palästinenser besonders schmerzhaft, da die Landbrücke zwischen Maale Adumim und Jerusalem die Verbindung zwischen Ramallah und Bethlehem kappt und so den Norden und den Süden des Westjordanlands voneinander trennt. Die Metropole Ramallah-Jerusalem-Bethlehem, die bisher eine historische, wirtschaftliche, kulturelle und soziale Einheit mit komplexen Wechselbeziehungen bildete, wird ohne Rücksicht auf palästinensische Verluste getrennt. Die Auswirkungen dieses Schritts sind noch nicht abzusehen.

Der Verlauf der Mauer in Jerusalem macht deutlich, dass die Israelis Opfer ihrer eigenen Rhetorik geworden sind. Ihr Mantra eines «vereinten und unteilbaren Jerusalems» hat sich so festgesetzt, dass sich niemand mehr daran erinnert, dass die heutigen Stadtgrenzen nichts mehr mit der historischen Wiege des Judentums gemein haben. Anstatt die Stadt nach logischen Gesichtspunkten zu teilen und somit die israelische Position von den Standpunkten der nationalen Sicherheit und der internationalen Diplomatie zu festigen, streut die Regierung die Saat für den nächsten Aufstand. Vor diesem Hintergrund ist es nicht verwunderlich, dass die Palästinenser den israelischen Rückzug aus dem Gazastreifen mit großer Skepsis betrachten. *«Israelis haben den Traum von Groß-Israel gegen die Realität von Groß-Jerusalem eingetauscht»*, behaupten sie und versprechen, den Kampf weiterhin fortzusetzen.

Der Frieden entrückt – Der Weg zum Wahlsieg der Hamas

Arafat stirbt – die Todesursache bleibt ein Rätsel

Im Winter 2004 erlag der längjährige Palästinenserpräsident Jassir Arafat einer mysteriösen Krankheit. Bereits in den Monaten vor seinem Ableben war sein Verhalten zunehmend bizarr geworden. Anfänglich schrieb sein Stab dies dem Umstand zu, dass er seit geraumer Zeit von der israelischen Regierung in der Mukataa, dem Präsidentenpalast in Ramallah, belagert wurde. Sein Gedächtnis nahm rapide ab, manchmal erinnerte er sich nicht mehr an den Namen seiner Tochter. Im Oktober 2004 ging es dann mit ihm bergab. Es wurde beschlossen, ihn in ein Militär-

Jassir Arafat blieb Zeit seines Lebens der reichste Freiheitskämpfer der Geschichte und legte seine Uniform nie ab. Selbst Palästinenser beschuldigen ihn heute, den Grundstein für die Anarchie in der Autonomiebehörde gelegt zu haben.

hospital in Paris zu überführen. Machmud Abbas, der lange Jahre sein Weggefährte, später sein wichtigster Rivale gewesen war und dann zu seinem Nachfolger werden sollte, vertrat ihn in seiner Abwesenheit. Vor seiner Abreise hinterließ Arafat kein politisches Testament. «*Sorgt dafür, dass meine Tochter einen anständigen Mann heiratet*», soll seine letzte Bitte vor dem Abflug gelautet haben.

Aber auch im Pariser Percy-Krankenhaus bekam man die Krankheit Arafats nicht in den Griff. Tagelang kämpften die Ärzte um das Leben des Präsidenten. Nur Wenigen war es erlaubt, Arafat in seinem Krankenhauszimmer zu besuchen. Seine Frau Suha hatte sicherstellen wollen, dass sie die einzige war, die über die Zukunft Arafats und sein Vermögen verfügen sollte.

Am 11. November wurde die Beatmungsmaschine Jassir Arafats abgestellt. Der *Ra'is* (arabisch: Präsident) war gestorben, der Kampf um seine Nachfolge begann. Die Todesursache sollte ein Rätsel bleiben. Zahlreiche Kommissionen haben bereits den Bericht untersucht, den das Militärkrankenhaus Percy Suha Arafat und dem Neffen des Verstorbenen, Nasser al-Kidwa, überreichte. Die französischen Experten konnten indes lediglich Spekulationen widerlegen, jedoch nicht Arafats Krankheit benennen. Immer wieder taucht die Forderung auf, die Todesursache Arafats «aufzudecken».

Abbas gewinnt die Präsidentschaftswahlen

Schon vor dem Tode Arafats 2004 hatte Machmud Abbas sich als Nachfolger des Ra'is positioniert. Am 9. Januar 2005 wurde sein Führungsanspruch bestätigt. In freien und demokratischen Wahlen zogen 62% der Palästinenser Abbas sechs anderen Kandidaten vor, die Wahlbeteiligung der 1,1 Millionen Wähler lag bei 70%. Im Westen herrschte große Zufriedenheit über den Ablauf der Wahl. Die EU hatte sie tatkräftig mit 16,4 Millionen € unterstützt und eine Delegation von 28 Parlamentariern entsandt, um sie zu überwachen. Nach dem Wahlerfolg des als pragmatisch bekannten Abbas wuchsen für kurze Zeit die Hoffnungen auf einen Ausgleich zwischen Israelis und Palästinensern, man sprach von einem «neuen Frühling». Abbas war ein ausgesprochener Gegner der Gewalt. Er hatte an zahlreichen Friedensinitiativen mit Israelis zusammengearbeitet. Nicht nur die Führer der westlichen Welt begrüßten seinen Amtsantritt, selbst der israelische Premier Ariel Scharon gratulierte ihm persönlich. Scharon und Abbas trafen sich mehrmals, zuletzt im Sommer 2005 im Beisein der US-Außenministerin Condoleezza Rice in Scharm asch-Scheich zu einem Gipfel, der Abbas in seinem Amt stärken sollte. Mit großen Fanfaren verkündeten die drei Politiker ein Ende der Intifada.

Der Optimismus sollte jedoch nur allzu bald wieder enttäuscht werden. Schnell wurde deutlich, dass Abbas die bewaffneten palästinensischen Gruppen nicht entwaffnen würde. Scharon machte im Gegenzug niemals Zugeständnisse, die Abbas überzeugend als bedeutende Verhandlungserfolge hätte präsentieren können. Anstatt die breite Unterstützung der Bevölkerung und die daraus resultierende Legitimation zu gewinnen, um von den bewaffneten Gruppen einen Waffenstillstand mit Israel zu erzwingen, entschied er sich für eine Politik der Beschwichtigung. Für die Israelis war diese Haltung inakzeptabel. Sie wollten die Hamas

entwaffnet sehen und fuhren mit ihrer Politik der gezielten Angriffe fort. Dies heizte die Stimmung auf palästinensischer Seite
weiter an, Attentate und der Beschuss israelischer Siedlungen im
Gazastreifen waren die Folge.

Auch an der Heimatfront konnte oder wollte Abbas sich nie
durchsetzen. Immer häufiger kam es vor allem im Gazastreifen
zu gewaltsamen Zwischenfällen, in denen Polizisten der PA sich
Schusswechsel mit bewaffneten Banden lieferten und meist unterlagen. So wurden im Jahre 2005 fast doppelt so viele Palästinenser von anderen Palästinensern erschossen als von Israelis.

Strategischer Fehler – Abbas setzt auf Demokratie

Abbas brauchte eine Waffenruhe, um Scharon an den Verhand-
lungstisch zu bringen. Da er sich den bewaffneten Banden, allen
voran der Hamas, aber nicht gewaltsam stellen konnte, blieb ihm
nur der Verhandlungsweg. In Kairo trafen sich seine Unterhänd-
ler im Januar 2005 wochenlang mit den Vertretern aller Widerstandsorganisationen. Am Ende des Monats verkündete Abbas
dann endlich die *Tahdiya,* die Waffenruhe. Die Widerstandsorganisationen, allen voran die islamistische Hamas, versprachen,
das Feuer einzustellen, wenn Israel seinerseits die gezielten Tö-
tungen stoppen würde. Doch im Gegenzug für die Zustimmung
der Hamas musste Abbas einen politischen Preis zahlen. Er versprach Reformen innerhalb der Autonomiebehörde, Lokal- und
Parlamentswahlen. Abbas war überzeugt davon, dass er die extremistische Hamas durch Einbindung in die palästinensische
Politik mäßigen könne. Im Ausgleich für die Macht, die er den
Extremisten auf diese Weise zugestand, hoffte er, sich mehr Kontrolle über die Außen- und Sicherheitspolitik zu verschaffen.
Eine Hamas, die selber Teil der PA geworden war, könne deren
Sicherheitsorgane nicht mehr hintergehen oder ignorieren, kal-
kulierte Abbas.

Wiederholt wurden die für Sommer 2005 versprochenen Wahlen verschoben. Abbas wähnte die Zeit auf seiner Seite. Immerfort versuchte er in Gesprächen mit Scharon Verhandlungser-

folge zu erzielen, die das ramponierte Ansehen der als korrupt geltenden Fatah in der Bevölkerung stärken würden. Doch Scharon ließ ihn leer ausgehen. Er zog einseitige Maßnahmen, wie die Räumung der Siedlungen im Gazastreifen, langwierigen Verhandlungen mit einem schwachen Partner wie Abbas vor. Abbas hoffte noch, den israelischen Rückzug aus Gaza im August 2005 als seinen Erfolg darstellen zu können, doch niemand glaubte ihm mehr. Eine überwältigende Mehrheit von 86% der Palästinenser war davon überzeugt, dass letztlich der bewaffnete Widerstand der Hamas, nicht der politische Pragmatismus, die Israelis aus dem Gazastreifen vertrieb.

Der Denkzettel für Abbas' Fehlkalkulation ließ nicht lange auf sich warten. In Lokalwahlen im Winter 2005 eroberte die islamistische Hamas einen klaren Sieg über die Fatah. Doch dies war nur der Vorbote einer noch viel deutlicheren Niederlage.

Mit offenen Augen in den politischen Tod – die palästinensischen Parlamentswahlen 2006

Die Niederlage der Fatah in den Lokalwahlen hatte die von jahrzehntelanger Alleinherrschaft verwöhnte Partei geschockt. Den Kadern wurde bewusst, dass die Parlamentswahlen eine Gefahr für den Machtanspruch ihrer Partei darstellten, und sie begannen, auf Abbas einzuwirken, diese zu verschieben. In Israel erkannte man ebenfalls die Gefahr, die für Abbas von einer potentiellen Niederlage bei den Parlamentswahlen ausging. So bot der Staat sich in Geheimgesprächen an, als Sündenbock für eine Aufschiebung der Wahlen zu dienen. Jerusalem spielte hierbei als willkommener Vorwand eine zentrale Rolle. Israel verkündete, es werde den arabischen Bewohnern Ostjerusalems im Widerspruch zu den Osloer Friedensverträgen nicht gestatten, an den Wahlen teilzunehmen. Funktionäre der Fatah nahmen dies als Anlass zu der Forderung, die Wahlen so lange nicht abzuhalten, bis die Frage der Wahlbeteiligung «geklärt» sei. Die inzwischen siegessichere Hamas forderte jedoch Abbas' Versprechen ein und machte sich damit zum Ziel der Kritik der Fatah, Jerusalem

Die Hamas ist zur stärksten politischen Kraft in Palästina geworden, doch sie ist nur Teil eines allgemeinen Trends der Islamisierung. Jerusalems Schicksal liegt längst nicht mehr nur in den Händen seiner Bewohner. Hamas-Demonstration im Gazastreifen 2004.

aufgegeben zu haben und nicht patriotisch genug zu sein. Doch Abbas konnte sich offensichtlich einen Wahlsieg der Islamisten nicht vorstellen und erzwang letztlich die Teilnahme der Ostjerusalemer an den Wahlen. Israel unterband gewaltsam einen Wahlkampf der Hamas innerhalb Jerusalems und erschwerte den Ablauf der Wahl in der Stadt erheblich. Von 109 000 Wahlberechtigten konnten letztlich nur 6300 ihren Stimmzettel in Jerusalem abgeben, der Rest musste lange Umwege zu Wahllokalen in der Westbank in Kauf nehmen. Trotzdem konnten die Islamisten auch hier erhebliche Wahlerfolge verbuchen.

Der Wahlkampf der Fatah war hingegen von Chaos bestimmt. In vielen Wahlbezirken kandidierten Fatahmitglieder in unabhängigen Wahllisten gegen ihre Mutterpartei und führten so zu einer Zersplitterung der Wählerstimmen. Am 25. Januar 2006 erhielt Abbas die Quittung für seine politischen Fehlkalkulationen. Die Hamas errang 76 der 120 Sitze im palästinensischen Parlament und stellte alle Minister in der neuen palästinensischen

Regierung. Während Abbas sich von Wahlen mehr Legitimation und Handlungsspielraum auf der internationalen Bühne erhofft hatte, brachten sie ihm genau das Gegenteil ein. Von nun an war er damit beschäftigt, seine innenpolitische Macht zu retten.

Scharon verlässt die politische Bühne

Die Legislaturperiode des Premiers Ariel Scharon erwies sich als revolutionär. Er war nicht nur ein Haudegen, der in allen Kriegen Israels mitgekämpft hatte, sondern auch Ziehvater der Siedlerbewegung und Symbol des rechten Lagers in Israel. Zu den Zeiten der Osloer Friedensverträge hatte er seine Anhänger dazu aufgerufen, eine Siedlung auf *jedem Berg und jedem Hügel* zu errichten. Doch im Amt formulierte er 2004 den «Entkopplungsplan». Ein Jahr später, nachdem er die Siedlerbewegung politisch zerschlagen hatte, räumte und planierte er im Sommer 2005 die 22 israelischen Siedlungen im Gazastreifen.

Damit war Scharons politisches Werk noch nicht vollendet. Die außenpolitische Revolution setzte er mit einem innenpolitischen Urknall fort, als er die Likud-Partei, die er selber mitgegründet hatte, teilte und als Vorreiter einer pragmatischen Mitte gemeinsam mit Schimon Peres die neue *Kadima* (Hebräisch: «Vorwärts»)-Partei gründete. Im Januar 2006 befand sich Scharon auf dem Höhepunkt seiner Popularität. International für seinen Mut geschätzt, pries ihn sogar sein ehemaliger Erzfeind

Ariel Scharon war der letzte Premierminister der Gründergeneration. Der Haudegen und Siedlungsvater erwies sich schließlich als Pragmatiker und scheute sich nicht, sein Lebenswerk in Gaza abzureißen und vorherigen Aussagen zum Trotz Grenzanlagen in der Westbank zu errichten.

Hosni Mubarak als «*einzigen israelischen Führer, mit dem Araber Frieden schließen können*». Israelis vertrauten ihrem «Arik» blind. Für die für den 28.3.06 angesetzten Parlamentswahlen sagten ihm alle Umfragen einen erdrutschartigen Sieg voraus.

Doch alle politische Klarheit verschwand, als der übergewichtige Scharon am 4. Januar eine schwere Gehirnblutung erlitt. Bereits zwei Wochen vorher hatte er einen kleinen Schlaganfall gehabt. Neurologen im Jerusalemer Hadassah-Krankenhaus hatten ihn daraufhin mit Clexan, einem Blutverdünner, behandelt und entlassen. Doch die Erwägungen der Ärzte erwiesen sich als fataler Fehler. In der Nacht bevor man den Herzfehler, die Ursache seines ersten Schlaganfalls, mit Hilfe eines Katheters hatte beheben wollen, erlitt Scharon wegen der Blutverdünner eine Gehirnblutung. Minuten, nachdem er von seiner Ranch im Negev im Hadassah-Krankenhaus eingeliefert worden war, verlor er das Bewusstsein und sollte nie wieder erwachen. Von nun an sollte ein anderer Politiker den Ton angeben: der ehemalige Oberbürgermeister Jerusalems Ehud Olmert.

Olmert – ein neuer Tenor in Jerusalem?

Ehud Olmert übernahm mit *Kadima* ein ungeformtes politisches Instrument, das auf Scharons Persönlichkeit zugeschnitten war. Trotzdem gelang es ihm, die Parlamentswahlen 2006 knapp für sich zu entscheiden. Olmert sprach in seiner Kampagne Klartext. Er stehe für eine Fortsetzung der Rückzugsstrategie, die er nun als «*Hitkansut*», was am besten als Einkehr, Introspektion und Sammlung übersetzt werden kann, vermarktete. Um eine jüdische Mehrheit in Israel zu sichern, müsse der Staat sich von den Palästinensern trennen. Da es keinen ernst zu nehmenden Verhandlungspartner gebe, müsse dies einseitig geschehen, so Olmert. In Bezug auf Jerusalem war er erstmals dazu bereit, ein Tabu zu brechen. Juden hätten zweitausend Jahre lang für den Tempelberg gebetet. Die 1967 eingemeindeten arabischen Vororte Jerusalems hätten mit dem alten Traum nichts zu tun, sagte der ehemalige Erzfalke. Später ging er sogar noch weiter, als er erklärte, dass nicht alle der rund 200 000 Palästinenser, die sich nach Fertigstellung der Mauer auf der israelischen Seite befinden werden, auf Dauer israelische Staatsbürger bleiben würden. Damit befand Olmert sich im Konsens mit der Bevölkerung: Im Januar 2006 waren 63 % der Israelis dazu bereit, arabische Stadtteile in Ostjerusalem im Rahmen eines Friedensvertrags aufzugeben. Die Grenze verlief dabei in der Altstadt: Nur 3,2 % stimmten auch einer Aufgabe der Klagemauer zu.

Trotz der verkündeten Kompromissbereitschaft treiben die israelischen Behörden unter Olmert in Jerusalem Baupläne für Juden weiter voran. Der neue Premier schloss jedes Zugeständnis im «heiligen Becken», sprich der Altstadt und dem Ölberg, kategorisch aus. Ohne dass diese Gebiete zumindest teilweise unter palästinensische Herrschaft geraten, so sagen in Ramallah Sprecher aller Gruppierungen, gibt es allerdings keine Aussicht auf Einigung. Doch bereits Mitte 2006 schien Olmerts Idee der weiteren einseitigen Rückzüge und Grenzziehung vom Tisch zu sein. Die Entführung dreier israelischer Soldaten im Juni 2006 durch die palästinensische Hamas und die libanesische Hisbollah-Miliz führte israelische Truppen zurück in die Gebiete, die sie vorher einseitig verlassen hatten. Unilaterale Maßnahmen, so dachten die Israelis nun, haben ihrem Staat nur den zweiten Libanonkrieg und Raketen aus dem Gazastreifen eingebracht. So stehen vorerst keine weiteren Rückzüge auf der Tagesordnung. Die relative Ruhe innerhalb Israels führte ebenfalls zu einer Verlangsamung der Anstrengungen, die Trennmauer in Jerusalem so schnell wie möglich fertig zu stellen. Wann dies letztlich geschehen wird, bleibt offen.

Nachwort: Jerusalem, quo vadis?

Die Stadt Jerusalem birgt alle Ebenen des Nahostkonflikts in sich. An dem kleinen Hügel im dürren Bergland von Judäa können sämtliche Aspekte des mehr als hundert Jahre alten Konflikts zwischen Juden und Muslimen festgemacht werden. Ob religiöse Fragen, wirtschaftliche Schwierigkeiten, der symbolische Wert Jerusalems, die politische oder strategische Bedeutung der Stadt – jede von diesen Streitfragen bildet eine Gruppe komplexer Probleme, die allein ausreichend wäre, um jeden gut gemeinten Friedensprozess ins Stocken zu bringen. Es kommt nicht von ungefähr, dass Israelis und Palästinenser die Jerusalem-Frage bisher stets auf das Ende ihrer Friedensverhandlungen verschoben haben – ihre Komplexität und die Emotionen, die die Stadt erweckt, scheinen einen Kompromiss schier unmöglich zu machen. Schimon Peres hat es treffend formuliert, als er sagte: *«Das ist die Eigenart Jerusalems: sie erleuchtet die einen, während sie die anderen blendet.»*

Unzählige Varianten wurden vorgebracht, um diesen gordischen Knoten friedvoll zu zerschlagen. Allein im Jahr 1995 wurden 63 Lösungsvorschläge für das Jerusalem-Problem unterbreitet. Keiner dieser Vorschläge ist noch relevant, denn das Problem entwickelt sich mit jedem Tag. Mehr Siedlungen werden gebaut, mehr Israelis mischen sich unter die arabische Bevölkerung, mehr Araber aus der Westbank ziehen in den Ostteil der Stadt oder bauen die Vororte aus, die wiederum mit israelischen Siedlungen umgeben werden. Die Palästinenser empfinden zusehends, dass ein Leben in Jerusalem zu einer Belastung für sie wird. Hunderttausende, die im Ostteil der Stadt verbleiben, entscheiden sich nicht nur für Jerusalem, sondern auch gegen die zunehmende Anarchie und Armut in der PA. Hier liegt ein weiteres Paradox der israelischen Politik: Hätte sie Jerusalem als jüdische Stadt stärken wollen, hätte sie den Palästinensern dabei helfen müssen, in Ramallah eine glaubwürdige Alternative zu schaffen. Die anhaltende Weigerung israelischer Regierungen, Abbas gegenüber Zugeständnisse zu machen und ihn so zu stärken, trägt indirekt zur Bevölkerungsexplosion in Ostjerusalem bei. Seit dem Wahlsieg der Hamas eskalierte die israelische Politik der Gewalt gegenüber den Palästinensern immer mehr.

Besonders eine Entwicklung sollte Beobachtern Sorge bereiten. Nicht umsonst hat Jassir Arafat die zweite Intifada «al-Aqsa-Intifada» getauft. Er wusste um die weltweite Resonanz, auf die der Name Jerusalem in der islamischen Welt stößt, und wollte die Emotionen, wie schon der Mufti in den 40er Jahren, für seine Zwecke einspannen. Religion spielt eine immer größere Rolle im Konflikt zwischen Juden und Palästinensern, der als Auseinandersetzung zweier ethnischer Gruppen über Grundbesitz begann. Zeugnis dafür ist beispielsweise, dass ein Bericht an die UNO aus dem Jahr 1949 lediglich 30 heilige Stätten in der Altstadt ausmachte. Eine Kommission, die aus einem Juden, einem Christen und einem Muslim bestand, benannte fünfzig Jahre später bereits 326 heilige Orte auf den 910 000 Quadratmetern des «heiligen Beckens», d.h. der Altstadt, dem Zionsberg und dem Ölberg. Der alljährlich weltweit abgehaltene Jerusalemtag, an dem von Berlin bis Teheran anti-israelische Demonstrationen stattfinden, ist Beweis, dass nicht nur die arabische, sondern die gesamte islamische Welt zunehmend in der Frage Jerusalems mitreden will. Nicht umsonst haben viele arabische Staaten freiwillige «Jerusalem-Brigaden» gegründet. Auch wenn deren Einsatz in einem konventionellen Krieg mehr als unwahrscheinlich ist und ihre strategische Bedeutung vernachlässigt werden kann, zeugen sie doch von einer militanten Absicht. Die Gelder und die logistische Hilfe, die aus dem Iran und Syrien in die Hände palästinensischer Terrororganisationen wie des islamischen Dschihad, der Hamas und vieler anderer fließen, sind ein Beispiel dafür, wie eine ungelöste Jerusalem-Frage stets zum Funken eines neuen Feuers werden kann. Vor dem Hintergrund der anhaltenden Islamisierung und Radikalisierung arabischer

Gesellschaften ist es zweifelhaft, ob ein palästinensischer Führer einen Kompromiss über Jerusalem überhaupt aushandeln oder danach überleben kann. Auf lokaler Ebene fanden im Nahen Osten gleichzeitig zwei konkurrierende Prozesse statt: Annäherung und Entfremdung. Mit internationaler Hilfe begann der nervenzerreißende, langsame Aufbau von Vertrauen. Schritt für Schritt wurde mühsam das wieder aufgebaut, was fünf Jahre Intifada zerstört hatten. Briten bildeten verantwortliche Polizisten und Sicherheitsdienste aus, Deutsche investierten in die Wirtschaft, Kanadier versuchten, mit Israelis und Palästinensern gemeinsam konstruktive Verhandlungsmodelle aufzubauen, die eines Tages den Führern beider Völker als Grundlage auf dem Weg zum Frieden dienen sollten. Doch mit dem Wahlsieg der Hamas endete jede offizielle Kooperation. Ein Jahr nachdem die Israelis den Gazastreifen geräumt hatten, waren die Palästinenser mehr mit dem sinnlosen Beschuss israelischer Ortschaften und dem Machtkampf in der PA als mit dem Wiederaufbau des Landstrichs beschäftigt.

Terror und Hass lassen dem zaghaften Frieden keine Chance. Die Israelis befinden sich in einem täglichen Wettrennen um ihr Leben. Jeder ideologisch verblendete Palästinenser kann im wahrsten Sinne des Wortes zu einer tickenden Zeitbombe werden, die in den Städten Israels explodiert. Mehr als 600 Kassamraketen feuerten Palästinenser aus dem Gazastreifen in einem Jahr auf israelische Dörfer und Städte. Tag und Nacht arbeiten die israelischen Sicherheitsdienste, um den nächsten Terroranschlag bereits im Vorfeld zu verhindern. Die Israelis gehen nach langer und blutiger Erfahrung kein Risiko mit Terroristen ein. Wer unter Verdacht steht, wird verhaftet oder getötet.

Man kann aber kein Verständnis bei den Palästinensern dafür erwarten, dass fast täglich Menschen, allzu oft unbeteiligte Minderjährige, aus ihren Reihen erschossen werden. Selbst wenn der israelische Generalstabschef sich damit rühmt, dass das Verhältnis getöteter Terroristen und Zivilisten bei 28:1 liegt, zahlt die palästinensische Zivilbevölkerung einen unannehmbar hohen

Preis für die israelische Politik der «eisernen Faust». So ist es stets nur eine Frage der Zeit, wann ein mühsam ausgehandelter Waffenstillstand erneut zusammenbricht.

Die Frustration auf beiden Seiten wächst stetig. Nur noch ein Attentat einer Terrororganisation als Vergeltung für israelische Aktionen, auf das die Israelis nur noch einmal mit der Tötung eines Terrorkaders reagieren, und im Nu befinden sich beide Seiten wieder auf der untersten Sprosse der Friedensleiter. Die Führung der PA hat die Pflicht, durchzugreifen und endgültig für Ruhe zu sorgen. In Anbetracht der anhaltenden Anarchie in der PA gibt es aber keine Anzeichen dafür, dass der angeschlagene Abbas letztendlich seinen Machtanspruch durchsetzen und ein staatliches Gewaltmonopol erzwingen kann. Angesichts der wachsenden Zustimmung, der sich die Hamas trotz aller Schwierigkeiten erfreut, ist sein politisches und physisches Überleben bereits in Frage gestellt. Es sind wahrscheinlich wieder einmal die Pessimisten, die im Nahen Osten Recht behalten sollen. Eine rabbinische Weisheit besagt: *«Gott kann Jerusalem nur mit Frieden trösten»*, doch die Stadt wird wohl noch lange um ihre Söhne und Töchter trauern müssen. Die Maßnahmen der israelischen Regierung sind mittelfristig für die Palästinenser unerträglich. Ehud Olmerts Bekenntnis, vor einem Rückzug aus der Westbank mit Machmud Abbas in Verhandlungen eintreten zu wollen, erscheint angesichts seiner Taten heuchlerisch. Anstatt auf Abbas setzte Olmert 2006 auf einen militärischen Sieg gegen die Hamas, anstatt Häftlinge freizulassen genehmigte er nach einem Gipfel mit Abbas im Dezember 2006 die Errichtung einer neuen Siedlung im Westjordanland. Genauso wenig bemüht sich Abbas, seine hausgemachten Terroristen zur Ordnung zu rufen. So wird sich die Spirale der Gewalt wohl noch lange weiter drehen.

Einzig ein pragmatischer Lösungsansatz hat nach dem blutreichen Jahr 2006 Rückenwind erhalten. Israelis und Palästinenser scheinen zu erkennen, dass sie allein nicht fähig sind, ihre Probleme zu lösen. Beide Seiten setzen zunehmend auf eine Internationalisierung des Konflikts in Form einer Präsenz ausländischer

Truppen, die als Puffer fungieren sollen. Israel hat dies vor dem Hintergrund der schlechten Erfahrungen, die der Staat seit seiner Gründung mit der UNO gesammelt hat, bisher kategorisch abgelehnt. Doch am Grenzübergang in Rafah, in den Gassen Hebrons und seit Sommer 2006 auch in den Bergen Südlibanons experimentiert die Diplomatie mit einem neuen Modell, um den Nahen Osten in den Griff zu bekommen. UNO-Truppen sollen die Sicherheit Israels garantieren und gleichzeitig eine erdrükkende israelische Militärpräsenz überflüssig machen. Noch ist es zu früh, um die Ergebnisse dieses Versuchs einzuschätzen.

Derweil wird in Jerusalem mit der entstehenden Mauer der Grundstein für die nächste Runde im hundertjährigen Kampf zwischen Zionisten und palästinensischen Nationalisten, oder panarabischen Islamisten, gelegt. Es ist fraglich, ob die Ostjerusalemer nur stumm zuschauen werden, wenn wieder Gewalt ausbricht. Je mehr sie aber in den Terror involviert werden, desto mehr wird Israel sich von ihnen trennen wollen. Mehrere Szenarien sind möglich: So sprechen die einen von einer neuen Terrorkampagne in Jerusalem, an deren Ende Israel eine zweite Mauer weiter westlich baut, die diesmal entlang ethnischer Linien entstehen wird. Die Teilung Jerusalems würde dann vervollständigt, allein die Entwicklung im Osten bliebe offen.

Viele halten eine derartige Lösung für absurd: Jerusalem sei zu klein, um ohne Vertrag in Frieden leben zu können. Nur ein Vertrag, der im Vorhinein alle Fragen endgültig beantwortet, könne der Stadt Frieden bringen, argumentieren beispielsweise die Architekten der Genfer Friedensinitiative. Die Entwicklungen an der Grenze zum Gazastreifen scheinen denen Recht zu geben, die sich gegen weitere einseitige Rückzüge ausgesprochen haben. Andere sprechen vom apokalyptischen Szenario einer Vertreibung oder Massenausbürgerung Jerusalemer Araber, die für Israel schwere internationale Sanktionen nach sich ziehen würde. Viele Palästinenser setzen auf ein Spiel auf Zeit. «Wir haben die Kreuzfahrer auch überstanden», sagen sie. «Was sind dagegen 60 Jahre Israel?» Sie hoffen, den Krieg gegen die Israelis mit Hilfe der palästinensischen Gebärmutter zu gewinnen. Sollten sie erst einmal 51% der Bevölkerung ausmachen, dann können sie einfach mit internationaler Hilfe verlangen, in Israel eingebürgert zu werden, und den jüdischen Staat übernehmen.

Nur Ben Gurion kann noch Hoffnung geben: «*Wer in Israel nicht an Wunder glaubt, der ist kein Realist*», sagte er einmal. So muss die heilige Stadt wieder auf ein Mirakel hoffen. Es gibt im Nahen Osten auch Beispiele, wie charismatische Führung einen Teufelskreis durchbrechen kann. Der Besuch Sadats in Jerusalem erlaubte den Friedensvertrag zwischen Ägypten und Israel, in dessen Rahmen der jüdische Staat ein Territorium räumte, das doppelt so groß war wie sein Staatsgebiet und zudem Ölquellen besaß. Als die Osloverträge bekannt wurden, warfen Palästinenser voller Hoffnung Blumen auf die Jeeps der israelischen Soldaten. Nach einem tödlichen Attentat auf der «Insel des Friedens» an der israelisch-jordanischen Grenze, bei dem ein jordanischer Soldat im Jahr 1997 sieben israelische Schülerinnen tötete, entschloss sich König Hussein von Jordanien zu einem gewagten Schritt: Er kam umgehend nach Israel, kniete vor den Eltern der getöteten Kinder nieder und bat um Verzeihung. Auf diese Weise wurde die Wut besänftigt, der Frieden gerettet. In der emotional geladenen Atmosphäre des Nahen Ostens besitzen solche Gesten mehr als nur symbolischen Charakter. Sie können Realitäten verändern, wenn ihnen entschlossene Taten folgen. So müssen Israel und Palästina vielleicht dem Zusammentreffen eines jüdischen und eines palästinensischen Führers wahrlich historischer Statur harren, die gemeinsam wieder dem Frieden, der ihren Völkern gebührt, die Tür öffnen. Also darf man vielleicht optimistisch sein, denn wo wäre so ein göttliches Ereignis wahrscheinlicher als in Jerusalem?

Ein Wort an zaghafte künftige Touristen

Dem Autor ist klar, dass die pessimistischen Entwicklungen, die in diesem Buch beschrieben werden, zaghafte Menschen eher davon abhalten, Jerusalem zu besuchen. Doch das wäre ein Fehler. Auch wenn es so scheint, als drehe sich in dieser Stadt alles um Krieg, Hass und Religion, ist es wohl eher die unangenehme Eigenart von Journalisten und Geschichtsbüchern, sich auf die dramatischsten Ereignisse zu beschränken. Aber in Jerusalem leben selbstverständlich auch ganz normale Menschen, und die meisten von ihnen sind nicht nur friedlich, sondern auch gastfreundlich. Man kann sich in dieser Stadt sicher fühlen, vielleicht sogar mehr als in anderen Großstädten der Welt. Für eine Frau ist es hier beispielsweise selbstverständlich, unbehelligt nachts allein durch die Straßen zu gehen. Als Tourist ist man stets ein willkommener Gast, der schnell vergessen wird, dass er sich innerhalb eines Krisenherdes befindet.

Die alten Rabbiner hatten Recht, als sie schrieben: «*Wer Jerusalem Zeit seines Lebens nicht gesehen hat, weiß nicht, was Schönheit ist.*» Jerusalem ist weit mehr als nur die Summe seiner Religionen und Konflikte. Mit 137 Kaffeehäusern (10% aller Kaffeehäuser Israels), Restaurants aller Preisklassen und Geschmacksrichtungen, seinen Diskotheken, Promenaden und zahlreichen Museen ist es ein Urlaubsziel, das der Autor auch nach 14 Jahren Anwesenheit vor Ort noch nicht vollends ausgekostet hat. Wohl nirgendwo in der Welt kann man «West» und «Ost» so authentisch nebeneinander leben sehen. Kein anderer Platz der Welt bietet eine derartige Vielfalt an positiven Eindrücken, bewegenden Erlebnissen und interessanten Entdeckungen. Jerusalem ist mehr als nur eine Reise wert. Manchen wird es sicher schwer fallen, die Stadt nach einem Besuch überhaupt noch zu verlassen. Machen Sie sich auf den Weg – auf Wiedersehen in Jerusalem!

Spaziergänge

Dieses Buch will dem Leser nicht nur historische Kenntnisse über Jerusalem vermitteln. Auf den folgenden Seiten will der Autor Besucher deswegen dazu animieren, die Stadt «eigenfüßig» kennen zu lernen. Dazu einige Tipps, die für jeden Spaziergang in Jerusalem gelten.

1.) Seien Sie angemessen gekleidet. Wer religiöse Stätten oder Stadtviertel besuchen will, sollte die Gefühle und Bräuche der Gläubigen respektieren. Besonders streng sehen gläubige Jerusalemer, egal ob Muslime oder Juden, die Bekleidungsvorschriften, insbesondere der Frauen. Während man in den Straßen Westjerusalems unbehelligt einen Minirock tragen kann, sollten Frauen anderswo einen Rock (keine Hosen!) tragen, der ihre Knie bedeckt. Tiefe Ausschnitte sind ebenso tabu wie nackte Arme. Dies hat den zusätzlichen Vorteil, dass man gegen die tükkische Sonne geschützt ist.

2.) Das Klima in Jerusalem ist vor allem im Sommer trocken und heiß. Denken Sie stets daran, eine Wasserflasche mit sich zu führen und genug zu trinken. Sie sollten ebenfalls Ihren Kopf bedeckt halten und Ihre Haut mit Sonnencreme schützen.

3.) Ganz im Gegensatz zum Eindruck, den man in den Medien erhält, ist Jerusalem eine äußerst sichere Stadt. Die Kriminalitätsrate ist hier weitaus niedriger als in anderen Touristenstädten der Welt. Solange Sie sich so verhalten, wie zu Hause auch, dürfte Ihnen nichts passieren.

4.) Jerusalem ist eine verschlossene Stadt, die entdeckt werden will. Streunen Sie in die Hinterhöfe der Häuser. Geschützt vom Straßenlärm und dem kalten Winterwind verstecken sich hier wahre Juwelen der Gemütlichkeit und Schönheit.

5.) Im Ostteil der Stadt können sie nach Herzenslust feilschen. Besonders in der Altstadt sollten Sie niemals den Preis zahlen, der anfangs genannt wird. Dann hätten Sie wahrscheinlich weit mehr als das Doppelte von dem hingelegt, was der Verkäufer eigentlich erwartete. Selbst in den modern aussehenden Geschäften im Westteil der Stadt lohnt es sich, nach einer Ermäßigung zu fragen oder vor dem Kauf bei der Konkurrenz vorbeizuschauen.

1. Spaziergang: Europäischer Einfluss in Jerusalem – Dauer etwa 1 ½ Stunden

Die Grundlage für diesen Spaziergang bildet das Kapitel:
«Christen kommen durch die Hintertür – Die Kapitulationen im Osmanischen Reich».

Die Orientierung ist bei diesem Ausflug sehr leicht: Sie müssen nur stets die berühmte Prophetenstraße (Hebr.: *Rechov Hanevi'im*) entlanggehen. Ausgangspunkt bildet der Davidkaplatz in der Stadtmitte, an der Kreuzung mit der Jaffa-Straße (1). Seien Sie nur bereits im Vorfeld gewarnt: Viele der historischen Gebäude befinden sich in einem desolaten Zustand. Der Besucher bedarf einer gehörigen Portion Phantasie, um sich mancherorts den Glanz vergangener Tage vorstellen zu können.

Die Prophetenstraße war von Anfang an die Nobelmeile Jerusalems. Hier siedelten sich einflussreiche Europäer an. Den Auftakt unseres Ausfluges bildet das Haus des osmanischen Paschas, der Jerusalem verwaltete. Dafür biegen Sie rechts in den Parkplatz ein. Gehen Sie bis zur Mitte des Parkplatzes, drehen Sie sich um, so dass Sie wieder auf die Einfahrt des Parkplatzes sehen. Das Haus zu ihrer Linken ist Haus Nr. 61 (2), das ehemalige Haus des Paschas. Nur wenig verrät heute noch die Pracht der damaligen Zeit. Sie werden später deutlich erkennen, dass schon zur Zeit der Herrschaft der Osmanen die Europäer weitaus besser in Jerusalem untergebracht waren als die Herrscher der Stadt. Rechts von Ihnen, bei der Nummer 59, sehen Sie das erste Haus der Spittler-Mission. Christian Friedrich Spittler war die treibende Kraft hinter der Basler Christentumsgesellschaft, die die Lehre Jesu in Palästina verbreiten wollte. Im Jahr 1869 errichtete

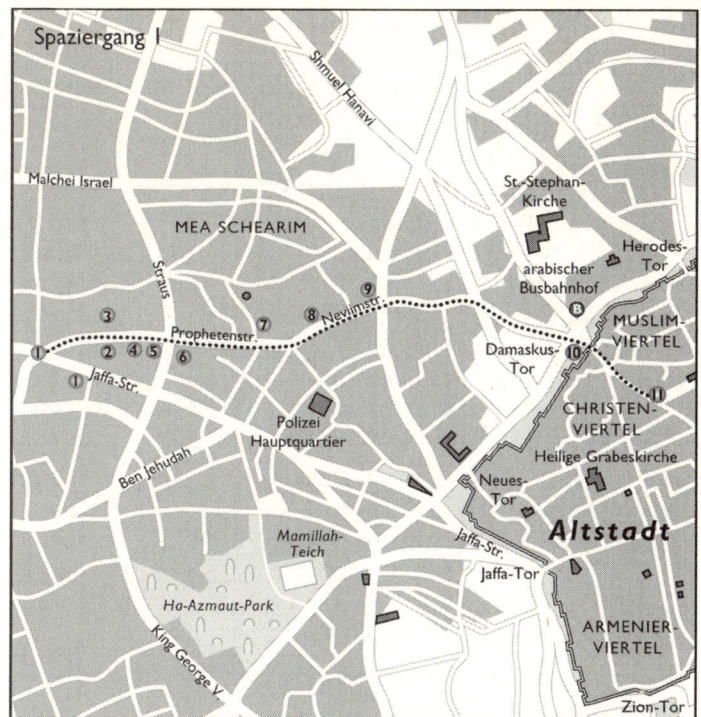

sie dieses Brüderhaus, das allerdings später in ein anderes Gebäude auf der Prophetenstraße umziehen sollte.

Verlassen Sie nun den Parkplatz. Ihm gegenüber, an der Hausnummer 82, steht hinter der Mauer das zweite Krankenhaus der «Londoner Gesellschaft zur Förderung des christlichen Glaubens unter den Juden» (3). Lesen Sie hierzu die Seiten 84–85. An der nächsten Kreuzung (4) (Raoul Wallenberg-Straße) sehen Sie an der Hausnummer 57 wieder einen Parkplatz zu Ihrer Rechten. Hier stand bis zum Jahre 1947 ein Haus, das das deutsche Konsulat, eine der einflussreichsten Institutionen im osmanischen Palästina, beherbergte. Deutsche waren die größte Gruppe unter den Europäern im Land und bildeten zu dieser Zeit die tonangebende Großmacht. Der deutsche Konsul war in fast jedem Komitee der Bürger Jerusalems vertreten und nahm großen Einfluss auf die Entwicklung der Stadt. Die deutschen Bemühungen in Palästina waren eins der erfolgreichsten Beispiele des kaiserlichen «Drangs nach Osten».

Nach dem Wahlsieg der Nationalsozialisten im Januar 1933 wehte eine Hakenkreuzfahne über dem Gebäude, was nicht selten zu Zusammenstößen mit der jüdischen Bevölkerung führte. Der deutsche Konsul Heinrich Wolf wurde gezwungen, sein Amt aufzugeben, da seine Frau Jüdin war. Wilhelm Frick, der Innenminister Adolf Hitlers, machte hier auf seiner Hochzeitsreise Station. Nach der «Reichskristallnacht» 1938 wurde einer Abteilung jüdischer Polizisten deutschen Ursprungs (!) der britischen Polizei befohlen, den Konsul vor aufgebrachten jüdischen Demonstranten zu schützen. Der NS-Konsul lehnte es allerdings ab, von Juden geschützt zu werden. Die Polizisten zogen unverrichteter Dinge ab. Kurz vor Ausbruch des Zweiten Weltkriegs 1939 wurde das Konsulat geschlossen, da in Deutschland viele Diplomaten zum Wehrdienst eingezogen wurden. Danach bezog das Arbeitsamt des britischen Mandats das Gebäude, das bei einem Terrorangriff der jüdischen Untergrundorganisation Etzel zerstört wurde.

Von hier gehen sie weiter zum Krankenhaus *Bikur Holim* (Ecke Strauß-Straße) (5), einem jüdischen Hospital, das 1925 eingeweiht wurde und Juden die Möglichkeit bieten wollte, sich behandeln zu lassen, ohne dafür den Bekehrungsversuchen der Missionare ausgesetzt zu sein. Besonders sehenswert sind die Bronzetüren mit den Wappen der zwölf Stämme Israels. Ihm gegenüber (6) befindet sich das «deutsche Krankenhaus» der Kaiserswerther Diakonissen, das 1894 von den Berliner Architekten Schwartzkopf und Theissing geplant wurde. Das Gebäude wurde gemäß der Empfehlung des Ortsgruppenführers der NSDAP-Jerusalem, Ludwig Buchhalter, in den 30er Jahren an das *Bikur Holim*-Krankenhaus verkauft, da der überwiegende Teil der Patienten Juden waren.

Von hier gehen Sie die Prophetenstraße weiter bis zur Haus-

nummer 58, dem Thabor-Haus des Architekten Conrad Schick
(7). Lesen Sie hierzu die Seiten 86–89. Von hier führt Sie der Weg
entlang der Prophetenstraße, bis Sie an eine Kreuzung mit der
Monbazstraße gelangen. Zu Ihrer Rechten entlang der Monbazstraße können Sie einen herrlichen Ausblick auf die russische
Kirche genießen, bevor Sie dem Linksbogen der Nevi'imstraße
bergab folgen. Gegenüber der Hausnummer 29 befindet sich die
Ort-Berufsschule (Hausnummer 42) (8). Im Jahre 1898 stand an
dieser Stelle das Zeltlager Willhelms II. und seiner Gattin Augusta
Viktoria. Die gesamte Prophetenstraße war anlässlich des kaiserlichen Besuches feierlich geschmückt worden. Alle fünf Meter
waren Pfeiler in die Straße gerammt worden, an denen bunte
Blumen und das Emblem des Kaisers hingen. Im ganzen Umfeld
Jerusalems waren die Bäume nackt, da man alle grünen Äste für
den Schmuck der Straße aufgebraucht hatte. Am 2. November
empfing der Kaiser den Gründervater der zionistischen Weltorganisation Theodor Herzl in seinem prachtvollen Empfangszelt,
das mit persischen Teppichen und Möbeln aus Damaskus mit

Einzug des deutschen Kaiserpaares in Jerusalem am 23. Oktober 1898 durch das
aufgebrochene Jaffator. Druck nach dem Gemälde von Max Rabes (1868–1944).

Das Damaskustor ist das größte und schönste der Altstadt. Es befindet sich an derselben Stelle wie das byzantinische Stadttor, an das die Römer den Nullpunkt Palästinas legten. Daher noch heute der arabische Name Bab al Amud – Tor der Säule. Photographie, um 1890.

den typischen Perlmuttintarsien dekoriert war. Herzl bat um Wilhelms Hilfe bei der Errichtung eines Judenstaates, wurde aber letztlich höflich abgewiesen. Später wurde an dieser Stelle das Haus des Probsts der EVD errichtet, in dem 1918–1926 der erste Militärgouverneur Jerusalems, Sir Ronald Storrs, Quartier bezog. Biegen Sie kurz in die Adlergasse zu Ihrer Linken ein und gehen Sie wenige Meter, bis Sie das ehemalige Haus des Probsts von der Seite betrachten können. Unter dem Giebel erkennt man heute noch die Inschrift: «*Wünschet Jerusalem Glück*».

Gehen Sie die Nevi'im Straße weiter hinunter, bis Sie 50 Meter vor der Ecke zur Schivtei Israel-Straße zu Ihrer Linken ein italienisch anmutendes Gebäude erkennen (9). Gehen Sie auf den großen Platz links. Lesen Sie hier das Kapitel auf Seite 107. Überqueren Sie nun die Schivtei Israel-Straße, und halten Sie sich links. Von hier werden Sie einen ersten Ausblick auf den Felsendom genießen können! Etwa an der Kreuzung mit der Heleni Hamalka-Straße verlief bis zum Sechs-Tage-Krieg die Grenze zwischen dem israelischen und jordanischen Teil Jerusalems. Nachdem Sie eine große Straße überquert haben, kommen Sie nun an einem arabischen Basar vorbei und gelangen schließlich zum Damaskustor, dem größten und schönsten aller Tore der Altstadt Jerusalems (10). Auf Arabisch wird es auch «Bab el-

Amud», das «Tor der Säule», genannt. Bereits in byzantinischer Zeit befand sich hier ein Stadttor, in dem eine Säule mit der Statue von Kaiser Augustus stand. Sie war der «Nullpunkt» Palästinas: Von hier aus wurden alle Entfernungen im Land gemessen. Hier können Sie in die orientalische Atmosphäre der Altstadt eintauchen und gemütlich bis zum österreichischen Hospiz (11) schlendern, wo dieser Spaziergang, wenn Sie wollen, mit einem Apfelstrudel im wunderbar ruhigen Garten des Hospizes endet. Lesen Sie dazu den Rest des Kapitels auf den Seiten 85–86.

2. Spaziergang: Die Anfänge des Zionismus – ein neuer Jude entsteht – Dauer etwa 2 Stunden

Es wird empfohlen, diesen Spaziergang sonntags oder donnerstags nach Voranmeldung für eine Führung in der Knesset zu unternehmen. (Anmeldung nicht vor 12:00 Uhr unter der Telefonnummer 02–67-53420 und früh losmarschieren!). Er beginnt im orthodoxen Mea Schearim-Viertel (1). Kleiden Sie sich bitte entsprechend. Der beste Weg, um dieses Viertel zu entdecken, ist, einfach durch die Gassen zu schlendern. Lesen Sie hier bitte «von der Antike zur Moderne – Jerusalem bleibt ein Traum». Es wird Ihnen vielleicht auffallen, dass in diesen Gassen kaum Hebräisch gesprochen wird. Die «heilige Sprache» wird von den strenggläubigen dieses Viertels nur zum Beten benützt. Wenn Sie von den Gassen Mea Schearims genug haben, begeben Sie sich zur Ethiopia-Straße Nummer 11, dem Wohnhaus Elieser Ben Jehudas (2). Lesen Sie hier die Kapitel «Zionismus und der neue Mensch» sowie «Elieser Ben Jehuda – eine alte Sprache wird neu geboren». Von hier gehen Sie bis zur Hanevi'imstraße, überqueren sie leicht schräg links und gehen die Rabbiner Kook-Straße hinunter. Nach einigen Metern können Sie rechts in die kleine Tichogasse einbiegen. Diese führt Sie zum Ticho-Haus, in dessen Garten man außer samstags gemütlich ausruhen und essen kann (3) (falls Sie keine Führung in der Knesset gebucht haben). Lesen

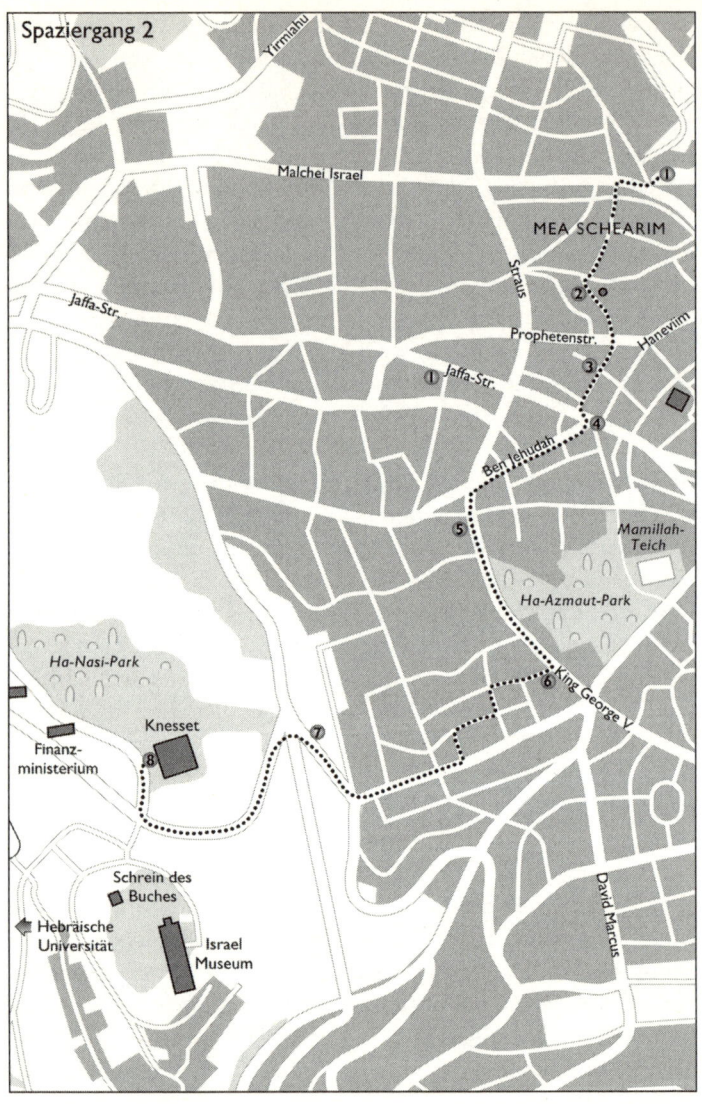

Sie hier die Kapitel «Die Karriere eines Augenarztes» und «Die Rückkehr der Juden – die Neustadt entsteht».

Kehren Sie nun zur Rabbiner Kook-Straße zurück, wenden Sie sich nach rechts, gehen Sie weiter, bis Sie die Jaffastraße – als Verbindungsstraße zur Hafenstadt Jaffa einst die wichtigste Verkehrsader Jerusalems – überqueren und zum Zionsplatz gelangen (4). Dieser ist oft Schauplatz großer Demonstrationen, meist des national-religiösen Spektrums. Von hier aus können Sie gemütlich die Ben Jehuda-Straße, eine Fußgängerzone, entlang schlendern. Aber Vorsicht, viele Geschäfte hier sind Touristenfallen, Sie sollten über alle Preise verhandeln! Am Ende des Aufstiegs der Ben Jehuda-Straße gelangen Sie zur King George V.-Straße. Biegen Sie links ab, bis Sie auf der gegenüberliegenden Seite, Ecke Beeri-Straße die Hausnummer 24, das Froumine-Haus sehen (5). Lesen Sie hierzu die ersten vier Absätze des Kapitels «Die Knesset». Gehen Sie nun die King George-Straße weiter in Richtung Süden, bis Sie an die Kreuzung mit der HaKeren Kayemet LeIsrael-Straße gelangen (6). Hier sehen Sie das Gebäude der Jewish Agency, der Exekutive des Jischuv, aus der später die israelische Regierung hervorgehen sollte. Lesen Sie dazu das Kapitel «Teilungserklärung – die UNO schenkt den Juden einen Staat». Der nächste Halt ist die Straßenecke Sderot Ben Zvi und Derekh Ruppin (7), den Weg dahin sollten Sie selber mittels eines unge-

Straße am Jaffator mit wartenden Droschken. Der erste britische Stadtgouverneur Sir Ronald Storrs ließ sie abreißen, um die schöne Stadtmauer freizulegen. Photographie, um 1906.

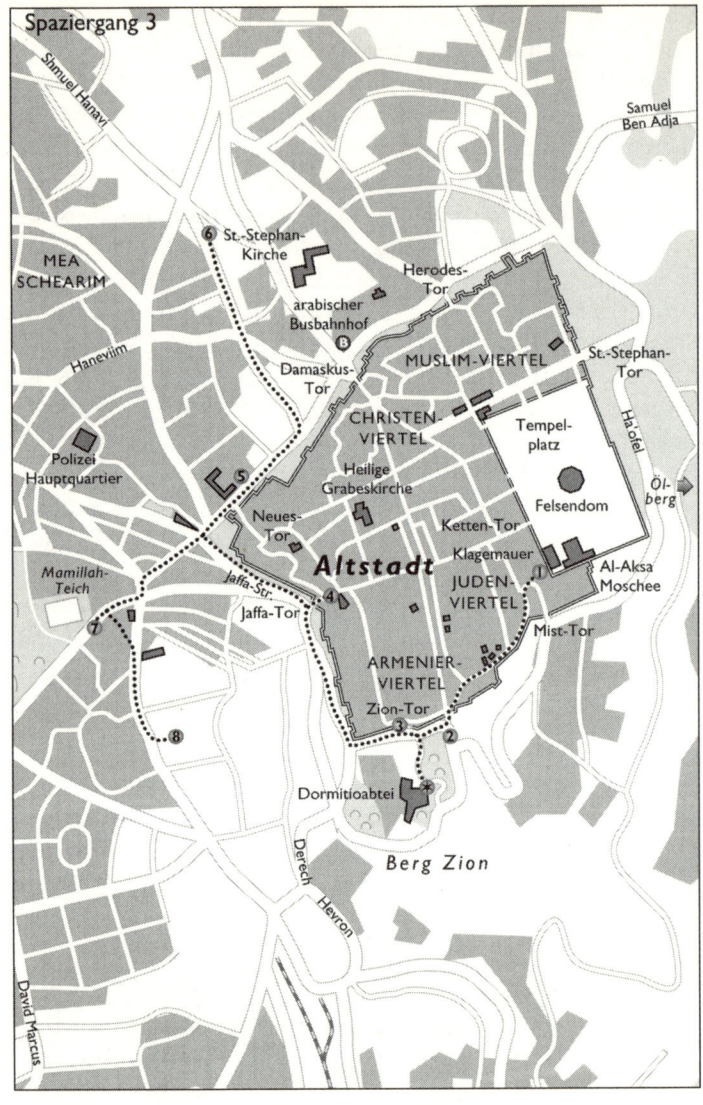

Spaziergang 3

Samuel Hanavi

Samuel Ben Adja

MEA SCHEARIM

⑥ St.-Stephan-Kirche

Herodes-Tor

arabischer Busbahnhof Ⓑ

Hanevim

MUSLIM-VIERTEL

St.-Stephan-Tor

Damaskus-Tor

CHRISTEN-VIERTEL

Tempel-platz

Polizei Hauptquartier

Heilige Grabeskirche

Felsendom

Ha'ofel

Öl-berg

⑤

Neues-Tor

Altstadt

Ketten-Tor

Klagemauer

Al-Aksa Moschee

Mamillah-Teich

Jaffa-Str.

④

JUDEN-VIERTEL

⑦

Jaffa-Tor

Mist-Tor

ARMENIER-VIERTEL

⑧

Zion-Tor

③

②

①

Dormitioabtei

Berg Zion

Derech Hevron

David Marcus

zwungenen Spaziergangs durch das Bauhaus-Viertel Rehavia festlegen. Lesen Sie hier das Kapitel «Jerusalem zur Mandatszeit».

Nun überqueren Sie die große Kreuzung und gehen Sie entlang der Ruppinstraße bis zur nächsten großen Kreuzung. Zu
Ihrer Linken sehen Sie das Israel Museum. Aber bevor Sie sich
auf die Ausstellungen stürzen, biegen Sie nach rechts in die Ka-
planstraße Richtung Knesset zur verabredeten Führung ab (**8**).
Lesen Sie dazu die restlichen Absätze des Kapitels «Die Knesset». Hier endet dieser Spaziergang.

3. Spaziergang: geteiltes Jerusalem und Unabhängigkeitskrieg – Dauer etwa 2 Stunden

Dieser Spaziergang beginnt neben dem Mughrabitor (**1**), dem
einzigen Zugang für Touristen zum Tempelberg. Sie sollten sich
vor Beginn dieses Ausflugs vergewissern, wann der Tempelberg
für Besucher geöffnet ist, da sich dies je nach politischer Lage
plötzlich ändern kann. Sollten Sie die Gelegenheit haben, besichtigen Sie den Tempelberg. Dazu können Sie die Kapitel «König
David und Co – gab es sie wirklich?» bis «Aelia Capitolina: Jerusalem als römische Stadt» lesen. Die Anfangskapitel des islamischen Abschnitts werden Ihnen Einsicht in den muslimischen
Standpunkt vermitteln. Von hier aus können Sie zur Klagemauer
gehen. Lesen Sie hier die Kapitel «Klagemauer oder *al-Buraq*? –
Mikrokosmos aller Kriege», «Der Mufti und *al-Buraq*», und
«Die Klagemauer nach dem Sechs-Tage-Krieg – eine neue Staatsreligion». Gehen Sie die Batei Machasse-Straße innerhalb der
Stadtmauer entlang bis zum Zionstor (**2**). Wenn Sie möchten,
können Sie einen kleinen Abstecher zum nicht sonderlich beeindruckenden Grab Davids machen (*), das 1948–1967 den Juden,
denen der Zugang zur Klagemauer verwehrt war, als «Klage-
mauerersatz» diente. Wenden Sie sich nun nach rechts, und gehen Sie an der Mauer entlang, bis Sie am Ende der Stadtmauer
einen Ausblick auf Westjerusalem genießen können. Beachten
Sie in der Mitte des Weges eine Betonplakette (**3**), die die Stelle

anzeigt, an der der letzte Versuch der Israelis, noch vor Eintritt des Waffenstillstands 1948 die Altstadt zu erobern, fehlschlug. Sie befinden sich hier inmitten des Niemandslands, hier verlief bis 1967 die Grenze, die die Stadt in zwei Hälften teilte. Wenden Sie sich nun nach rechts und gehen Sie bis zum Jaffator. (4) Hier lesen Sie das Kapitel «Die Briten erobern Jerusalem». Dort, wo sich heute das «Christian Information Centre» befindet, war früher die österreichische Post, an der sich der Bürgermeister den Briten ergab. Sie können nun entweder das Museum in der Zitadelle besuchen (Migdal David Museum), oder wieder zum Jaffator hinaus auf die Brücke über der Straße gehen. Von hier aus haben Sie einen guten Ausblick auf das ehemalige Mamila-Viertel. Lesen Sie hier das Kapitel «Jerusalem als geteilte Stadt». Setzen Sie nun den Spaziergang entlang der Stadtmauer bis zum Punkt Nummer (5) fort. Lesen Sie hier das Kapitel «Wer sagt, die UNO habe keine Zähne?».

Nun haben Sie zwei Optionen. Sollten Sie Zeit und Kraft haben, wenden Sie sich nach rechts und gehen Sie die HaTsankha-nim-Straße an der Stadtmauer entlang, bis sie einen Linksbogen macht und in die Kheil Hahandassa-Straße übergeht. An der Hausnummer 4 befindet sich das einzige wahrlich politische Museum Jerusalems, das Museum on the Seam (6) (Geöffnet So–Do 9–17 Uhr, Fr 9–14 Uhr, Besuch nur nach Voranmeldung unter 02–628 1278, dann 4 wählen). Nach dem Museumsbesuch kehren Sie zu Punkt Nummer (5) zurück.

Sollten Sie keine Kraft mehr haben oder bereits vom Museumsbesuch zurückgekehrt sein, wenden Sie sich nun nach links, gehen Sie die Schlomo Hamelekh-Straße hinunter, bis Sie rechts in die Agron-Straße einbiegen können. An der Ecke zur Ben Schimon-Straße steht ein prachtvolles Gebäude, das ehemalige Palace Hotel (7). Lesen Sie hier das Kapitel «Ursachen der Niederlage – oder eine Universität, die es niemals geben sollte». Biegen Sie in die Schimon-Straße ein, an der nächsten Kreuzung dann rechts in die David Hamelekh-Straße und gehen Sie weiter bis zur letzten Station, dem King David Hotel (8). Lesen Sie dazu die Kapitel

«Das britische Mandat als Weiche für die Zukunft» und «Terror –
ein effektives politisches Druckmittel?», bevor, oder während, Sie
sich im Garten des Edelhotels einen Tee genehmigen.

Ein Wort des Dankes

Der größte Dank gilt meinen Eltern, ohne die ich nicht der Mensch hätte werden können, der dieses Buch verfasst hat. Die Liebe zu Israel und zum Leben habe ich durch Euch erlernt. Ihr seid meine schärfsten Kritiker und treuesten Begleiter, die mir beibrachten, im Undenkbaren immer nur frech eine Herausforderung zu sehen.

Ich danke meinen Schwestern für die Unterstützung und ihren Glauben an mich auch in schweren Stunden. Eure Geduld, Liebe und Ratschläge machen mein Leben lebenswert. Noch eine ganze Reihe anderer Menschen haben dieses Buch erst möglich gemacht. Ich danke Dr. Joanna Nittenberg von der Illustrierten Neuen Welt und der Redaktion der Salzburger Nachrichten, die treu all meine Artikel drucken und aus einem Schubladenschriftsteller einen Nahostkorrespondenten gemacht haben.

Besonderer Dank gebührt Jörg Bremer und Inge Günther für die vielen Bücher, guten Ratschläge und wertvolle Hilfe, die aus mir einen besseren Journalisten und Autor gemacht haben. Ihr seid mir ein Vorbild professioneller Arbeit und höchster Kollegialität.

Für die Unterstützung in meinen Forschungsarbeiten danke ich dem Jerusalem Institute for Israel Studies und PASSIA, deren Mitarbeiter wichtige Informationen mit mir teilten.

Dank geht an Professor Dan Schüftan von der Haifa Universität für seine erfrischenden Einsichten und die stete Bereitschaft, seine Gedanken mit mir auszutauschen.

Ohne Euch hätte es dieses Buch nicht gegeben.

Jerusalem, Sommer 2006

Empfohlene Literatur

Arab Studies Society, *East Jerusalem Multi Sector Review Project*, Jerusalem 2003

Bahat, Dan, *Touching the Stones of our Heritage*, Jerusalem 2002

Baedecker, Karl, *Jerusalem and its surroundings*, London 1876

Bar-Siman-Tov, Yaacov et al., *The Israeli-Palestinian Violent Confrontation 2000–2004*, Jerusalem 2005

Benz, Wolfgang, *Was ist Antisemitismus?*, München 2004

Bremer, Jörg, *Israel und Palästina*, München 2000

El-Peleg, Zvi, *The grand Mufti*, London 1992

Elon, Amos, *Jerusalem – Innenansichten einer Spiegelstadt*, Reinbeck bei Hamburg 1990

Finkelstein, Israel & Silberman, Neil Asher, *The Bible Unearthed*, New York 2002

Harel, Amos & Isacharoff, Avi, *The Seventh War*, Jerusalem 2004

Hertaberg, Hans Wilhelm & Friedrich, Johannes, *Jerusalem – Geschichte einer Gemeinde*, Kassel 1965

Herzog, Chaim, *Kriege um Israel. 1948-1984*, Frankfurt am Main 1984

Klein, Menahem, *Jerusalem – the contested city*, Jerusalem 2001

Kollek, Teddy, *My Jerusalem*, New York 1990

Krämer, Gudrun, *Geschichte Palästinas*, München 2002

Krämer, Gudrun, *Geschichte des Islam*, München 2005

Kress von Kressenstein, Friedrich, *Mit den Türken zum Suezkanal*, Berlin 1938

Kroyanker, David, *Jerusalem – The Street of the Prophets, The Ethiopian and Musrara Quarters*, Jerusalem 2000

McKenzie, Steven, *King David*, Oxford 2000

Meir, Margalit, *Discrimination in the Heart of the Holy City*, Jerusalem 2006

Michael, Kobi & Ramon, Amnon, *A Fence Around Jerusalem*, Jerusalem 2004

Schreiber, Friedrich & Wolffsohn, Michael, *Nahost*, Opladen
    1989

Segev, Tom, *Es war einmal ein Palästina. Juden und Araber vor
    der Staatsgründung Israels*, München 2005

Peter Thorau, *Die Kreuzzüge*, München 2004

Wasserstein, Bernhard, *Der Kampf um die heilige Stadt*,
    München 2002

Empfohlene Internetseiten

1.) http://www.btselem.org/English/index.asp – israelische Menschenrechtsorganisation

2.) http://en.wikipedia.org/wiki/Main_Page – die beste kostenlose Enzyklopädie auf dem Netz mit vielen Einträgen über Nahost

3.) http://www.lpb.bwue.de/aktuell/bis/2_97/bis972i.htm – deutsche Internetseite zu Jerusalem

4.) http://www.bibel-online.net/ – die Bibel online

5.) www.passia.org – palästinensisches Forschungsinstitut

6.) http://www.jerusalem.muni.il/jer_main/f1_main.asp?lng=2 – homepage der Stadtverwaltung Jerusalems – viele gute und praktische Info

7.) http://www.mfa.gov.il/mfa/jerusalem%20capital%20of%20israel/ – Infoseite des israelischen Außenministeriums

8.) http://www.heskem.org.il/Heskem_en.asp?id=8 – Homepage der Genfer Friedensinitiative

9.) http://www.jcser.org/english/jernew.html – palästinensische Nachrichten aus Jerusalem

10.) http://www.jcpa.org/index.htm – israelisches, rechts gerichtetes Forschungsinstitut

11.) http://www.washingtoninstitute.org/template101.php – amerikanisches Forschungsinstitut

12.) http://www.jewishvirtuallibary.org/ – gute Ressource über jüdische und israelische Themen

13.) www.islam.de – deutsche Übersetzung des Koran mit Kommentaren und Erklärungen

14.) www.info-middle-east.com – Webseite mit Artikeln und Kommentaren zu Nahost

Register

Personen

Orte

Bildnachweis

akg-images, Berlin 11, 19, 25, 30, 35, 39, 45, 51, 62, 65, 71, 73, 74, 77, 82, 83, 87, 91, 92, 93, 95, 97, 114, 117, 131, 138, 139, 145, 151, 221, 222, 225

Archiv des Verfassers 28, 63, 68, 109, 111, 193

Associated Press 185, 206

Bünting, Heinrich, *Itinerarium sacrae scripturae* (1581) 80

SV-Bilderdienst 159, 180, 202, 207

Karten:
Peter Palm, Berlin 100, 152, 163, 175, 197, 219, 224, 226